Stefan Weinfurter

Canossa

Stefan Weinfurter

CANOSSA

Die Entzauberung der Welt

Verlag C. H. Beck

Mit 16 Abbildungen und Karten

2. Auflage. 2006

Satz: Fotosatz Otto Gutfreund GmbH, Darmstadt
Druck und Bindung: GGP Media GmbH, Pößneck
Gedruckt auf säurefreiem, alterungsbeständigem Papier
(hergestellt aus chlorfrei gebleichtem Zellstoff)
Printed in Germany
ISBN-10 3 406 53590 9
ISBN-13 978 3 406 53590 1

www.beck.de

Inhalt

Nichts ist mächtiger als eine Idee,
deren Zeit gekommen ist.
(Victor Hugo)

Einleitung

«Ich lese wieder und wieder die Geschichte der römischen Könige und Kaiser. Doch finde ich vor Heinrich (IV.) keinen einzigen unter ihnen, der vom römischen Papst exkommuniziert oder abgesetzt worden wäre.» Diese Sätze stammen von Bischof Otto von Freising (1138–1158), der zu den berühmtesten Chronisten des Mittelalters zählt.[1] Er meinte die Ereignisse von 1076 und 1077. Sie nahmen sein Interesse aus verschiedenen Gründen in Anspruch. Heinrich IV. war sein Großvater, insofern schrieb der Freisinger Bischof Familiengeschichte. Vor allem freilich markieren die Jahre 1076/1077 den Auftakt des Kampfes zwischen dem salischen Herrscher Heinrich IV. (1056–1106) und Papst Gregor VII. (1073–1085), der mit dem berühmten ‹Canossagang› verbunden war. Diese Vorgänge, die Exkommunikation des Königs und seine Unterwerfung in Canossa, waren in ihren Auswirkungen derart ungewöhnlich und umstürzend, daß sie noch die nachfolgenden Generationen in ihren Bann schlugen. Der Gang nach Canossa stellte dabei so etwas wie den ersten Kulminationspunkt dar, aber auch den Ausgangspunkt für tiefgreifende gesellschaftliche Veränderungen, ja geradezu für die Verwandlung der damaligen ‹Welt›.

*D*iese ‹Verwandlung der Welt› wurde schon früh empfunden. Auch Otto von Freising sah sich veranlasst, an dieser Stelle seiner Weltchronik grundsätzliche Erörterungen darüber vorzutragen: Das letzte der großen Weltreiche, das römische Reich, sei mit diesen Vorgängen zerstört worden, so lautete seine Geschichtsdeutung. Wie im Traum des Propheten Daniel habe sich ein gewaltiger Felsblock in Bewegung gesetzt, den er mit der

Kirche selbst identifiziert. Sie habe das Reich, das auf tönernen Füßen stand, zerschmettert, «als sie beschloß, den römischen König nicht als den Herrn des Erdkreises zu ehren, sondern als ein wie alle Menschen aus Lehm gemachtes, tönernes Geschöpf mit dem Schwert des Bannes zu treffen».[2] Nun sei die Kirche zu einem Berg herangewachsen und mächtig geworden. Aber der Sturmwind dieser Zeit habe so schrecklich gewütet, daß man den ganzen Jammer des menschlichen Elends gar nicht erzählen könne. Eine so gewaltige Veränderung sei mit all dem verknüpft, daß man dies nur als Beginn vom Ende der Welt erklären könne. Die Welt, so folgerte Otto von Freising, sei im Vergehen begriffen. Dies manifestiere sich in einer Trennung des «Gottesstaates» vom «Weltstaat». Kirche und Welt strebten auseinander, die bisherige gegenseitige Durchdringung sei beendet, der Weltstaat sei der Verdammnis geweiht. Alles eine Folge von Canossa? Doch jedenfalls in dem Sinn, daß der gewaltige Umbruch, der schon in den Augen der Zeitgenossen die Welt veränderte, in ‹Canossa› wie in einem Brennspiegel gebündelt erscheint.

1. *Canossa – ein Ereignis, das die Welt erschüttert*

*E*s war der Winter 1076/1077, als sich Heinrich IV. mit einer abenteuerlichen Überquerung des Alpenpasses Mont Cenis in klirrender Kälte nach Italien durchschlug. Alle anderen Paß-Straßen, vor allem die bequemeren wie der Brennerpaß, waren von seinen Feinden gesperrt worden. Doch Heinrich IV. nahm härteste Entbehrungen in Kauf. Er mußte in großer Eile den Papst abfangen. Dieser, Gregor VII., befand sich auf der Reise nach Deutschland. Am 2. Februar 1077 (anfangs war sogar der 6. Januar geplant[1]) wollte er sich mit den mächtigsten Fürsten des Reichs, den Feinden des Königs, in Augsburg treffen. In einer Art oberstem Gerichtshof im Verein weltlicher und kirchlicher Macht sollte ein Tribunal gegen den salischen Herrscher veranstaltet werden. Was das Ziel dieser Versammlung sein sollte, darüber konnte es keinen Zweifel geben: Heinrich IV. sollte abgesetzt und für immer aus seinem Königtum entfernt werden.

Das Zusammentreffen von Papst und Fürsten mußte der König unter allen Umständen verhindern. Er war entschlossen, alles zu riskieren, um den gegnerischen Block zu sprengen. Ja mehr noch: Er mußte den Papst dazu bringen, sich mit ihm zu versöhnen. Denn Heinrich IV. stand seit dem 22. Februar 1076 unter dem Kirchenbann, war aus der christlichen Rechts- und Glaubensgemeinschaft ausgeschlossen.[2] Die Lösung vom Kirchenbann war ihm von den Fürsten des Reichs als entscheidende Bedingung genannt worden, falls er von ihnen überhaupt wieder als König anerkannt werden wollte. Die Wiederaufnahme in die Kirche müsse er binnen Jahresfrist erreichen, also bis zum 22. Februar 1077.

In Speyer, am Ort der salischen Kaiserkirche, sammelte der König im Spätherbst 1076 Kräfte und Begleiter. Der Dom zu

Speyer war der heiligen Maria geweiht. Sie war die Mutter des himmlischen Königs Jesus Christus. Damit war sie auch die Beschützerin des irdischen Herrschers, des Stellvertreters ihres Sohnes. Ihr hatten die Salierkaiser in Speyer eine einzigartige Kirche errichtet, unvergleichlich in den Ausmaßen, in den Bauformen und in der Ausgestaltung. Hierher kamen die engsten Berater des Königs, seine «Räte», und hierher scheint sich auch der berühmte und mächtige Abt von Cluny, Hugo (1049–1109), begeben zu haben.[3] Er war Heinrichs Taufpate und damit sein geistlicher Vater. Diese Aufgabe sah er zeitlebens als Verpflichtung an; stets blieb er seinem Schützling gewogen. Hugo besaß in der Kirche, auch bei den Reformern, hohes Ansehen. Der Kontakt (*communicatio*) mit ihm bedeutete für den salischen König gewiß Trost und Stärkung. Mehr noch wird ihm Hugo nützlichen Rat gegeben, auch sich angeboten haben, beim Papst zu intervenieren. Die zahlreichen cluniazensischen Klöster, dessen durfte sich Heinrich IV. sicher sein, würden sich ihm bei seinem Reiseunternehmen nach Italien nicht verschließen. Das war von großer Wichtigkeit, denn die Fürsten setzten alles daran, ihm alle Wege nach Italien zu versperren.

Man kann sogar nicht ausschließen, daß Hugo selbst es war, der Heinrich IV. den Rat erteilte, allen Schwierigkeiten zum Trotz den Papst noch südlich der Alpen zu erreichen und ihn zur Begnadigung zu veranlassen. Zumindest muß Hugo mit dieser Absicht Heinrichs einverstanden gewesen sein. Wir können hier schlaglichtartig einen Moment erfassen, in dem sich die beiden kirchlichen Exponenten dieser Zeit, Papst Gregor VII. und Abt Hugo von Cluny, in gewisser Weise als Kontrahenten in den weltgeschichtlichen Ereignissen zeigen. Die cluniazensische Reform wird in der Forschung gern als Antriebskraft der Kirchenreform und damit indirekt auch des Kampfes zwischen Papst und Herrscher angesehen.[4] Doch Hugos Unterstützung für Heinrich IV. in bitterer Stunde lehrt, daß man in diesem Zusammenhang mit den Bewertungen behutsam wird sein müssen.

Auch Heinrichs Gemahlin Bertha befand sich in diesen Tagen in Speyer. Sie hatte ihren kleinen Sohn bei sich, den am 12. Februar 1074 im Kloster Hersfeld geborenen Konrad.[5] Dieser war gegen alle Erwartung trotz seiner schwächlichen Konstitution nach der Geburt am Leben geblieben und sollte, als er herangewachsen war, seinem Vater noch einige Schwierigkeiten bereiten. 1076 war er freilich die einzige Hoffnung des salischen Herrscherhauses auf Fortsetzung der Dynastie.

Mutter Bertha (gest. 1087) stammte aus dem Haus der Markgrafen von Turin. Im zarten Kindesalter von vier Jahren war sie zu Weihnachten 1055 mit dem künftigen Thronfolger, Heinrich IV., verlobt worden. Gleichzeitig wurde sie aus Italien an den Salierhof gebracht und dort offenbar im Kreise der kaiserlichen Töchter und unter Aufsicht der Kaiserin Agnes erzogen. Im Gefolge der Kaiserin hatte sie schon bald das Reich bereist und kennengelernt und noch vor ihrer Hochzeit in Herrscherurkunden[6] interveniert.

Nach der Heirat im Juli 1066 in der Königspfalz Trebur war es zunächst zu einer tiefen Abneigung zwischen den jugendlichen Ehepartnern gekommen. Heinrich IV. beteuerte, er habe die eheliche Gemeinschaft mit ihr nicht vollzogen, und strebte 1069, gerade 19 Jahre alt, die Scheidung an. Auf einer Synode in Frankfurt verhinderte dies jedoch der päpstliche Legat, kein Geringerer als Petrus Damiani (gest. 1072), der Kardinalbischof von Ostia und eine der angesehensten Autoritäten dieser Zeit. Murrend habe sich Heinrich IV. daraufhin in seine Ehe gefügt. Doch habe er auch beschlossen, künftig mit seiner Frau nichts mehr außer dem königlichen Namen zu teilen. Bertha wollte er so behandeln, als hätte er sie gar nicht geehelicht. Dagegen habe er sich mit anderen Frauen vergnügt.[7]

Wüste Legenden kursierten über diese Ehegemeinschaft.[8] Einen seiner Vertrauten habe er dazu angestiftet, seine Frau zum Ehebruch zu verleiten. Bertha sei zum Schein darauf eingegangen. Der König aber habe sich hocherfreut in das Schlafgemach begeben, um Zeuge des Ehebruchs zu werden. Da habe die Königin ihre Frauen zusammengerufen und ihn mit Schemeln und Stöcken dermaßen verprügelt, daß er halbtot liegengeblieben sei. Zwar habe sie ihn erkannt, aber so getan, als hielte sie ihn für den

Freier, und ihn aus dem Zimmer geworfen. Als er sich erholt hatte, so schließt der Bericht, «ließ er trotz dieser scharfen Züchtigung nicht von seinem alten Sündenleben ab».[9] Szenen einer königlichen Ehe? Die Forschung hat längst herausgearbeitet, daß sich hinter solchen Geschichten gezielte Propaganda der Gegner verbirgt. Der als Tyrann empfundene König sollte in solchen Darstellungen mit allen Eigenschaften eines Bösewichts ausgestattet werden.

Die Härte der politischen Realität hat das Paar schließlich doch zusammengebunden. Kurz vor Weihnachten 1076 brach Heinrich IV. zusammen mit seiner Gemahlin, seinem kleinen Sohn und einer Gruppe von Vertrauten von Speyer auf. Der Winter führte in diesem Jahr ein besonders strenges Regiment, wie die Annalen berichten.[10] Es sei so kalt gewesen, daß der Rhein bis Anfang April zugefroren blieb; man habe ihn sogar zu Fuß überqueren können. Ein anderes Problem war, daß die Herzöge Rudolf von Schwaben, Welf von Bayern und Berthold von Kärnten die nach Italien führenden Wege und Pässe mit Wächtern besetzt hatten. Nirgendwo war ein Durchkommen.

So wandte sich die Gruppe um den König nach Südwesten und gelangte nach Besançon zum Grafen Wilhelm. Dieser war ein Vetter der Kaiserin Agnes. Bei ihm feierte man Weihnachten. Am 27. Dezember 1076 wurde die Reise fortgesetzt. In Gex bei Genf kam es Anfang 1077 zum Zusammentreffen mit der Familie der Königin Bertha. Deren Mutter Adelheid, die Markgräfin von Turin (gest. 1091), stieß zu ihnen. Auch ihr Sohn, Amadeus von Turin, Berthas Bruder, kam hinzu. Die Familie verfügte über reiche Besitzungen im Raum Burgund-Savoyen und genoß hohes Ansehen.

In Gex wurde hart verhandelt. Man war miteinander verwandt – das war die eine Seite. Die Politik und das Geschäft – das war die andere Seite. Fünf angrenzende italienische Bistümer soll das Markgrafenhaus vom König verlangt haben als Preis dafür, ihn durch das Gebiet von Savoyen ziehen zu lassen. Viel Mühe und Zeit habe man auf diese Verhandlungen verwendet, so versichert der Annalist Lampert von Hersfeld, und schließlich habe man sich mit einer reichen Provinz in Burgund als Lohn für die Erlaubnis zum Durchzug begnügt. Diese Geschichte ist nur bei Lampert von Hersfeld überliefert[11], und man wird wohl hinzufügen dürfen: wenn nicht wahr, dann doch gut erfunden.

Auch die weiteren Ereignisse sind nirgends so eindringlich und ausführlich geschildert wie bei Lampert, so daß man in dieser Quelle mit manchen publikumswirksamen Übertreibungen wird rechnen müssen. Aber in den Grundzügen wird man dem Annalisten folgen können. Nachdem Heinrich IV. mit Mühe die Erlaubnis zur Durchreise erhalten habe, sei sogleich eine neue Schwierigkeit entstanden: «Der Winter war äußerst streng, und die sich ungeheuer weit hinziehenden und mit ihren Gipfeln fast bis in die Wolken ragenden Berge, über die der Weg führte, starrten so von ungeheuren Schneemassen und Eis, daß beim Abstieg auf den glatten, steilen Hängen weder Reiter noch Fußgänger ohne Gefahr einen Schritt tun konnten.» Aber die Zeit drängte. Aufschub war nicht möglich. «Daher», so Lampert weiter, «mietete Heinrich IV. um Lohn einige ortskundige, mit den schroffen Alpengipfeln vertraute Einheimische. Sie sollten vor seinem Gefolge über das steile Gebirge und die Schneemassen hergehen und den Nachfolgenden auf jede mögliche Weise die Unebenheiten des Weges glätten. Als sie unter deren Führung mit größter Schwierigkeit bis auf die Scheitelhöhe des Berges (Mont Cenis) vorgedrungen waren, da gab es keine Möglichkeit weiterzukommen. Der schroffe Abhang des Berges war nämlich durch die eisige Kälte so glatt geworden, daß ein Abstieg hier völlig unmöglich schien. Da versuchten die Männer, alle Gefahren durch ihre Körperkraft zu überwinden. Sie krochen bald auf Händen und Füßen voran, bald stützten sie sich auf die Schultern ihrer Führer, manchmal auch, wenn ihr Fuß auf dem glatten Boden ausglitt, fielen sie hin und rutschten ein ganzes Stück hinunter. Schließlich gelangten sie doch unter großer Lebensgefahr endlich in der Ebene an. Die Königin aber und die anderen Frauen ihres Gefolges setzte man auf Rinderhäute, und die dem Zug vorausgehenden Führer zogen sie darauf hinab. Die Pferde ließen sie teils mit Hilfe gewisser Vorrichtungen hinunter, teils schleiften

Abb. 1 Zug Heinrichs IV. nach Canossa 1076/1077

sie sie mit zusammengebundenen Beinen hinab. Von diesen gingen viele beim Hinunterschleifen zugrunde, viele wurden schwer verletzt, und nur ganz wenige konnten heil und unverletzt der Gefahr entrinnen.»

Auf diese abenteuerliche, extrem gefährliche Weise gelangte die Gruppe über den Paß des Mont Cenis in die Ebene Piemonts. Auf die Kunde seines Herannahens begann ein Wettlauf der Grafen und Bischöfe Norditaliens zu Heinrich IV. Auch sie hatten die Exkommunikation durch Gregor VII. erfahren müssen und hofften auf hartes Durchgreifen des Königs. Das Gerücht verbreitete sich, er wolle den Papst nun endgültig absetzen. Auch Gregor VII., der sich auf dem Weg in den Norden im lombardischen Gebiet befand, hegte ähnliche Befürchtungen.

Allerdings konnte der Papst auf mächtigen Schutz hoffen. Mathilde von Tuszien (gest. 1115) war es, die ihm Geleit durch ihr Gebiet gewährte.[12] Sie war die Tochter des Markgrafen Bonifatius von Tuszien (gest. 1052) und dessen Gemahlin Beatrix (gest. 1076) und die Witwe Herzog Gottfrieds IV. (des Buckligen) von Niederlothringen (gest. 1076). 1046 geboren, wurde sie eine herausragend gebildete Fürstin. Ihr Biograph Donizo rühmte ihre Sprachkenntnisse, die über das Lombardisch-Italienische und Lateinische hinausgingen: «Gut kennt sie die Sprache der Teutonen, spricht auch die heiter plätschernde Sprache der Franken.» Über das Leben und Wirken Mathildes sind wir durch Donizo gut unterrichtet. Er war Mönch im Kloster Sant'Apollonio in Canossa und verfaßte in seinen letzten Lebensjahren Schriften über Mathildes Taten und Vorfahren, die er 1115, im Jahr ihres Todes, abschloß.[13]

Mathilde war Markgräfin von Tuszien und damit die Herrin über weite Gebiete der Toskana und der Lombardei. Sie war in der Lage, dem Papst Schutz zu gewähren. Als die Nachricht sich verbreitete, Heinrich IV. sei in Italien angekommen und sammle ein Heer um sich, sah sich Papst Gregor VII. in höchster Gefahr. Eilig begab er sich von Mantua nach Canossa, einer Burg Mathildes am Nordkamm des Apennin. Von dieser Burg, mitunter als deutsche Schicksalsburg bezeichnet[14], stehen heute nur noch

Abb. 2 Photographie von Canossa

Ruinen. Meyer von Knonau hat sie vor über hundert Jahren folgendermaßen beschrieben:[15] «Die Burg Canossa, in gerader Linie zwanzig Kilometer südwestlich von Reggio entfernt (...), steht auf einem Felsen, der aus einer gewölbten, zwischen tief eingerissenen Bachschluchten ansteigenden Berghöhe einzeln sich erhebt, innerhalb der auf der Nordseite des Apennin gegen die Poebene hin sich vorlagernden Berggruppen. Den durchaus nicht sehr ausgedehnten Raum der von Nord nach Süd in länglichem Viereck sich erstreckenden Kuppe nehmen die Reste der Burg völlig ein. Die Naturbeschaffenheit des Berges ließ nur auf der Westseite einen in der Gegenwart durch Abrutschungen wohl noch mehr beengten, recht schmalen Zugang zu, und hier läßt sich mit Bestimmtheit der ehemalige Burgeingang an der nordwestlichen Ecke des Plateau erkennen. Im September 1880 durch die italienische Regierung angestellte Ausgrabungen ergaben in der südöstlichen Ecke die Stelle der sehr kleinen Kappelle, zu welcher zwei Treppen an beiden Seiten des Halbrundes hinunterführten; eine der zwei frei stehenden Säulen ist sammt Capitäl noch aufrecht im Raume. Nördlich von der Kappelle ist eine Badanlage deutlich zu erkennen. Einen so bestimmten Eindruck

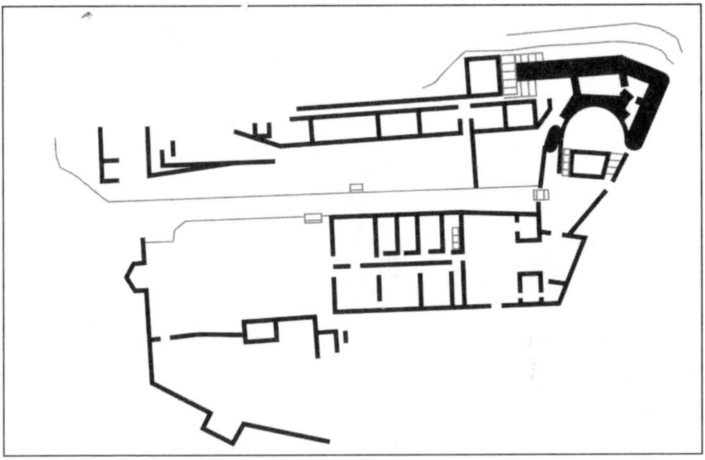

Abb. 3 Grundriß der Burganlage von Canossa

des Festen und Uneinnehmbaren die Anlage macht, so wenig stimmen landläufige, etwa durch moderne malerische Darstellungen des Actes von 1077 erweckte Vorstellungen zu den äußerst beschränkten räumlichen Verhältnissen, vornehmlich am Burgthore.» Die Burg, so sollte damit zum Ausdruck gebracht werden, war von ihrer Lage her zwar gut befestigt, aber in ihren Ausmaßen doch eher bescheiden.

Dort also suchte Gregor VII. Schutz. In der Tat erschien Heinrich IV. am 20. Januar 1077 mit seinen Bewaffneten in der Nähe von Canossa. Kurz darauf traf er sich mit Mathilde auf einer anderen ihrer Burgen, nämlich in Montezane, wenige Meilen von Canossa entfernt. Auch Abt Hugo von Cluny nahm an diesem Gespräch teil. Er hatte den Papst von Rom aus begleitet, wohl, um ihn zur Versöhnung zu bewegen und ihm seine eigene Haltung zu vermitteln. Ebenso anwesend waren Adelheid, Heinrichs Schwiegermutter, und der Markgraf Azzo II. von Este (gest. 1097), Vater Herzog Welfs IV. von Bayern, sowie einige andere Fürsten Italiens. Sie alle sollten für den Gebannten beim Papst vermitteln.

Gregor VII. freilich, so wird deutlich, reagierte ablehnend. Heinrich IV. solle nach Augsburg kommen. Dort solle er sich den

Abb. 4 Heinrich IV. kniet vor Mathilde von Tuszien und bittet um Vermittlung in Canossa, links Abt Hugo von Cluny, Rom, Bibl. Vat. Lat. 4922, fol. 49 r

Anklagen der Fürsten stellen. Die Vermittler aber, so ist den Nachrichten zu entnehmen, ließen trotz der harten Haltung Gregors VII. nicht nach. Sie legten dem Papst nahe, Heinrich doch bereits jetzt vom Bann zu lösen. Sonst nämlich sei zu befürchten, daß die Reichsfürsten vorschnell einen neuen König wählen würden, noch bevor ein gerechtes Urteil über den Salier gefällt sei. Diese und weitere Verhandlungen führten jedoch ganz offensichtlich nicht zu einem Konsens.

In dieser Situation hat, wie es scheint, Heinrich IV. das Heft des Handelns an sich gerissen – gegen die üblichen Regeln der Unterwerfungs- und Friedensvermittlung. Mit nur wenigen Begleitern begab er sich am 25. Januar 1077 vor die Tore Canossas und begann das Zeremoniell des Bußakts. Wir wissen über die Vorgänge, die sich nun anschlossen, am besten Bescheid aus einem Brief, den Gregor VII. selbst verfaßte und noch Ende Januar 1077 an die Erzbischöfe, Bischöfe und Großen des Reichs schickte.[16] Darin versuchte er, sein eigenes Handeln zu rechtfertigen, denn er hatte die Vereinbarung gebrochen, das Urteil gemeinsam mit ihnen erst in Augsburg zu fällen. Heinrich IV., so beteuerte Gregor VII., habe von Anfang an enormen Druck auf ihn ausgeübt. Noch bevor dieser italienischen Boden erreichte, habe er schon Boten zu ihm gesandt mit Briefen, in denen er versprach, er werde Gott, dem heiligen Petrus und ihm, dem Papst, Genugtuung leisten, seine Lebensführung bessern und Gregor VII. in allem gehorsam sein, um die Lossprechung vom Bann zu erhalten. Lange Zeit, so versicherte der Papst, habe er sich dagegen gesträubt und durch die Boten, die zwischen ihnen beiden hin- und hergingen, den König mit scharfen Worten wegen seiner Exzesse getadelt. Doch dann sei dieser mit einem kleinen Gefolge, ohne jegliche Feindseligkeit oder Ungehörigkeit, direkt zur Burg Canossa gekommen. «Dort», so lesen wir nun wörtlich im Brief des Papstes, «stand er drei Tage vor dem Burgtor, nachdem er alle königlichen Herrschaftszeichen abgelegt hatte, in kläglichem Aufzug, barfuß und in einem Wollhemd, und hörte nicht eher auf, mit vielen Tränen die Hilfe und die Tröstung des apostolischen Erbarmens zu erflehen, bis alle Anwesenden, zu denen diese Rufe gelangten, von soviel Milde und Mitleid erfüllt wurden, daß sie sich mit vielen Bitten und Tränen für ihn bei uns verwandten und sich alle über die ungewöhnliche Härte unseres Sinns verwunderten. Einige sagten, unsere Haltung sei nicht der Ernst eines strengen Papstes, sondern beinahe die Grausamkeit eines wilden Tyrannen. Von dem Drängen seiner Reue und den flehentlichen Bitten aller, die zugegen waren, überwunden, haben wir schließlich die Fessel des Kirchenbanns gelöst und ihn wieder in die Gnade der Gemeinschaft der Heiligen und in den Schoß der heiligen Mutter Kirche aufgenommen, nachdem wir von ihm die Zusicherungen erhalten hatten, die im folgenden verzeichnet sind. Verbürgt für diese Zusicherungen haben sich der Abt von Cluny und unsere Töchter Mathilde und Gräfin Adelheid und andere Fürsten, Bischöfe und Laien, die bei dieser Gelegenheit ihre Hilfe boten.»

Auch wenn die Absicht, sich selbst zu verteidigen, die Schilderung des Papstes bestimmte, so ist dies der Bericht, der uns unmittelbar an das Geschehen des Bußgangs vor Canossa heranführt. Er bestätigt im Grunde all die anderen Nachrichten über die vorausgegangenen intensiven Verhandlungen. Bei diesen ging es um die Bedingungen, unter denen die Lösung vom Bann zu erlangen war. Dieses intensive Verhandeln und Vermitteln von Ausgleich und Versöhnung ist kennzeichnend für mittelalterliche Konfliktlösung.[17] Die Forschung hat sich in den letzten Jahren ausgiebig mit dem Vorgang der ‹Deditio› beschäftigt. Gemeint ist damit der gesamte Unterwerfungsakt eines der Gegner in einem Konflikt in der mittelalterlichen Gesellschaft. Der Historiker Timothy Reuter brachte als erster die Canossaszene damit in Zusammenhang: «Heinrichs eigene Unterwerfung zu Canossa war eben nicht so sehr eine umfunktionierte öffentliche Buße, wie sie schon in der Karolingerzeit und wieder von Heinrich III. praktiziert worden war, als eine *deditio*. Heinrich IV. stand vor Canossa als unterlegener Rebell. Die für das Zustandekommen einer *deditio* fast unerläßlichen, vermittelnden weiblichen Mitglieder und Verwandten der Königsfamilie (Mathilde von Tuszien, Adelheid von Turin) und hohen Geistlichen (Anselm von Lucca, Heinrichs Taufpate Hugo von Cluny) fungierten nunmehr als Fürsprecher beim Papst für den König.»[18] Der Mediävist Gerd Althoff schloß sich dieser Deutung an. Der König habe barfuß und im Büßergewand drei Tage lang um Verzeihung und um Wiederaufnahme in die kirchliche Gemeinschaft gefleht. Dieses Verhalten entspreche weniger der Tradition der Kirchenbuße als dem Ritual der Deditio.

Man wird die Situation wohl so beurteilen können, daß die Vermittler, unter denen die Markgräfin Mathilde von Tuszien, Heinrichs Schwiegermutter Adelheid von Turin, Abt Hugo von Cluny und Markgraf Azzo von Este herausragen, die Bedingungen der Absolution in den Grundlinien schon vorgegeben hatten. Doch als Gregor VII. noch immer zögerte, hat Heinrich IV. offenbar die Verhaltensregeln gebrochen, indem er das Ergebnis der Verhandlungen gleichsam eigenmächtig vorwegnahm und ohne Zustimmung des Papstes mit einem öffentlichen Bußakt begann. In diesem Augenblick, so wird man betonen müssen, rückte das Element der Kirchenbuße wieder in den Vordergrund.[19] Der Büßende aber durfte die Verzeihung für sich beanspruchen. Nach kirchlicher Tradition konnte sie ihm gar nicht verweigert werden. Sicher war das Insistieren der Vermittler von Bedeutung, aber letztlich war es die Rückführung auf die Kirchenbuße durch das Handeln Heinrichs IV. selbst, die Gregor VII. dazu zwang, den König doch vom Bann zu lösen.

*D*er Unterwerfungsakt von Canossa ist also ein treffendes Beispiel dafür, daß kirchliche und weltliche Buß- und Demutsbezeugungen bei so hochpolitischen Vorgängen nach wie vor innig miteinander verwoben waren. Kirchliche und weltliche Unterwerfungsakte können bis in diese Zeit vielfach kaum voneinander getrennt werden. ‹Welt› und ‹Kirche› waren, so gesehen, auch in Canossa noch nicht wirklich voneinander geschieden. Die Kraft des christlichen Versöhnungsgedankens war am Ende entscheidend. Mit seinem Bußakt veranlaßte Heinrich IV. den Papst zum Einlenken wider die eigenen Interessen.

Freilich, der König mußte Bedingungen erfüllen. Sie wurden am 28. Januar 1077 aufgesetzt. Er, Heinrich IV., wolle innerhalb einer vom Papst gesetzten Frist den Großen des Reichs Genugtuung leisten, falls er nicht durch irgendwelche Gründe daran gehindert werde. Außerdem gab er dem Papst Sicherheitsgarantien für seine Reise nach Deutschland. Der Text der Verpflichtung beginnt mit den Worten «Ich, König Heinrich» (*Ego rex Heinricus*).[20] Erneut verlangte der Papst Bürgen. Abt Hugo von Cluny verpfändete sein Wort, daß der König sein Versprechen halten werde. Dabei legte der König seine Hände in diejenigen des Abtes und begab sich in ritueller Weise in dessen Schutz und Obhut. Dem Abt folgten der Bischof von Zeitz, der Bischof von Vercelli, Markgraf Azzo II. von Este und andere Fürsten, die als Vermittler aufgetreten waren. Alle verbürgten sich für den Salier, und die Bischöfe Gregor von Vercelli und Benno von Osnabrück schworen dabei stellvertretend für den König.[21]

Weshalb leistete der König nicht selbst den Eid auf diese Zusagen? Heinrich IV., so schrieb Gregor VII. selbst einige Monate später (Ende September 1077) in einem Brief an Erzbischof Udo von Trier, habe «seinen Eid durch seine Getreuen» gegeben (*sacramentum per fideles suos*[22]). Die Erklärung dafür lautet, daß ein König im Mittelalter in der Regel nicht persönlich einen Eid abgelegt hat.[23] Weshalb war das so? Der Grund dürfte in der Sakralität des gekrönten und gesalbten Herrschers gelegen haben. Aber es spielte auch eine Rolle, daß der König stets in einer Konsensgemeinschaft mit den Fürsten stand und in seinem Handeln von ihr abhängig war. Der Eid der Konsensgenossen des Königs gewährte die Sicherheit für die Gegenpartei. Ganz in dieser Tradition hat Heinrich IV. 1077 in Canossa keinen Eid «persönlich» (*corporaliter*) abgelegt.

Diese Beobachtung ist natürlich nicht unwichtig für die Frage, ob sich Heinrich IV. bei seinem Bußgang vor den Toren der Burg Canossa und bei den Verhandlungen mit dem Papst nach wie vor als König gesehen hat oder ob er gar von Papst Gregor VII. als König angesehen wurde. Oder mit anderen Worten: Hatte der päpstliche Bannspruch vom 22. Februar 1076 auch die Absetzung vom Königsamt bedeutet?[24] Mit dem Ausschluß aus der christlichen Gemeinschaft war die Regierungsfähigkeit des Königs erloschen. Das bedurfte keiner besonderen Erläuterung. Die Absetzung vom Königsamt konnte so als zwangsläufige Folge der Exkommunikation erscheinen. Doch überdies hat Gregor VII. in seinem Bannspruch vom 22. Februar 1076 alle Strafakte einzeln aufgeführt: «Ich verbiete ihm die Lenkung des gesamten Reichs der Deutschen und Italiens» (*totius regni Teutonicorum et Italię gubernacula contradico*), und: «Ich verbiete, daß ihm jemand wie einem König dient» (*ut nullus ei sicut regi serviat, interdico*).[25] Heinrich IV. war demnach in Verbindung mit dem Bannspruch ganz ohne Zweifel vom Königtum suspendiert. In diesem Sinne äußerte sich Gregor VII. auch im Sommer 1076 in einem Brief an die Großen des Reichs: Heinrich IV. habe nicht nur die Exkommunikation, sondern auch die Entsetzung von aller königlichen Würde verdient[26].

Konnte dies bedeuten, daß mit der Loslösung vom Bann auch die Königswürde wieder in Kraft trat? Eine alte Streitfrage, die schon in den Tagen nach Canossa aufkam. Heinrich IV. sah sich, wie sein Versprechen vom 28. Januar 1077 deutlich macht, ohnehin als ordnungsgemäßer König: «Ich, König Heinrich»! Daß er nicht selbst den Eid ablegte, sondern durch andere schwören ließ, belegt dieses Verständnis ebenso. Vor allem aber: Gregor VII. hat diese Formel und die Form der Eidesleistung hingenommen – wenngleich erst nach starkem Widerstreben, wie der Chronist Berthold von Reichenau versichert.[27] Erst später, auf der Fastensynode von 1080, nachdem er durch sein Verhalten längst scharfe Kritik auf sich gezogen hatte, betonte Gregor VII. ausdrücklich die Unterscheidung: «Ich habe ihm die Kommunion wiedergegeben, aber ihn nicht wieder in die Königsherrschaft eingesetzt, aus der ich ihn auf der Synode von Rom [1076] entfernt hatte.»[28] Doch dies war eine nachträgliche Interpretation. In den vier Jahren hatte sich inzwischen vieles verändert.

Wichtig für das Verständnis dieser Vorgänge ist jedenfalls, daß alle diese Vereinbarungen getroffen wurden, bevor Heinrich IV. vom Kirchenbann gelöst wurde. Sein Königtum wurde vom Papst also schon vor der Wiederaufnahme in die Kirche anerkannt. Wie dieses Problem im einzelnen erörtert und behandelt wurde, wissen wir nicht. Möglicherweise wurde es einfach ausgeklammert angesichts des unmittelbar bevorstehenden Friedensschlusses. All das muß man deshalb betonen, weil damit hervorgehoben wird, daß der Akt von Canossa in dieser Phase wieder vorrangig zu einer politischen Angelegenheit wurde – jedenfalls nach unseren heutigen Kategorien. Die darauf folgende Absolution besiegelte nicht nur die Wiederaufnahme in die Kirche, sondern auch eine politische Vereinbarung, gewissermaßen einen Friedensschluß zwischen Papst und König.

Freilich, dieser Friedenspakt von Canossa hatte einen entscheidenden Fehler: Er stellte einen Separatfrieden zwischen König und Papst dar. Die deutschen Fürsten waren ausgeschaltet.[29] Das hatte seine Folgen und wird uns noch beschäftigen.

Trotz all der geschilderten Unklarheiten und auch Widersprüche konnte endlich der König am 28. Januar 1077 vom Bann gelöst werden. Gregor VII. ließ die innere Pforte der Burg aufschließen. Heinrich IV. und die anderen, die mit ihm ausgeharrt hatten, durften in die Burg eintreten. König und Papst, so wird berichtet, hätten sich unter Tränen begrüßt – auch dies ein nicht unübliches rituelles Element des Versöhnungsaktes. In der Burgkapelle schlossen sich Segen und Friedenskuß an. Daraufhin wurde die Messe gefeiert und Heinrich IV. durch die Darreichung der Hostie in die Kirche wieder aufgenommen. Am Ende stand das Versöhnungsmahl. Mit dem gemeinsamen Essen und Trinken zeigte man, daß man friedlich und freundschaftlich miteinander umgehen wollte. Das freundschaftliche Gastmahl (*convivium*), so lautet eine treffende Formulierung Gerd Althoffs, steht daher «am Beginn einer Bindung, eines Bündnisses, einer Freundschaft, die natürlich auch ein Bündnis ist, oder einer Genossenschaft; und es findet sich immer wieder im Gemeinschaftsleben verschiedenster Gruppen».[30]

Damit war der Gang nach Canossa beendet. Die Vorgänge hatten gewiß ungewöhnliche Dimensionen, aber innerhalb kurzer Zeit schien alles wieder geregelt zu sein. Jedenfalls hören wir aus den Nachrichten, die unmittelbar aus diesen Tagen stammen, noch kaum etwas von umstürzenden Folgen. Und dennoch, von nun an kam ein Prozeß in Gang, der schon wenige Jahre später mit unaufhaltsamer Gewalt seine volle Wucht entfaltete und spätestens von der nachfolgenden Generation als umstürzend gewertet wurde. Debatten und Diskussionen, Verfluchungen und Verurteilungen, Verfolgungen und Kriege bestimmten die beiden letzten Jahrzehnte des 11. und den Beginn des 12. Jahrhunderts. Unzählige Fragen sind mit diesen Vorgängen verbunden. Einige davon lauten: Bedeutete Canossa die Unterwerfung des weltlichen Oberhauptes unter die Gewalt des Papstes? Hat sich die höchste weltliche Gewalt der höchsten geistlichen unterworfen? War es ein Demütigungsakt? Welche demütigenden Folgen entstanden daraus für den König und seine Stellung?

Spätestens seit Bismarcks Ausspruch scheint die Antwort für die modernen Menschen eindeutig zu sein. Am 14. Mai 1872 sagte der Reichskanzler in seiner Rede vor dem Reichstag: «Seien Sie außer Sorge, nach Canossa gehen wir nicht – weder körperlich noch geistig.»[31] Der Papst hatte den deutschen Gesandten beim Heiligen Stuhl abgelehnt, und Bismarck war nicht gewillt, nachzugeben. Auch sonst hatte man im 19. Jahrhundert ein Bild von Canossa entwickelt, das lange nachwirkte. Selbst Heinrich Heine hatte ein Gedicht dazu beigesteuert und reimte:

Auf dem Schloßhof zu Canossa
Steht der deutsche Kaiser Heinrich,
Barfuß und im Büßerhemde,
Und die Nacht ist kalt und regnicht.

Droben aus dem Fenster lugen
Zwo Gestalten, und der Mondschein
Überflimmert Gregors Kahlkopf
Und die Brüste der Mathildis.

Heinrich mit den blassen Lippen
Murmelt fromme Paternoster;
Doch im tiefen Kaiserherzen
Heimlich knirscht er, heimlich spricht er:

«Fern in meinen deutschen Landen
heben sich die starken Berge,
Und im stillen Bergesschachte
Wächst das Eisen für die Streitaxt.

Fern in meinen deutschen Landen
Heben sich die Eichenwälder,
Und im Stamm der höchsten Eiche
Wächst der Holzstiel für die Streitaxt.

Du mein liebes treues Deutschland,
Du wirst auch den Mann gebären,
Der die Schlange meiner Qualen
Niederschmettert mit der Streitaxt.»[32]

Unüberhörbar klingen nationale Emotionen durch, und so mutet die Botschaft des Gedichts ebenso verstörend wie veraltet an. Doch darf man sich nicht täuschen: Das darin beschworene Bild wirkt noch heute – ja, es scheint fast ungebrochen in unserem kollektiven Gedächtnis weiterzuwirken. Daher ist es, nachdem in Jahrhunderten eine geradezu unüberschaubare Zahl von Arbeiten über Canossa entstanden ist[33], nach wie vor lohnend, ‹Canossa› auf der Grundlage der neuesten Forschung zu entschlüsseln und zu deuten.

2. *Die ‹Einheit der Welt› unter Kaiser Heinrich III.*

König Heinrich IV. wurde 1076 von Papst Gregor VII. aus der Gemeinschaft der Christen ausgeschlossen. Das bedeutete auch, daß er sein Königsamt nicht mehr ausüben konnte – jedenfalls in den Augen derer, die auf Seiten des Papstes standen. Erst die Lösung vom Bann am 28. Januar 1077 verschaffte ihm wieder die für sein Königtum erforderliche Handlungsfreiheit. Der König also abhängig von der Entscheidung des Papstes?

Wie neuartig dieser Vorgang in der Tat gewesen ist, wird sogleich augenfällig, wenn man hinzufügt, daß sich nur drei Jahrzehnte zuvor nahezu der gleiche Vorgang mit umgekehrten Vorzeichen ereignet hatte: 1046 wurden unter dem Diktat Kaiser Heinrichs III. drei Päpste abgesetzt. 1076, so macht dieser Blick zurück schlaglichtartig deutlich, kehrte sich die Zuordnung der beiden höchsten Gewalten in der Christenheit geradezu um. Was waren die Hintergründe und Ursachen dieser Entwicklung?

Zur Beantwortung der Frage müssen wir uns zunächst ein Bild von der Autorität und der Ordnungskonzeption Kaiser Heinrichs III. (1039–1056) machen. Er galt den meisten der Zeitgenossen als überragende Herrschergestalt. Sogar Papst Gregor VII., sonst sehr kritisch gegenüber den Königen und Kaisern, lobte ihn. In einem Brief an die deutschen Bischöfe, Herzöge und Grafen schrieb er 1076: «Laßt nicht das Gedenken an dessen [Heinrichs IV.] Vater und Mutter außer Acht: Solche, die ihnen bei der Regierung des Imperiums vergleichbar wären, können in unserem Zeitalter nicht gefunden werden.»[1] Schon drei Jahre zuvor hatte er in einem Brief an Herzog Rudolf von Schwaben bemerkt, Heinrich III. habe ihn einstmals gut behandelt.[2] Damit bezog er sich auf das Jahr 1047. Damals war Hildebrand, wie Gregor VII. noch hieß, mit dem abgesetzten Papst Gregor VI. ins Exil nach Deutschland gezogen. «An seinem Hof», so schrieb er jetzt über den Kaiser, «hat er mich mit besonderer Ehre aufgenommen.» Kein Zweifel, im Zentrum der Kirchenreform in Rom pflegte man das Andenken an diesen Herrscher in sehr freundlichem Licht. Und das, obwohl er drei Päpste abgesetzt hatte! Wie ist das zu erklären? Diese Frage führt uns mitten hinein in die frühe salische Herrschaftsordnung.[3]

Heinrich III. weist eine geradezu vorbildliche Herrscherkarriere auf. Seine Eltern waren Konrad II. (gest. 1039) und Gisela (gest. 1043), das erste salische Kaiserpaar. Geboren wurde er 1017. Beim Herrschaftsantritt seines Vaters 1024 war er noch keine 7 Jahre alt. In den folgenden Jahren konnte er in jeder Hinsicht auf die Nachfolge vorbereitet werden. Von Anbeginn an erfuhr er eine ausgesuchte Bildung und Erziehung, und frühzeitig führte ihn sein Vater in die Regierungsgeschäfte ein. Bereits zu Ostern 1028, am 14. April, empfing er Krone und Weihe des künftigen Nachfolgers im Königsamt. Als Konrad II. 1039 starb, verfügte der Sohn als Herzog über die Herzogtümer Bayern und Schwaben. Kärnten zog er kurz darauf ebenfalls an sich, und so war sein Herrschaftsbeginn von einer ganz ungewöhnlichen Machtstellung gekennzeichnet.

Auch die Konzeption seiner Herrschaft war geeignet, Heinrichs III. Autorität in außerordentlicher Weise zu steigern. In ihrem Zentrum stand eine besondere Friedensidee, die den Schlüssel zum Verständnis seiner Herrschaft liefert. Diese Friedensidee zeigt sich in einer Reihe von Bußzeremonien. Als im März des Jahres 1043 seine Mutter, die Kaiserin Gisela, starb und im Salierdom zu Speyer feierlich bestattet wurde, treffen wir den König bei einem ungewöhnlichen Vorgang an: Während der Trauerfeierlichkeiten entledigte er sich des königlichen Purpurs, legte ein Büßergewand an und trat mit nackten Füßen vor das «ganze Volk», das heißt, vor die versammelten Großen des Reichs. Dann streckte er seine Arme kreuzförmig aus und warf sich mit seinem ganzen Körper auf den Boden. Den Boden tränkte er mit seinen Tränen und tat dann öffentlich Buße. Alle Umstehenden forderte er auf, ebenfalls zu weinen. Durch dieses Bußweinen, so erfahren wir aus einem Brief des Abtes Bern von

Reichenau (gest. 1048), habe er die Priester Gottes, die für ihn beim Jüngsten Gericht dereinst Rechenschaft ablegen müßten, versöhnt und die Barmherzigkeit Gottes erwirkt.

Solche und ähnliche Vorgänge begegnen uns bei Heinrich III. noch mehrmals. Zu Weihnachten desselben Jahres habe er im Dom von Trier allen, die sich gegen die königliche Majestät vergangen hätten, unter Tränen vergeben und habe alle im ganzen Reich aufgefordert, «ihren Schuldigern» zu vergeben. Überdies habe der König vor den Großen des Reichs eine Predigt gehalten und ihnen den Frieden verkündet, den die Engel bei der Auferstehung Christi der Welt verkünden.

Noch ein drittes Beispiel sei erwähnt: Nach der siegreichen Schlacht gegen die Ungarn bei Menfö 1044 sah man den König, barfuß und in härene Bußgewänder gehüllt, wie er sich vor dem lebenspendenden Holz des heiligen Kreuzes auf den Boden hinstreckte. Dabei forderte er sein ganzes Heer auf, dasselbe zu tun wie er und Gott für den Sieg zu danken. Alle sollten sich darüber hinaus all das, was sie sich gegenseitig angetan hatten, vergeben.

Das Weinen des Königs stand also in unmittelbarem Zusammenhang mit der Verkündigung, ja dem Befehl des ‹göttlichen› Friedens. Im Bußweinen sollte sich das ganze Volk in einer Friedensgemeinschaft vereinen. Der «weinende König» war, wie man sieht, ein wesentliches Element von Heinrichs III. Herrschaftskonzeption selbst.[4] Seine Tränen sind nicht so sehr als Ausdruck spontaner Emotionen zu verstehen, sondern müssen mitsamt den anderen Handlungen der Zerknirschung, Trauer und Buße vor allem als Ritual gesehen und gedeutet werden.[5] Freilich, die Trauer über die verstorbene Mutter wird man ausnehmen wollen. Aber all die anderen Tränen wirken viel mehr wie eine Demonstration und Inszenierung einer bestimmten Haltung oder Absicht, und in diesem Zusammenhang können wir auch an die Tränen Heinrichs IV. denken, die jener 1077 vor den Toren der Burg Canossa vergoß.

Das Weinen der Salier hatte Tradition. Bereits Heinrichs III. Vater, Konrad II., mochte dem Sohn als Vorbild gedient haben. Als dieser 1035 versuchte, den Herzog Adalbero von Kärnten zu stürzen, verweigerte ihm sein Sohn, also Heinrich III. selbst, zunächst die Unterstützung. Konrad soll daraufhin in Ohnmacht gefallen sein. Dann habe er sich seinem Sohn unter Tränen zu Füßen geworfen und inständig darum gefleht, dem Reich und dem Vater keine Schande zu bereiten. Den Tränen des Vaters konnte der Sohn nicht widerstehen. Nun fügte er sich. Eine derartig demonstrierte Selbsterniedrigung des Herrschers, so kann man daraus schließen, war für den, vor dem sie vollzogen wurde, verpflichtend. Die Bitte des Herrschers wurde zum ‹geweinten› Befehl.

Im Vergleich zu seinem Vater hat Heinrich III. dieses herrscherliche ‹Instrument› konsequent weiterentwickelt, ja, er stellte sein gesamtes Herrschaftsprogramm und seine Herrschaftsführung unter die Idee des ‹büßenden Königs›. Vor allem sein frühes herrscherliches Leben ist nachgerade von einer Kette von Bußritualen geprägt.

Um solches Handeln einordnen zu können, müssen wir die Funktion des Königtums in dieser Zeit in Betracht ziehen. Der entscheidende Gesichtspunkt dabei ist, daß der König nicht nur als Beauftragter, sondern auch als Stellvertreter des himmlischen Königs auf Erden galt.[6] Diese Grundauffassung hatte weitreichende Konsequenzen, denn die Rolle des Königs wurde demnach nicht aus seiner Position in einem Staatswesen begriffen. Einen Staat mit Staatsorganen, mit Institutionen und einer abstrakten Normenordnung gab es noch nicht. Die Idee für eine übergreifende Gemeinschaft lieferte vielmehr die Ordnung der Kirche (*ecclesia*) und damit die Ordnung Gottes. In seinem Auftrag handelte der König, wenn er alle diejenigen, die in der irdischen Gemeinschaft eine Funktion auszuüben hatten, im Sinne eines heilbringenden Zusammenwirkens zu stärken und anzuleiten suchte. Damit verhalf er den göttlichen Geboten zur Durchsetzung. Dem König ging es also nicht um eine aus sich selbst heraus entwickelte und legitimierte ‹politische Organisation›, es ging ihm im Grunde nicht darum, ein ‹Staatswesen› zu ordnen und zu lenken, sondern um etwas viel Umfassenderes: um die Realisierung einer göttlichen Weltordnung.

Wenn man diese Zusammenhänge beachtet, so versteht man auch, daß der König in dieser Zeit keineswegs den ‹Staat› oder auch nur das Reich verkörperte. Man dachte sich vielmehr einen ‹Gesamtkörper›, den «Leib Christi» (*corpus Christi*), als Rahmen der Ordnung.[7] Die Kirche repräsentierte diesen «Leib Christi», und in dieser ‹organologischen› Ordnung bildete der König das Haupt und war damit auch das «Haupt der Kirche» (*caput ecclesiae*).[8]

Heinrich III. war erfüllt von dem Gedanken, als «Haupt der Kirche» auch der «Vermittler zwischen Kirche und Welt» (*mediator cleri et plebis*) zu sein. Als «Diener Gottes» (*minister dei*) und «Stellvertreter Christi» (*vicarius Christi*) hatte er der Welt die göttliche Ordnung zu vermitteln. Die Macht, die er auf Erden verkörperte, verlieh ihm ‹Sakralität›, also ‹geheiligte› Autorität, und allein dieser Macht war er in Ausübung seines Amtes als Lenker des christlichen Volkes verantwortlich.

Das ‹sakrale› Königtum, das zwischen Gott und der Welt vermittelte, durfte keine Unterbrechung erfahren, sondern mußte über die einzelne Person hinaus in der Dynastie einer Vater-Sohn-Folge gesichert werden. Es gibt also einen Zusammenhang zwischen der Entstehung des dynastischen Prinzips in der Monarchie und der Sakralität des Königs. Bei den Karolingern im frühen Mittelalter war das noch anders. Sie hatten sich noch als «königliche Sippe» (*stirps regia*) verstanden. Die Herrschaft war Bestandteil des Hausrechts. Jeder Sohn des Herrschers war daher zum Königtum berechtigt, denn jedem fiel es als weltliches ‹Erbe› zu. Dieses Prinzip bedeutete freilich eine große Gefahr für die Einheit des fränkischen Reichs, die sich in seiner Teilung und damit seinem Untergang manifestierte.

Mit der gesteigerten Sakralisierung des Königs im 10. Jahrhundert kam die Wende, denn damals bildete sich die Vorstellung heraus, daß dem einen König im Himmel nur ein König auf Erden entsprechen könne. Das ‹Einkönigtum›, die ‹Monarchie›, wuchs damit heran, und seine Idee konnte sich sogar am Königtum des Alten Testaments orientieren. Im Idealfall, so konnte man am biblischen Königtum ablesen, sollte dem König einer seiner Söhne folgen, so daß auch hier der Erbgedanke lebte; aber es war nunmehr ein ‹göttliches Erbe›, das nur einer der Söhne übernehmen konnte. So lesen wir es es auch im ‹Mainzer Krönungsordo› aus der Zeit von etwa 960, der die Erhebung des Königs regelte.

*M*it dem sakralen Königtum konnten Teilungen des Reichs ebenso wie eine königslose Zeit vermieden werden, mithin waren Einheit und Fortbestand des Reichs gewährleistet. Dies galt allerdings nur unter der Voraussetzung, daß der König einen Sohn hatte, der ihm nachfolgen konnte. Doch für Heinrich III. drohte die Nachfolgefrage zu einem Debakel zu werden, als ein männlicher Nachkomme auf sich warten ließ. Aus dieser Situation heraus entstanden Herrscherbilder, die zu den prächtigsten des Mittelalters zählen.[9] Ein Doppelblatt im berühmten *Codex Aureus*, einem mit goldener Tinte geschriebenen Evangeliar, das heute im Escorial nicht weit von Madrid aufbewahrt wird, zeigt die ersten salischen Herrscher und ihre Frauen. Es ist die salische Dynastie dargestellt, wie sie sich bis 1045 herausgebildet hatte: Auf dem linken Bild die erste Generation mit Kaiser Konrad II. und seiner Gemahlin Gisela; auf der rechten Seite die zweite Generation mit Heinrich III. und seiner Gemahlin Agnes.

Konrad II. und Gisela knien zu Füßen der «Göttlichen Majestät» (*Majestas Domini*), die von der Mandorla, der Sphäre der Heiligkeit, umgeben ist. Was wir in der Inschrift zu diesem Bild lesen können, kann uns nicht mehr überraschen: «Vor deinem Angesicht weine ich sehr über meine Sünden. Gib, daß ich Verzeihung verdiene, du, durch dessen Gunst ich Kaiser bin.» Das sind die Worte Konrads II., an die sich Gisela anschließt: «Reinen Herzens bitte ich, die Königin, um die Freuden des immerwährenden Friedens und des Lichts.» Der Prachtkodex beginnt mit den Tränen des Kaisers, mit seiner Reue und Bußfertigkeit, um die Gnade Gottes zu erflehen – ganz so, wie dies bereits in der Friedensidee Heinrichs III. aufscheint.

Auf dem rechten Bild zeigt sich die zweite Generation des salischen Herrscherhauses: Die hl. Maria thront als Himmelskönigin vor dem Speyerer Dom, der ihr geweiht ist, wodurch die Szene einen Bezug zur irdischen Welt gewinnt. Heinrich III., der regierende Herrscher, beugt sich vor Maria und überreicht ihr das goldene Evangelienbuch. Im umlaufenden Rahmenband spricht der König: «Oh Königin des Himmels, weise mich König nicht zurück. Durch die Überreichung dieser Gabe vertraue ich mich, den Vater mit der Mutter und insbesondere die, mit der ich in Liebe zum Nachkommen verbunden bin, dir an. Mögest du allzeit eine huldreiche Helferin sein.»

Mit diesen Bildern breitet sich gleichsam das ganze Programm des salischen Sakralkönigtums vor unseren Augen aus, wie es unter Heinrich III. zur Blüte gelangte. Maria, die Schutzpatronin des Speyerer Domes, sollte durch das einzigartig kostbare Geschenk gnädig gestimmt, ja geradezu verpflichtet werden. Agnes, die Königin, mit der sich der Salier im November 1043 vermählt hatte[10], wurde ihrer Fürsorge anvertraut, damit sie einen «Nachkommen» zur Welt bringen möge.

Schon die Heirat selbst war von großen Erwartungen begleitet gewesen, denn aus der ersten Ehe Heinrichs III. war nur eine Tochter hervorgegangen. Die Großen des Reichs hatten die neue Verbindung wie einen ‹Staatsakt› inszeniert, und die Enttäuschung dürfte groß gewesen sein, als Ende September/Anfang Oktober 1045 als erstes Kind aus der neuen Ehe erneut eine Tochter zur Welt kam. Zur selben Zeit erkrankte Heinrich III. so schwer, daß man mit seinem Ableben rechnete. Die Fortdauer des salischen Königshauses schien gefährdet – und damit auch das gesamte Ordnungssystem. Es galt daher, Maria wieder gnädig zu stimmen. Heinrich III., kaum genesen, begab sich zu ihr nach Speyer, und bei dieser Gelegenheit dürfte er ihr die Stiftung des Goldenen Evangelienbuches, des *Codex Aureus*, gelobt haben.

Die Bedeutung der hl. Maria für den ‹Sakralkönig› Heinrich III. spiegelt sich auch darin, wie er ihre Festtage einsetzte: Den Aufbruch zur Kaiserkrönung in Rom im Jahre 1046 bestimmte er für die Zeit um den 8. September, den Tag Mariä Geburt. Bei dieser Gelegenheit machte er der Kirche von Speyer, der Kirche der hl. Maria, eine ganze Serie von Schenkungen.

Abb. 5 Kaiser Konrad II. und Kaiserin Gisela knien vor der Majestas Domini und flehen um Vergebung ihrer Sünden, Codex Aureus, Escorial, Cod. Vitrinas 17, fol. 2 v

Abb. 6 König Heinrich III. übergibt den Codex an die hl. Maria und erbittet ihre Gunst für seine Gemahlin Agnes, Codex Aureus, Escorial, Cod. Vitrinas 17, fol. 3 r

Auch hatte der 8. September schon bei der Begründung des salischen Königtums eine wichtige Rolle gespielt, hatte sich doch Heinrichs III. Vater, Konrad II., 1024 an diesem Tag in Mainz krönen und salben lassen.

Neben der hl. Maria gab es noch eine weitere biblische Autorität, auf die Heinrich III. sein Sakralkönigtum bezog, und zwar König David. Der Hofgelehrte und Lehrer Heinrichs, Wipo, verglich seinen Schüler mehrmals mit König David. In der Liedersammlung von Cambridge, die wahrscheinlich auf Weisung Heinrichs III. zusammengestellt wurde, sind zwei Davidlieder enthalten. Sogar Petrus Damiani, der Reformer und Gelehrte am päpstlichen Hof, feierte Heinrich III. als Erneuerer des Goldenen Zeitalters Davids.

Wie David als ‹Praefiguration› Christi diesem vorausging, so sah sich Heinrich III. als dessen ‹Postfiguration›: Er bildete Christus nach. Das bedeutete, daß sein herrscherliches Verhalten und Handeln ganz auf die «Nachahmung Christi» (*imitatio Christi*) ausgerichtet war – in der Selbstdemütigung, der Barmherzigkeit, der Demut des Leidens und der Buße. Dieses Programm war Heinrich III. von seinem Lehrer Wipo vermittelt worden. Wipo verfaßte «Merkverse» (*Proverbia*) für seinen königlichen Zögling, in denen wir lesen: «Es ist besser, sich zu erniedrigen als zu erhöhen» (*Melius est se humiliare quam exaltare*), oder: «Wo wahre Buße ist, da ist auch Gottes Milde» (*Ubi est vera penitentia, ibi dei clementia*), schließlich: «Wer sich erbarmt, wird Erbarmen ernten» (*Qui miseretur, misericordiam consequetur*).[11] Nur der Herrscher, der in «Selbsterniedrigung» (*humiliatio*) den leidenden Christus nachbildet, durfte demzufolge die Autorität und die Gewalt Christi für sich in Anspruch nehmen. In diesem Sinn gebrauchte Heinrich III. in einer seiner Urkunden von 1040 einen Satz Gregors des Großen: «Gott zu dienen, bedeutet herrschen» (*deo servire regnare est*). Diese Aussage trifft das innerste Wesen der Herrschaftskonzeption Heinrichs III.

Auf diese Weise entstand unter Heinrich III. eine kühne, hochgesteigerte christomimetische Herrscherideologie. Man sieht, wie weit der irdische Herrscher damit ging, sich mit seinem himmlischen Auftraggeber zu identifizieren – das Reich auf Erden war zum «Haus Gottes» (*domus dei*) geworden. Die Einheit von Kirche und Welt war das bestimmende Prinzip dieser Ordnung. Vor diesem Hintergrund ist auch zu sehen, daß Heinrich III. eine enge Handlungsgemeinschaft mit den Bischöfen seines Reichs bildete. In Abstimmung mit ihnen besetzte er die Bischofsstühle. Dabei achtete er auf hohe Qualität der Amtsträger, von denen in hohem Maße die Leistungsfähigkeit seines Königtums abhängig war. Sie mußten die kirchlichen Gesetze kennen und in ihren Kirchen zur Anwendung bringen, und so war von ihnen absolute Integrität gefordert.

Eine Erzählung aus der Eichstätter Bischofsgeschichte vermag dieses Zusammenwirken gut zu illustrieren.[12] Dort wird über Wahl und Erhebung Bischof Gebhards von Eichstätt (1042–1057) berichtet. Im Kreise einer Bischofsversammlung habe der König die Wiederbesetzung des Eichstätter Bischofsstuhls angesprochen. Da sei der Regensburger Bischof Gebhard mit dem Wunsch aufgetreten, nachdem die beiden vorangegangenen Eichstätter Bischöfe aus dem Würzburger Klerus genommen worden waren, wäre nun Regensburg an der Reihe. Daraufhin habe er seinen Dompropst Kuno vorgeschlagen. Diese Bitte, so heißt es weiter, habe beim gütigen Kaiser so gnädige Aufnahme gefunden, daß sich dieser Propst schon wie der künftige Bischof von Eichstätt verhalten habe. Doch dann sei dem Herrscher hinterbracht worden, daß dieser Kuno der Sohn eines Priesters sei. In dieser Hinsicht zeigte sich Heinrich III. äußerst empfindlich und lehnte Kuno nun schroff ab. Bischof Gebhard von Regensburg reagierte beleidigt. Stets würden ihm seine Bitten abgeschlagen. Darauf der Kaiser: So sei es ganz gewiß nicht – der Bischof möge irgendeinen Kleriker seiner Kirche vorschlagen, nur nicht diesen Priestersohn. Da habe der Bischof einen jungen Kleriker vorgeführt, worauf der Kaiser erschrocken erwidert habe, dieser sei doch wohl zu jung für ein Bischofsamt. Die umsitzenden Bischöfe wurden um ihre Meinung gefragt. Der eine habe dies, der andere etwas anderes geraten. Da sei die Reihe an den Erzbischof Bardo von Mainz gekommen, der, von Heiligkeit verklärt, wie immer still und in sich versunken dasaß und nun aufgefordert wurde, doch endlich auch etwas zu sagen. Bardo, so die Erzählung weiter, schreckte hoch und blickte den Kandidaten einige Male an. Schließlich habe er mit gesenktem Blick zum Kaiser gesagt: «Herr, Ihr könnt ihm dieses Amt ohne Bedenken übertragen. Dereinst werdet ihr ihm ein noch höheres geben.» Auf die verwunderte Rückfrage des Kaisers, welches Amt er denn meine, äußerte sich wieder Bardo, verklärt lächelnd: «Ach, das meine ich nur so als Prophezeiung.» Da war der König beruhigt. Gebhard erhielt Bischofsring und Bischofsstab des Eichstätter Bistums.

Diese Geschichte zeigt treffend, wie wir uns das Verhältnis zwischen Herrscher und Bischöfen unter Heinrich III. vorstellen müssen. Der Kaiser war die absolute Autorität. Doch wenn auch gegen seinen Willen niemand Bischof wurde, so mußte er gleichwohl auf den Konsens und die Zustimmung seiner Bischöfe achten. Und schließlich wurden nur tadellose Bischöfe geduldet. Der besagte Bischof Gebhard von Eichstätt wurde übrigens später von Heinrich III. zum Papst bestimmt. Von 1055 bis 1057 amtierte er als Viktor II. in Rom.

So glänzend und konsequent sich das Herrschaftskonzept Heinrichs III. damit darstellt, so zog es doch auch von Jahr zu Jahr in zunehmendem Maße Kritik auf sich. Durfte der Herrscher den Frieden befehlen? Auf diese Frage spitzte sich die Entwicklung zu. Natürlich gab es damals längst den Gedanken des befohlenen Friedens, kannte doch bereits Augustinus den herrschaftlich angeordneten Frieden. In seinem Buch ‹Vom Gottesstaat›, das im gesamten Mittelalter bekannt war, wird Friede definiert als «Friede aller Dinge in der Ruhe der Ordnung» (*omnium rerum tranquillitas ordinis*). Dieser Friede sei aber nur möglich im Prinzip des Befehlens und Gehorchens, denn er sei gegründet auf den gläubigen Gehorsam gegenüber dem ewigen Gesetz. Hier konnte Heinrich III. anknüpfen – wie dem ewigen Gesetz war auch ihm, dem Hüter des Gesetzes, zu gehorchen.

Aber die Menschen dieser Zeit waren mit einer ganz anderen Rechts- und Friedensordnung vertraut, welche bestimmt war von dem Gedanken, daß ein Konfliktfall so zu lösen sei, daß die

Beteiligten ihr Gesicht wahren könnten. Es galt das Prinzip des Friedens durch Übereinkunft und Konsens, ja notfalls durch Verschwörung. Vom Herrscher wurde erwartet, daß er in seiner Friedenstätigkeit Rücksicht nahm auf die tradierten Rechtsvorstellungen, auf Friedenseinungen und die Sicherung der konkreten Rechte einzelner Personen, Gruppen oder Einrichtungen. Friede war, worauf sich Rechtsgenossen einigen konnten. Ein vom König befohlener Frieden mußte demgegenüber als systemwidrig empfunden werden, mißachtete er doch die Spielregeln der gewohnten Friedenswahrung.

Damit deutet sich an, daß mit dem Bußweinen Heinrichs III. und seinem auf Nachahmung Christi begründeten Friedensbefehl eine Ordnung durchgesetzt werden sollte, die anderen Ordnungsvorstellungen dieser Zeit entgegenlief. Seine Herrschaft wurde daher mancherorts als ungerecht empfunden, weil er sich nicht um die Klagen der Armen, also der einzelnen, kümmere, sondern zu ihnen sage: «Warte, bis ich Zeit finde, dich anzuhören!» Diesen Vorwurf überliefert der Mönch Othloh von St. Emmeram in seinem ‹Buch der Visionen›. Aber Heinrich III. habe nie Zeit für sie gehabt und sei daher von Gott mit dem frühen Tod bestraft worden. Othloh kommentierte diese Geschichte mit den Worten: «Es gibt, scheint mir, keine größere Schuld der Könige oder anderer Fürsten, als wenn sie die Klagen der Armen verachten.»[13] Heinrich III. drohte ein «ungerechter König», ein *rex iniquus*, zu werden.

Noch gravierender war die Kritik, die sich in kirchlichen Kreisen anbahnte, auf die wir durch einen Brief des Abtes Siegfried von Gorze von 1043 aufmerksam werden. Heinrich III., so heißt es darin, begehe durch seine Eheschließung mit Agnes von Poitou schwere Sünde, seien die beiden doch gar zu nahe miteinander verwandt. Die Argumentation des Hofes, daß man dadurch die beiden Reiche, das deutsche und das burgundische, zu einer großen Friedenseinheit zusammenführen könne, bezeichnet Siegfried als irrig und verderblich. Friede könne nicht auf einer Sünde aufgebaut werden, und überdies wolle Heinrich III. den Frieden wie Christus anordnen. Doch der Friede, den Christus meint, die *vera pax*, sei gar nicht von dieser Welt, sondern dem Himmel vorbehalten, Heinrichs Handeln daher im Grunde Blasphemie.

Eine derartige Kritik wurde im Mittelalter hier zum ersten Mal gegen einen Herrscher vorgebracht. Sie zeigt, daß der sakrale König dabei war, die Grenze zur Anmaßung gegenüber Gott zu überschreiten. Über diese Grenze aber wachte die Kirche. Heinrich III. galt zwar als Förderer der Kirche und der Kirchenreform, aber die Vorstellung, daß sich Laien nicht in die Angelegenheiten der Kirche einzumischen hätten, keimte auf.

Genau in diese Situation fällt der Vorgang von 1046, die Absetzung der drei Päpste. Einer von ihnen, Gregor VI., zeichnete sich zwar durch einen guten Leumund aus, aber auch er konnte in den gestrengen Augen des Herrschers nicht bestehen, denn er hatte seinem Widersacher in Rom Geld gegeben, um Konflikte zu vermeiden. Doch dieses Verhalten wurde ihm als ‹Amtskauf› angekreidet, als Sünde der Simonie. Als sich Heinrich III. 1046 auf Romfahrt begab, um die Kaiserkrone zu erlangen, sah er in Gregor VI. anfangs noch den gültigen Papst, aber noch während der Weiterreise änderte er seine Meinung und stellte auch ihn unter Anklage.

Auf Synoden in Sutri und in Rom kurz vor Weihnachten 1046 ließ der Herrscher über die drei Päpste befinden. Alle wurden sie aus dem Amt entfernt, nachdem sich auch Gregor VI. als schuldig bekannt hatte. Durch diese Selbstbezichtigung des Papstes suchte man den alten Rechtssatz zu beachten, daß «der erste Sitz in der Kirche von niemandem gerichtet werden dürfe» (*prima sedes a nemine iudicatur*). Dann bestimmte Heinrich III. einen neuen Papst, und zwar den Bamberger Bischof Suidger, der den Namen Clemens II. annahm.

Dieses Vorgehen wurde in manchen kirchlichen Kreisen als ungeheuerliche Anmaßung angesehen. Wie konnte sich ein König erdreisten, Päpste absetzen zu lassen und einen neuen Papst zu bestimmen? Auch Heinrich III. selbst trug offenbar Bedenken, ob ihm dieses Recht zustünde. Zu seinem Kaisertitel, den er zu Weihnachten 1046 von Papst Clemens II. verliehen bekam, ließ er sich zusätzlich noch den spätantiken Titel *Patricius* übertragen. Der *Patricius* aber galt traditionsgemäß als Schutzherr Roms und war befugt, an der Erhebung des Papstes mitzuwirken. So rechtfertigte der neue Kaiser nachträglich sein Handeln.[14]

Aber die Sache hat die Gemüter nicht ruhen lassen. Petrus Damiani, einer der einflußreichsten Theologen dieser Epoche in Rom, verfaßte dazu eine «Abhandlung über die Synode» (*Disceptatio synodalis*).[15] Darin ging er auf die Frage des Mitwirkungsrechts des Königs bei der Papsterhebung ein. Die Schrift ist in Form eines fiktiven Streitgesprächs angelegt, das zwischen dem «Verteidiger der Kirche» (*Defensor ecclesiae*) und dem «Anwalt des Königs» (*Advocatus regis*) geführt wird.

Der *Defensor* eröffnet das Gespräch mit der Darlegung, daß die römische Kirche nicht von Menschenhand, sondern von Christus gegründet worden sei, weshalb kein Mensch ihr gegenüber irgendwelche Vorrechte beanspruchen dürfe. Der Anwalt des Königs beruft sich dagegen auf die Rechte des «Römischen Kaisers» (*Romanus imperator*). Ein römischer König und damit ein designierter Kaiser dürfe diese wahrnehmen. Damit spielte er auf die Entwicklung an, die mit der Kaiserkrönung Ottos I. im Jahre 962 eingesetzt hatte: Der ostfränkisch-deutsche König hatte sich als Anwärter auf die Kaiserwürde etabliert, und dies wurde in der Zeit der Salierherrscher im Titel *Rex Romanorum* («König der Römer») in Analogie zum *Imperator Romanorum* («Kaiser der Römer») zum Ausdruck gebracht.

Der *Defensor* führt nun seinerseits aus, daß die meisten Päpste der vergangenen Jahrhunderte ohne kaiserliche Zustimmung in ihr Amt gekommen seien. Die wenigen Fälle, in denen die Überlieferung von einer Zustimmung des Kaisers berichten, führt er auf die Ungunst gefährlicher Zeiten zurück. Dann aber nennt er sein Hauptargument, indem er auf die ‹Konstantinische Schenkung› (*Constitutum Constantini*) verweist. In ihr – einer der wirkungsvollsten Fälschungen des Mittelalters – sei festgeschrieben, daß der päpstliche Stuhl vor allen Kirchen der Welt Vorrang besitze. Außerdem habe Kaiser Konstantin der Große dem Papst Silvester I. einst im 4. Jahrhundert den kaiserlichen Lateranpalast und alle kaiserlichen Ehrenzeichen in Rom überlassen. Daraus folgert der *Defensor*: «Du hast gehört, daß der weltliche Kaiser in der römischen Kirche keine Gewalt besitzt. Weshalb soll denn dann ein Papst nicht gewählt werden dürfen ohne den Willen dessen, der dort ohnehin gar keine Gewalt hat?» Nach diesem Argument gibt der Vertreter des Königs auf: «Ich glaube alles voll und ganz, was du sagst!» Aber dann fällt ihm doch noch etwas ein: Wie stehe es mit dem *Patricius*-Amt? Das, entgegnet der Verteidiger der Kirche, sei etwas anderes. Als *Patricius* von Rom sei der Kaiser erster Bürger von Rom und führe damit die Stimme des Volkes von Rom. Der Papst werde von Klerus und Volk gewählt, und der *Patricius* gehöre zum Volk.

Diese Argumentation des Petrus Damiani, so sehen wir, zielte darauf ab, das Problem in einem rechtlichen Sinne zu lösen und auf dieser Ebene einen Kompromiß zu finden. Im Kern aber wird der König als «Mensch», als Laie eingestuft, der von seinem Amt her keine Ansprüche auf kirchliche Angelegenheiten geltend machen dürfe. Nur als *Patricius* sei ihm die Mitwirkung an der Papstwahl möglich.

Freilich, es gab auch radikalere Stimmen, die jeden Kompromiß ablehnten. Dazu gehörte der Verfasser der Ende 1047 entstandenen Schrift «Über die Erhebung des Papstes» (*De ordinando pontifice*).[16] Der unbekannte Autor erhob darin schwerste Vorwürfe gegen Heinrich III. Dieser hätte in Sutri nicht die Hand gegen einen Priester Gottes erheben dürfen. «Wo steht denn geschrieben», so wettert er, «daß die Kaiser die Stellvertretung Christi haben? (...) Dieser gottverhaßte Kaiser zögerte nicht, den abzusetzen, den er noch nicht einmal wählen durfte.» Seine Maßnahmen seien daher ungültig, denn das Haupt der Kirche, der Papst, dürfe nicht vom Schwanz geschlagen werden. Die Kaiser seien vielmehr den Bischöfen unterworfen.

Auch in einer Lütticher Quelle ist eine ähnliche Kritik überliefert. Bei ihr handelt es sich um die «Taten der Lütticher Bischöfe» (*Gesta episcoporum Leodicensium*).[17] Darin wird von Bischof Wazo von Lüttich (1042–1048) berichtet, er habe die Absetzung Papst Gregors VI. verurteilt. Dem Kaiser habe er vorgehalten, daß durch ihn die Weihe der Geistlichen verletzt worden sei. Diesem Vorwurf habe der Kaiser voller Zorn entgegengehalten, er als Herrscher sei doch ebenfalls geweiht, woraufhin Wazo geantwortet habe: «Das, was Ihr Eure Weihe nennt, ist etwas völlig anderes und weit entfernt von der priesterlichen Weihe, denn durch Eure Weihe werdet ihr zum Töten bestimmt. Wir aber werden durch unsere Weihe mit der Hilfe Gottes dazu erhoben, zum Leben zu verhelfen. Um wieviel das Leben den Tod überragt, um soviel überragt ohne Zweifel unsere Weihe Eure Weihe.» [18]

Das waren schwerwiegende Worte! Sie bringen uns die ersten Belege dafür, daß man sich um die Mitte des 11. Jahrhunderts Gedanken machte um die Sakralität des Königs. Man begann, seine Sakralität von derjenigen der Geistlichen abzugrenzen und abzuwerten, und diese Ansätze bargen gewaltige Sprengkraft in sich. Doch noch wurde diese nicht wirklich freigesetzt. Es blieb im großen und ganzen bei vereinzelten Stimmen.

Aber nun kam Gefahr von weltlicher Seite hinzu. Die Herrschafts- und Rechtsauffassung Heinrichs III. war, trotz Beratung durch die Bischöfe, auf autoritäre Entscheidungen ausgerichtet. Seine Friedensidee zeigt diese rigorose Grundhaltung sehr deutlich, und sie trat auch immer wieder in einzelnen politischen Aktionen hervor. Vor allem die Fehde, die er gegen Herzog Gottfried den Bärtigen von Lothringen führte, war davon bestimmt. Gottfrieds Ansprüche auf ganz Lothringen wies der König ab. Es kam zu langdauernden und heftigen Kriegshandlungen, in denen Gottfried seine «Ehre» (*honor*) zu verteidigen suchte, schließlich aber doch aufgeben mußte und 1049 sein Herzogtum verlor. Ein tiefer Riß entstand zwischen ihm und dem Kaiser. Dieser vertiefte sich noch, als der Herzog auf anderem Wege einen erneuten Aufstieg suchte, indem er 1054 ohne Absprache mit dem Kaiser die Witwe des 1052 ermordeten Markgrafen Bonifatius von Tuszien, Beatrix von Tuszien, die Mutter von Mathilde, heiratete. Damit gelangte er in eine Machtstellung enormen Ausmaßes, was Heinrich III. zu wütenden Reaktionen veranlaßte. Der Kaiser ging sogar so weit, Beatrix und Mathilde gefangenzunehmen und Ende 1055 ins Reich zu führen.

Daß sich angesichts solcher Entwicklungen am Ende seiner Herrschaft hochbrisante Revolten anbahnten, kann nicht verwundern. 1052 schlossen sich mächtige Fürsten in den süddeutschen Herzogtümern gegen den Kaiser zusammen. Die auslösenden Gründe bleiben im Dunkeln, aber es wird doch deutlich genug, daß man sich gegen die autoritäre Herrschaftsweise des Saliers zur Wehr setzen wollte. Erneut empfand man seine Regierung als ungerecht. Herzog Welf III. von Kärnten zählte zu den Aufständischen, auch Bischof Gebhard von Regensburg, vor allem aber der Herzog von Bayern, Konrad I. Dieser stammte aus dem Haus der Ezzonen, der lothringischen Pfalzgrafen, und konnte auf seine Abstammung aus dem ottonischen Königshaus verweisen.

Wie gefährdet Heinrich III. war, zeigt die Nachricht, daß man sogar seine Ermordung geplant habe. Daß es 1055 nicht zum Umsturz kam, hatte Heinrich III. nur dem Zufall zu verdanken, daß Welf III. und der abgesetzte Herzog Konrad I., der schon zum Nachfolger im Königsamt bestimmt worden war, ganz plötzlich starben. Daraufhin brach die Koalition der Gegner auseinander. Aber man wird doch nicht übersehen können, daß sich ein Vorgang von höchster verfassungspolitischer Brisanz und Tragweite abzeichnete. Der geplante Königsmord signalisiert, daß im Ordnungssystem größte Spannungen aufgetreten waren. Bestätigt wird dies von der Nachricht, daß schon einige Jahre zuvor, 1047, ein Anschlag auf den Herrscher vorbereitet worden sei. Damals war es der Kreis um den Herzog von Sachsen, der dem Salier nach dem Leben trachtete. Erst im letzten Augenblick konnte das Attentat vereitelt werden. Niemals zuvor im fränkisch-deutschen Reich hatte es solche Vorgänge gegeben. Zwar hatten sich einzelne Adlige oder Schwureinungen auch früher immer wieder einmal gegen den König erhoben und dabei um ihre Rechte gestritten – das gehörte zur legitimen Verteidigung adliger Ansprüche. Aber kollektive Mordanschläge durch die Repräsentanten des Reichs zeigen demgegenüber eine völlig andere Qualität. Hier ging es um die Beseitigung des gesamten Ordnungsmodells, das vom König vertreten und von seinen Gegnern als Tyrannis angesehen wurde. Das Überleben Heinrichs III. war am Ende auf Zufall gegründet. Konzeptionell blieb zwar die Einheit von Kirche und Welt bis zum Ende seiner Herrschaft gewahrt, aber es brodelte gewaltig. Als Heinrich III. 1056 starb, waren viele Prozesse schon im Gang, die dann in einer starken Beschleunigung zum Wandel im Ordnungsgefüge des Reichs führten.

3. *Die Einheit zerbricht: Heinrich IV. und der Bürgerkrieg*

*H*einrich III. starb am 5. Oktober 1056 in der Königspfalz Bodfeld. Das Zeremoniell seiner Bestattung spiegelte noch einmal die Idee der Einheit von Kirche und Königtum, die sich im Herrscher selbst darstellte. Papst Viktor II., der enge Vertraute des Kaisers, leitete mit der Witwe Agnes den Ablauf und das gesamte Zeremoniell. Die inneren Organe des verstorbenen Kaisers bestattete man in der Pfalzkirche St. Simon und Judas in Goslar. Der Leichnam wurde in einer feierlichen Prozession, die über verschiedene Stationen führte, nach Speyer gebracht und dort am 28. Oktober, an Heinrichs III. Geburtstag, in der Grablege der Salier beigesetzt. Dann sicherte der Papst die Nachfolge des kleinen, 6-jährigen Heinrichs IV. Er setzte ihn in Aachen auf den Thron Karls des Großen und führte sodann mit den Empörern in den verschiedenen Reichsteilen eine Einigung herbei. Viktor II. tat alles, um die Autorität des jungen Herrschers zu stärken.

Damit begann die Regierung Heinrichs IV., die von 1056 bis 1106, also ein halbes Jahrhundert, währte. Zunächst stand das Königskind unter einer Vormundschaftsregierung, dann, 1065, übernahm Heinrich IV. für 41 Jahre die selbständige Herrschaft. Solch lange Regierungszeiträume waren für Herrscher im Mittelalter überaus selten, und so kann Heinrich IV., von der Herrschaftsdauer her gesehen, für eine ganze Epoche stehen. In seiner Zeit haben sich umwälzende Veränderungen vollzogen, so daß seine Herrschaft als eine außerordentliche Umbruchzeit erscheint.[1]

Über Heinrich IV. gehen die Urteile weit auseinander. Die einen sehen in ihm den Verteidiger einer altüberlieferten Ordnung, der sich dem geistigen und politischen Wandel seiner Epoche entgegengestemmt und die Zeichen der Zeit nicht erkannt habe. Sein Scheitern sei darin begründet, daß er der neuen Überlegenheit der geistlichen Gewalt lediglich die Vorstellungen der traditionellen Herrschaft über die Kirche habe entgegensetzen können. Andere meinen, Heinrich IV. habe eine ganz neue Staatsform verwirklichen wollen. Er und nicht Papst Gregor VII. sei demnach der geniale Neuerer. Seine neue Herrschaftsform sollte den König vom Adel und von allen anderen Untertanen distanzieren. Eine starke zentrale Staatsgewalt sei das Ziel gewesen, also letztlich eine Frühform des modernen Staates.

Wie also haben wir Heinrich IV., den Hauptakteur von Canossa 1077, zu beurteilen? Wie müssen wir uns den Menschen, wie den Herrscher vorstellen?[2] Wenn wir uns den zeitgenössischen Quellen zuwenden, so entdecken wir bereits in diesen Texten ausgesprochen kontroverse Positionen zu unserer Frage.

Eine der ausführlichsten Quellen bietet Brunos ‹Buch vom Sachsenkrieg›. Es wurde nach 1081 und vor 1093 verfaßt und stammt aus dem engsten Umfeld des Gegenkönigs Rudolf von Rheinfelden. In dieser Quelle wird ein äußerst negatives Bild von Heinrich IV. gezeichnet: Schon als junger Knabe habe er zwar an Alter, aber keineswegs an Weisheit vor Gott und den Menschen zugenommen. Er habe sich aufgebläht mit königlichem Hochmut und nicht auf die Ermahnungen der Mutter gehört (cap. 1.). Als der König dann die Einfalt der Kindheit hinter sich gelassen hatte und im Jünglingsalter stand, habe er völlig dem Tugendpfad entsagt und beschlossen, nur noch seinen Begierden zu folgen. Nach seiner Mündigkeitserklärung am 29. März 1065 in Worms sei er unter den Einfluß Erzbischof Adalberts von Hamburg-Bremen geraten, eines von Stolz aufgeblasenen Mannes, der dem jungen König geraten haben soll: «Tue alles, was deinem Herzen gefällt» (cap. 5). Zwei oder drei Weiber habe er zur gleichen Zeit gehabt. Sei ihm zu Ohren gekommen, jemand habe eine junge und hübsche Tochter, habe er befohlen, sie ihm mit Gewalt zuzuführen. Dann wird auch noch die deftige Ehegeschichte mit Bertha aufgetischt, die wir bereits kennengelernt haben.

Dies waren also richtig abgrundtief böse Geschichten, die man sich in Sachsen über den Salier erzählte, die um so besser beim

Publikum ankamen, als sich der Herrscher auch an den schönen sächsischen Mädchen vergriffen haben soll. Wenn er dann an ihnen keinen Gefallen mehr hatte, habe er sie an seine Dienstmannen weitergereicht (cap. 8). Sogar seine eigene Schwester, die Äbtissin Adelheid von Quedlinburg, habe er mit eigenen Händen niedergedrückt, bis sie ein anderer auf seinen Befehl hin entehrt habe (cap. 9). In weiteren Kapiteln des Buchs vom Sachsenkrieg kann man nachlesen, an wem und wie Heinrich IV. Mord und Totschlag verübt haben soll.

Auch andere Quellen bieten uns solche Geschichten. Einer der großen Gelehrten dieser Zeit, Manegold von Lautenbach, geht in seinen Behauptungen besonders weit. Nach seinem Bericht habe Heinrich IV. mit Äbtissinnen und Nonnen Unzucht getrieben.[3] Sogar homosexuellen Trieben sei er nicht abgeneigt gewesen – für die damalige Zeit höchst verwerflich. In den ‹Annalen von Disibodenberg› wird die Geschichte überliefert, Heinrich IV. soll nicht nur alle möglichen Männer, sondern auch seinen eigenen Sohn, Konrad, aufgefordert haben, die Königin Praxedis, seine zweite Frau, zu vergewaltigen[4]; der Sohn aber habe abgelehnt.

Heinrich IV., so betonen alle diese Quellen, sei geradezu die Inkarnation des Bösen gewesen, ein Teufel, der die Bischöfe nicht nach ihren Verdiensten bestellt, sondern diejenigen bevorzugt habe, die ihm am meisten zahlten – so wieder Bruno in seinem ‹Buch vom Sachsenkrieg› (cap. 15). Den Menschen habe er die Freiheit geraubt und sie von Unfreien knechten lassen.

Doch es gibt auch Quellen, die ein ganz anderes Bild zeichnen. Hier ist vor allem die ‹Lebensbeschreibung Heinrichs IV.› (*Vita Heinrici IV.*) zu nennen. Sie wurde kurz nach dem Tod Heinrichs IV. 1106 verfaßt. Der unbekannte Autor, vielleicht in Regensburg beheimatet, stellt Heinrich IV. uneingeschränkt positiv dar. Dieser habe sich ständig um die Armen gesorgt. Deshalb erhebt sich für den Autor die Frage: «Wer vollbringt jetzt (nach seinem Tod) diese Werke der Barmherzigkeit wie Kaiser Heinrich IV.? Du ausgezeichneter Mann voll Frömmigkeit und Demut! Er beherrschte die Welt, die Armen beherrschten ihn. Die Welt diente ihm, er selbst diente den Armen.»

Auch sonst wird Heinrich IV. als Muster eines guten Herrschers gelobt. Er sei von hoher Geisteskraft gewesen, und wenn einmal die Fürsten in ihrem Urteil schwankend waren, habe er rasch den Knoten gelöst und erklärt, was gerecht und nützlich sei. Aufmerksam habe er seiner Umgebung zugehört und nicht vorschnell eine Meinung geäußert. Wenn er seine durchdringenden Augen auf das Antlitz eines Menschen heftete, so habe er dessen innerste Regungen durchschaut und in das Herz der anderen geblickt. Freilich, wer sich widerspenstig gegen ihn und seine Macht zu erheben wagte, den habe er derart zu Boden geschlagen, daß an dessen Nachkommen noch heute die Spuren der königlichen Strafe sichtbar seien. Dadurch habe er in gleicher Weise für seine eigene Macht wie für das künftige Wohl des Reichs gesorgt. Die Menschen nämlich «sollten lernen, den Frieden nicht zu stören und das Reich nicht mit Waffengewalt zu verheeren».[5] In diesen Schilderungen blitzt – ähnlich wie bei jenen über seinen Vater – die Idee vom Frieden durch Herrschaftsgewalt auf.

So widersprüchlich präsentieren sich die Wahrnehmungen und Einschätzungen der Zeitgenossen, daß wir aus ihnen nur schwer ein klares Bild gewinnen. Immerhin, sein Skelett kennen wir. Es wurde im Jahre 1900 aus dem Sarkophag im Speyerer Dom herausgenommen und untersucht.[6] Aus dem damaligen Untersuchungsbericht erfahren wir, daß Heinrich IV. ein großer, starker, untadelig gewachsener Mann gewesen sein muß. Seine Größe konnte man mit etwa 1,80 Meter bestimmen. Damit übertraf er die damalige Mittelgröße der erwachsenen Männer im Reich, die bei etwa 1,70 Meter lag. Nach den Skelett-Befunden, so heißt es, habe er niemals an einer größeren Krankheit gelitten; auch sei keine besondere Verwundung nachweisbar. Alles spreche für eine ungestörte, kräftige Gesundheit von Geburt an. Die gewölbte Brust, die breiten Schultern, das schmale Becken, die «energische mechanische Durcharbeitung der langen Beinknochen und Armknochen», vor allem der Arme und Hände – all dies vermittle das Bild eines schlanken, aber kräftigen, beinahe athletischen Mannes.

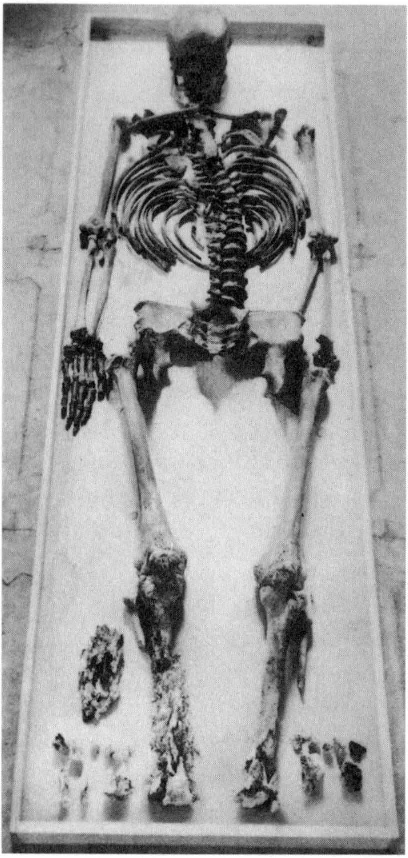

Abb. 7 Skelett Heinrichs IV., Grabungsphoto von 1900

Im Antlitz, so erfahren wir des weiteren aus dem Bericht, erscheine bei ihm «männliche Kraft mit beinahe weiblicher Anmut gepaart». Der große Hirnschädel, die feine Stirnbildung, die vortretende Unterstirn, die lange kräftige Nase dürften dem Gesicht einen energischen Ausdruck verliehen haben. Dieser Eindruck sei noch betont worden durch einen starken Schnurrbart, dessen noch vorhandene Reste aus kräftigen Haaren bestehen. Die großen offenen Augen, der feine Mund, das eher zarte Kinn könnten dem Gesichtsausdruck eine gewisse Weichheit verliehen haben.

Abb. 8 Totenschädel Heinrichs IV., Grabungsphoto von 1900

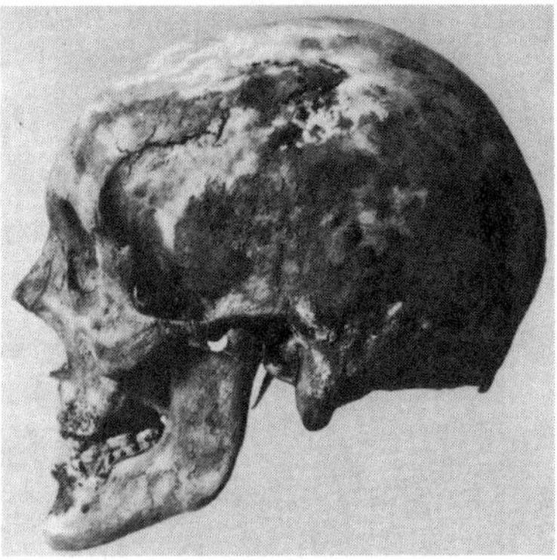

So also soll Heinrich IV. ausgesehen haben, wenn wir den Skelettforschern glauben dürfen, die jedoch vielleicht allzu ehrerbietig die Knochen eines hohen Verblichenen interpretiert und der Physiognomie allzu viel Ehre haben angedeihen lassen. Wie aber steht es mit dem Charakter Heinrichs IV.?[7] Diese Frage ist kaum zu beantworten. Man kann aber versuchen, die Persönlichkeit wenigstens in einigen Aspekten zu erfassen. Daß Heinrich IV. den geistigen und künstlerischen Strömungen seiner Zeit gegenüber aufgeschlossen gewesen sein muß, stellt der grandiose Ausbau und Umbau des Speyrer Domes zwischen 1080 und 1102 unter Beweis. Er konnte gewiß lesen und schreiben, lateinische Texte verstehen und beurteilen. Dazu heißt es in der ‹Vita des Bischofs Otto von Bamberg›: «Der Kaiser war in der Schrift dermaßen beschlagen, daß er die Urkunden, von wem auch immer er sie erhielt, selber lesen und verstehen konnte.»[8]

Aufschlußreich erscheint ferner eine Nachricht in den Annalen des Lampert von Hersfeld zum Jahre 1074. Demnach soll der König, als ihn die Fürsten im Stich gelassen hatten, dennoch die Schlacht mit den Sachsen gesucht haben, «denn er habe eher das Leben ehrenvoll verlieren wollen, als auf das Königtum in Schande zu verzichten».[9] Diese Mitteilung hat insofern Gewicht, als Lampert ansonsten Heinrich IV. fast nur negativ beurteilt und nur Begebenheiten erwähnt, die ihn schwer belasten. Der Mut

Heinrichs war demnach selbst aus solch einem Text nicht herauszuhalten.

Auch eine andere Stelle bei Lampert ist beachtenswert. Anfang Dezember 1075 konkurrierten in Goslar, wo ein neuer Abt von Fulda gewählt werden sollte, viele Äbte und Mönche um die Stelle. Dem König machten sie große Versprechungen, doch habe Heinrich IV. ihre Schamlosigkeit aufs heftigste verabscheut. Deshalb habe er den eher unbedeutenden Hersfelder Mönch Ruozelin herbeigerufen, dem Nichtsahnenden und ganz Verwirrten den Hirtenstab gereicht und ihn zum Abt bestimmt.[10] Schmeicheleien und Bestechungen scheint der König demnach nicht geschätzt zu haben.

Heinrich IV. wurde als 11-jähriger im April 1062 bei Kaiserswerth gewaltsam entführt und an den Hof Erzbischof Annos II. von Köln gebracht. Dieser Vorgang muß Spuren in der Psyche des jungen Königs hinterlassen haben. Seine Mutter hat er nach dieser Entführung nicht mehr gesehen, bis sie Ende 1064, zweieinhalb Jahre später, am Hof in Trebur erschien. Von diesem Zeitpunkt an rückte sie allerdings schon zunehmend in das Lager der Gegner ihres Sohnes hinüber, was das Gefühl der Verlassenheit bei Heinrich IV. noch gesteigert haben könnte.

Bei der Zusammenschau jener Facetten, die vielleicht Rückschlüsse auf Heinrichs IV. Charakter erlauben, dürfte auch die Haltung seiner beiden Söhne zu ihrem Vater von Interesse sein: Sowohl Konrad als auch Heinrich V. haben sich, sobald sie handlungsfähig waren, gegen ihn erhoben. Fügt man dies zusammen mit seinem distanzierten Verhältnis zur eigenen Mutter, mit den Scheidungsabsichten gegenüber seiner ersten Frau Bertha und mit der Feindschaft, die zwischen ihm und seiner zweiten Frau Praxedis entstand, dann wird man Probleme im Sozialverhalten Heinrichs IV. vermuten wollen. Mit dem eigenen Haus und den Verwandten, so könnte man diese Beobachtungen zusammenfassen, hatte er seine Schwierigkeiten – zurückhaltend formuliert.

Auch gegenüber vielen Fürsten seiner Zeit legte Heinrich IV., wie es scheint, eine eher reservierte Haltung an den Tag. Dagegen sieht man engere Bindungen zwischen dem König und Rangniederen. Es sind seine Freunde (*amici*), seine Vertrauten (*familiares*) und seine Räte (*consiliarii*, *consultores*), die bei den zeitgenössischen Autoren, die Heinrich feindlich gesonnen waren, einen besonders schlechten Ruf genossen. Nur wenige sind namentlich faßbar. Wir kennen den Grafen Werner, der sich 1063 mit Erzbischof Adalbert von Bremen im engsten Umfeld des jungen, 13-jährigen Königs aufhielt. Graf Werner, dessen Grafschaft im Lahngau lag, war damals nur wenig älter als jener. Vom König erhielt er eine *villa*, die der Abtei Hersfeld gehörte, und so sind verständlicherweise die Berichte des Mönchs Lampert von Hersfeld über diesen Grafen vom Haß diktiert. 1066 wurde Werner bei einer Schlägerei mit Einheimischen bei Ingelheim schwerst verletzt und halbtot zum König gebracht, wo er bald darauf starb.

Noch weitere Personen kann man näher identifizieren, die als Vertraute Heinrichs gelten können. Bei allen zeigt sich, daß der Herrscher zu diesem Personenkreis über längere Zeiträume hin enge Kontakte pflegte und bewahrte. Es scheint von beiden Seiten her ein intensives Treueverhältnis entwickelt worden zu sein, das auf eine gewisse Stetigkeit und Bindung Heinrichs IV. im Umgang mit den Menschen seiner Umgebung deutet.

Seine Urkunden und Briefe wurden, wie üblich, nicht von ihm persönlich geschrieben, sondern von seinen Notaren. Einer unter ihnen spielte dabei eine besonders wichtige Rolle, nämlich Gottschalk von Aachen. Dieser verfaßte zehn der überlieferten Briefe Heinrichs IV. im Zeitraum von 1075 bis 1103/05. Acht Briefe wurden von Erlung geschrieben, der zuerst Kapellan am Hof, dann Kanzler war, bevor er schließlich Bischof von Würzburg wurde. Alle diese Briefe sind von großer Bedeutung, denn in ihnen wurde die Idee des theokratischen, sakralen Königtums im Kampf mit dem Papsttum verteidigt. Heinrich IV. muß diese Briefe alle gekannt haben. Vielleicht hat er ihre Abfassung auch beeinflußt. Vor allem seine letzten Briefe von 1105/1106, in denen er sich über die Undankbarkeit seines Sohnes beklagte, spiegeln deutlich seine eigenen Gedanken und Emotionen. Wenn man solche Nachrichten zusammenträgt, wird man vom ‹Menschen› Heinrich IV. doch eine gewisse Vorstellung gewinnen können. Zumindest mit den Personen, die seine Urkunden und – persönlich gehaltenen – Briefe konzipierten, stand er demnach in einer engen, vertrauten Verbindung.

Auch läßt sich festhalten, daß Heinrich IV. ein König war, der die Zügel nicht anderen überließ oder gar zur Untätigkeit neigte, sondern in einem beträchtlichen Maß selbst die Entscheidungen traf. Oft geriet er, wie noch zu sehen sein wird, in aussichtslos erscheinende Situationen, aber jedesmal fand er die Kraft, sich wieder aufzurichten. Die Zähigkeit in widrigen Wechselfällen löste als besonderer Charakterzug Heinrichs schon immer Bewunderung aus, und erst ganz am Ende seines Lebens lassen sich Anzeichen der Resignation erkennen, als sich auch sein jüngerer Sohn gegen ihn erhob. Von diesem Schlag hat er sich nicht mehr erholt.

Die besonderen Gegner Heinrichs IV. freilich waren – wie erwähnt – die Sachsen.[11] Die Konflikte mit ihnen prägten vor allem die erste Hälfte der 70er Jahre, wobei das Jahr 1075 einen düsteren Höhepunkt bildet. Es ist gekennzeichnet durch die blutigste Schlacht, die bis dahin im Innern des Reichs geschlagen wurde. Diese ‹Schlacht an der Unstrut› sah den König und eine Reihe der vornehmsten Fürsten und Bischöfe auf der einen, die Sachsen auf der anderen Seite. Anfang Juni 1075 hatte sich das Heer des Königs in der Nähe von Hersfeld versammelt. Dem Chronisten Lampert von Hersfeld zufolge war es so gewaltig, «daß seit Menschengedenken niemals im deutschen Reich vor irgendeinem Kampf ein so großes, so tapferes, so kriegsmäßiges Heer aufgebracht worden war».[12] Weiter erfahren wir von Lampert: «Was es im Reich an Bischöfen gab, was an Herzögen, was an Grafen, was an kirchlichen und weltlichen Würdenträgern, alle hatten sich hier versammelt, all ihre Kraft, all ihre Macht auf diesen Krieg gerichtet. Kein einziger fehlte, es sei denn, er war durch eine ganz dringende Notwendigkeit entschuldigt.»[13] Nur der Erzbischof Anno II. von Köln hielt sich fern. Doch dies sei dem König ohnehin angenehm gewesen, denn den Kölner Erzbischof habe er schon immer gehaßt. Auch der Bischof von Lüttich durfte zu Hause bleiben; er mußte dort die Königin in Obhut nehmen.

Kundschafter des Königs berichteten, daß das Heer der Sachsen an Zahl und Bewaffnung nicht schwächer sei als das königliche Heer, ja, in der sonstigen Kriegsausrüstung erscheine es sogar überlegen und sei mit Hilfsmitteln und Vorräten bestens ausgestattet. Der König und seine Leute brachten für das sächsische Aufgebot jedoch nur Hohn und Spott auf: Schließlich seien das doch nur Bauern, die schon durch das Getöse und Geschrei des anrückenden Heeres eingeschüchtert, geschlagen und vernichtet würden.

Bei Homburg an der Unstrut, südlich vom Harz, kam es dann am 9. Juni 1075 zum Kampf. Laut Lampert von Hersfeld war es für die Sachsen ein Überraschungskampf, weil das Heer des Königs ohne weiteres Verweilen direkt aus dem Marsch heraus angriff, während die Sachsen noch weitgehend ungeordnet gestanden hätten. Das Heer des Königs wurde von Herzog Rudolf von Schwaben angeführt, einem der herausragenden Kriegsführer dieser Jahre. Auch die schwäbischen Kontingente kämpften in der vordersten Reihe, weil dies, so Lampert, ein besonderes Vorrecht der Schwaben gewesen sei.[14] Die Königlichen wüteten furchtbar unter den Sachsen; das Fußvolk sei wie Vieh abgeschlachtet worden, wie es in Lamperts Annalen heißt.[15] Am Ende sei der König heiter, ja geradezu in überschäumender Freude ins Lager zurückgekehrt, habe er doch seine schlimmsten Feinde niedergerungen.[16]

Was hier seinen blutigen Kulminationspunkt erreicht hatte, war ein «Bürgerkrieg» größten und schlimmsten Ausmaßes. In den Quellen wird an dieser Stelle erstmals der Begriff *bellum civile* gebraucht, und in der Tat war es der erste «Bürgerkrieg» im mittelalterlichen deutschen Reich – so wird man sagen können. Zum ersten Mal seit den Anfängen des ottonisch-salischen Reichs richteten sich die geballten kriegerischen Kräfte nach innen, so, als müsse man dort gegen einen äußeren Feind kämpfen. Die bisherige Ordnung im Reich hatte tiefe Risse bekommen, und so setzte dieser Krieg neue Maßstäbe.

Was aber waren seine Ursachen? Sie reichen weit zurück. Am Nord- und Ostrand des Harzes befand sich ausgedehntes Reichsgut, das die salischen Herrscher von den Ottonen übernommen hatten. Ein wichtiger Ort dieses Königslandes war schon seit den Tagen Heinrichs II. die Pfalz Goslar. Heinrich III. ließ sie aufwendig ausgestalten und dort die prachtvolle Stiftskirche St. Simon und Judas errichten. In seiner Zeit wurde Goslar zu einem ständigen Mittelpunkt der Reichsherrschaft. Auch in den Jahren der Regentschaft durch Kaiserin Agnes blieb Goslar für die meiste Zeit die Residenz des Hofes.

Heinrich IV. ließ bald nach 1065 östlich von Goslar am nördlichen Rand des Harzes eine gewaltige Burg errichten, die Harzburg.[17] Sie war strategisch bestens gelegen und nur auf schwierigem Weg zugänglich. Es handelte sich um eine zweiteilige Burganlage mit einem großen und einem kleinen Burgberg, und das Ganze war mit starken Mauern und vorgelagerten Gräben nach den modernsten verteidigungstechnischen Gesichtspunkten dieser Zeit gesichert. Neben der Wohnung des Herrschers gab es die Räumlichkeiten für den Hofstaat; im westlichen Teil der Harzburg lagen die Gebäude eines königlichen Stifts mit der Kirche. Hier wurden beim Aufenthalt des Königs, wie das für das Jahr 1075 überliefert ist, die Reichsinsignien und der mitgeführte Schatz aufbewahrt. Überdies ließ Heinrich IV. seinen früh verstorbenen Bruder Konrad (gest. 1055) in die Kirche der Harzburg überführen und auch seinen kurz nach der Taufe in Mainz 1071 gestorbenen ältesten Sohn Heinrich dort beisetzen. Damit wurde die salische Dynastie auch an diesem Ort liturgisch besonders verankert.

Für die Sachsen aber war die Harzburg das Werk des Teufels. Dabei war es keineswegs die einzige Burg, die Heinrich IV. anlegen ließ. Rund um den Harz entstanden noch mindestens acht weitere Burganlagen – allesamt, wie die Harzburg, sogenannte Höhenburgen, die sich durch ihre exponierte Lage und durch die Art der Befestigung mit Tortürmen und gewaltigen zentralen Rundtürmen von den bis dahin in Sachsen üblichen Königsburgen beträchtlich unterschieden.

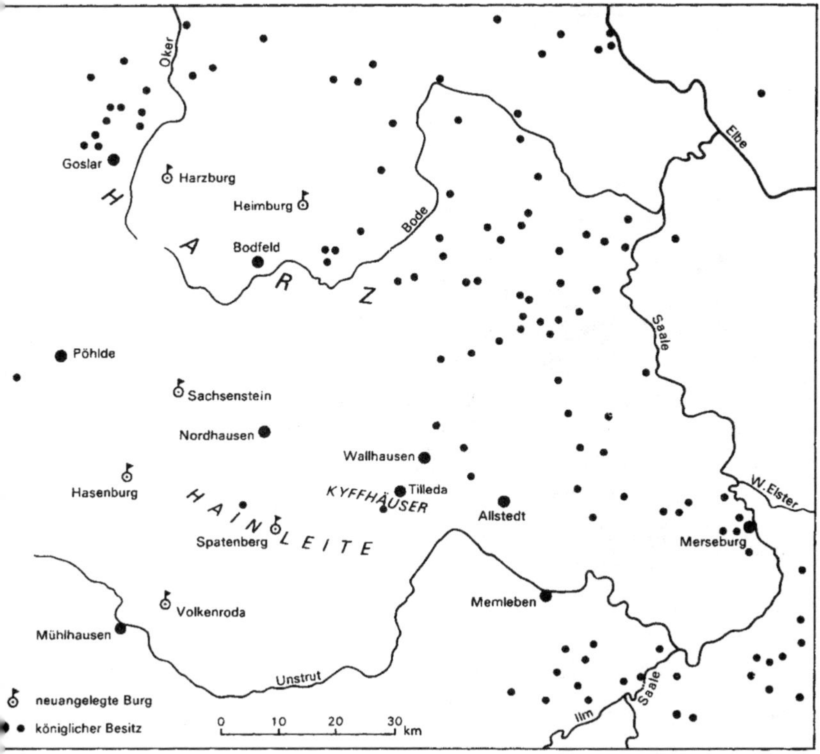

Abb. 9 Salische Burgen um den Harz

Diese neuartigen Burgen wurden nun nicht etwa verläßlichen Vertretern des einheimischen Adels als Lehen übertragen, wie das sonst gebräuchlich war, sondern Heinrich IV. behielt sie in seiner unmittelbaren Verfügungsgewalt. Er legte Besatzungen von jungen Männern hinein, die er im wesentlichen aus der königlichen Dienstmannschaft (Ministerialität) in Schwaben holte. Sie versahen nun als königliche Burgmannen ihren Dienst. Durch diese Burgen und ihre Mannschaften war der König in diesen Gegenden Sachsens und Thüringens militärisch aggressiv präsent. Seine Leute standen für ihn ständig bereit und waren fortwährend militärisch verfügbar.

Dazu kam ein durchgreifender Organisationsumbau, der auf eine effiziente Verwaltung der Königsgüter um Goslar herum zielte. Zum Jahre 1073 ist uns erstmals ein «Statthalter von Goslar mit Namen Bodo» (*Goslarie praefectus Bodo nomine*) überliefert, also ein Verwaltungsleiter des Goslarer Reichsgebiets. Neben ihm gab es königliche «Münzvorsteher» (*monetarii*) für die Goslarer Münze. Andere Beauftragte des Königs leiteten den Silberabbau oder dienten als Förster oder Pfalzbeamte. Auch eine Grafschaftsreform wurde um den Harz herum durchgeführt, die dazu diente, die gesamte Gerichts- und ‹Polizeigewalt› unter die königliche Direktive zu ziehen.[18]

Wie es scheint, wurde der junge König in diesen Angelegenheiten maßgeblich von Erzbischof Adalbert von Bremen (1043–1072) beraten. In Brunos Buch vom Sachsenkrieg lesen wir dazu (cap. 16): «Der König begann auf den Rat des Bischofs Adalbert von Bremen, hohe und von Natur befestigte Berge in einsamen Gegenden zu suchen und Burgen auf ihnen zu bauen. (...) Er befestigte sie nach außen hin durch eine starke Mauer, durch Türme und Tore (...).» Ähnlichen Einfluß soll auch Bischof Benno II. von Osnabrück (1068–1088) auf den König ausgeübt haben. Von ihm heißt es in seiner Vita (cap. 9), er sei ein hervorragender Baumeister gewesen, ein Genie auf dem Gebiet der Steinbaukunst. Mit dem König habe ihn eine unzertrennliche Freundschaft verbunden. Als der König damit begann, ganz Sachsen mit neuen und starken Burgen zu befestigen, habe er die Leitung dieses Unternehmens dem Herrn Benno anvertraut, «wohl wissend, daß es niemanden gab, der sich dieser Aufgabe mit größerer Zuverlässigkeit und Rührigkeit unterzogen hätte».[19]

Benno von Osnabrück, um 1020 geboren, stammte aus einem schwäbischen Ministerialengeschlecht. Das bedeutete, er kam aus der Unfreiheit. Über den Bildungsweg war er aufgestiegen und hatte in der Straßburger Domschule und im Inselkloster Reichenau gelernt. Dann wurde er selbst Lehrer an der Kathedralschule von Speyer, ging unter Heinrich III. nach Goslar und leitete die dortige Schule am Stift St. Simon und Judas. Außerdem war er wohl Kapellan des Königs, wurde Propst von Hildesheim und erscheint um 1066 als oberster Güter- und Finanzverwalter (*vicedominus*) der Kirche von Köln unter Erzbischof Anno II. Bald darauf, 1068, wurde er zum Bischof von Osnabrück erhoben. Im übrigen war er einer der Begleiter Heinrichs IV. auf dem Gang nach Canossa im Winter 1076/77. Dies unterstreicht seine Vertrauensstellung beim König. Im Jahre 1088 ist Benno gestorben.

Wir haben also eine erstaunlich vielseitige Karriere eines Aufsteigers vor uns, die zugleich erkennen läßt, welchen Typ von Vertrauten Heinrich IV. um sich scharte: kundig, pragmatisch, zupackend, gewandt. Es waren Leute, die durchaus im Geist der Zeit dachten und handelten. Auch die Entwicklung der Höhenburg war so ein Zug der Zeit. Seit der Mitte des 11. Jahrhunderts ist zu erkennen, daß die Höhenburgen fortan für den Adel enorme Bedeutung erlangten. Sie wurden zum Bezugspunkt und zum Sitz eines Adelshauses. Der Prozeß reicht in Ansätzen in manchen Regionen schon weit zurück, zum Teil in das 10. Jahrhundert. Eine Zeitlang konnte eine Adelsfamilie auch noch nach mehreren Burgen benannt werden, bis sich dann mehr und mehr die Einengung auf einen Burgnamen durchsetzte. Der Vorgang verdichtete sich in den 80er Jahren des 11. Jahrhunderts und beschleunigte sich nochmals im frühen 12. Jahrhundert.[20]

Vor diesem Hintergrund sind auch die Maßnahmen Heinrichs IV. in Sachsen zu sehen. Die Burgenpolitik des Königs war so neu nicht; auch der sächsische Adel hatte bereits vorher seine Herrschaft verstärkt auf Burgen gestützt. Ein Otto von Northeim beispielsweise, der Anführer der Aufständischen, verfügte 1070 über die Burgen Hanstein und Desenberg, beide befestigt und mit Burgmannschaften belegt. Daß solche Höhenburgen allenthalben zu Schlupfwinkeln von Übeltätern geworden seien, läßt Lampert von Hersfeld in seinen Bericht zu 1072 einfließen.[21]

Was aber waren die Motive Heinrichs IV., auf diesem Gebiet den sächsischen Adel noch zu übertrumpfen? Man hat in der Forschung lange angenommen, es sei der Versuch gewesen, auf diese Weise alte Königsgüter in Sachsen zurückzugewinnen, die Heinrich IV. in den Jahren seiner Minderjährigkeit entfremdet worden seien. Systematische Besitzuntersuchungen haben jedoch ergeben, daß die Verluste in der Zeit der Vormundschaftsregierung der Kaiserin Agnes nur gering waren.[22] Eine Politik der «Rückgewinnung» (Rekuperation) ist jedenfalls damit nicht zu begründen. Man muß vielmehr davon ausgehen, daß Heinrich IV. seine Königsmacht im Raum um den Harz ganz gezielt territorialpolitisch weiter vorschieben und verankern wollte. Gerade dort, wo seine Stützpunkte schon dicht vorhanden waren, verstärkte er sie. Außerdem sollten Lücken nach Möglichkeit ausgefüllt und der ganze Komplex gebündelt werden.

Daß gerade der Raum um den Harz für den König so wichtig war, lag aber nicht nur an der Dichte des Königslands und den Möglichkeiten, darauf aufzubauen. Sein Hauptinteresse dürfte den reichen Erz- und Silbergruben (Rammelsberg bei Goslar) gegolten haben. Hier setzte Heinrich IV. mit seiner aggressiven Herrschaftspolitik zuerst an, die also nicht zuletzt von ganz pragmatischen Überlegungen und Ressourceninteressen geleitet war.

Die Sachsen empfanden diese Politik im höchsten Maße als tyrannische Unterdrückung. Wieder und wieder warfen sie dem König Verknechtung und Versklavung vor. Seit Beginn der 70er Jahre verschärfte sich der Konflikt immer mehr, und im Sommer 1073 formierte sich schließlich eine breit ausgreifende Opposition gegen den König, an deren Spitze sich die Bischöfe Burchard von Halberstadt (1059–1088), Werner von Magdeburg (1063–1078), zeitweise auch Hezilo von Hildesheim (1054–1079) setzten. Von weltlicher Seite traten Hermann Billung (gest. 1086), der Onkel von Herzog Magnus, und – nach einiger Zeit des Zögerns, doch dann besonders engagiert – Otto von Northeim (gest. 1083), der ehemalige Herzog von Bayern (1061–1070), hinzu. Dieser war 1070 von Heinrich IV. abgesetzt worden, nachdem das Gerücht verbreitet worden war, er würde dem König nach dem Leben trachten. Otto von Northeim war vom königlichen Burgenbau unmittelbar betroffen, denn sein eigener Herrschaftsmittelpunkt befand sich im Harzraum.

Otto übernahm rasch die Rolle des Agitators. Im Juli 1073 soll er an die sächsischen Krieger eine flammende Rede gehalten und sie aufgefordert haben, zu den Waffen zu greifen und das Joch der

Tyrannei abzuwerfen, so berichtet Bruno in seinem ‹Buch vom Sachsenkrieg› (cap. 24). «Tapfere Krieger», so soll Otto den Männern zugerufen haben, «Unbill und Schmach, die unser König schon seit langem über jeden von euch gebracht hat, sind groß und unerträglich. Aber was er noch zu tun vorhat, falls es der allmächtige Gott zuläßt, das wird noch weit größer und schlimmer sein. Starke Burgen hat er, wie ihr wißt, in großer Zahl an von Natur aus festen Plätzen errichtet und ziemlich starke Kräfte seiner Getreuen, mit aller Art Waffen versehen, in diese gelegt. Was diese Burgen bedeuten, haben die meisten bereits erfahren. Wenn es nicht Gottes Barmherzigkeit und eure Macht verhindern, werden es bald alle wissen. Denn nicht gegen die Heiden, die unser ganzes Grenzgebiet verwüstet haben, sind sie errichtet worden, sondern mitten in unserem Land, wo ihn niemals jemand zu bekriegen beabsichtigte, wurden sie mit solchem Bollwerk befestigt. Euch, die ihr in der Nähe wohnt, nahmen sie mit Gewalt eure Habe und verschleppten sie in diese Burgen. Eure Frauen und Töchter mißbrauchten sie nach Belieben zu ihrer Lust. Eure Knechte und euer Zugvieh fordern sie nach Willkür in ihren Dienst. Sogar euch selbst zwingen sie, jede Last – und sei sie noch so schimpflich – auf euren Schultern zu tragen. Aber wenn ich mir in Gedanken vorstelle, was unser noch harrt, erscheint mir alles, was ihr jetzt erduldet, noch erträglich. Wenn er nämlich seine Burgen in unserem ganzen Land erst einmal nach Gutdünken erbaut und sie mit bewaffneten Kriegern und allem übrigen Bedarf ausgerüstet haben wird, dann wird er eure Habe nicht mehr vereinzelt plündern, sondern alles, was ihr besitzt, wird er euch mit einem Schlag entreißen, wird euer Gut an Fremde geben und euch selbst, freie und adlige Männer, unbekannten Menschen als Knechte dienen heißen. Wollt ihr, tapfere Männer, das etwa alles über euch ergehen lassen? Ist es nicht besser, in tapferem Kampf zu fallen, als ein elendes und schmähliches Leben, in dem ihr dem Übermut solcher Leute zum Spott dient, schimpflich zu verlieren? Sogar Knechte, die man für Geld kauft, ertragen nicht die ungerechten Gebote ihrer Herren. Aber ihr, die ihr frei geboren seid, ihr wollt geduldig die Knechtschaft ertragen?»

Natürlich kann man daran Zweifel haben, ob diese Rede von 1073 wirklich in diesem Wortlaut gehalten wurde. Aber in der Tendenz müssen solche Überlegungen und Gedanken die Gemüter bewegt haben. Was der König verfolgte, ging gegen die Freiheit. Wer auf Weisung eines anderen, und sei es des Königs, Arbeiten ausführte, der war in der Auffassung dieser Zeit nichts anderes als ein Knecht. Ein frei Geborener würde sich daher zum Knecht machen, müßte er Befehlen gehorchen. Das war die Regel der ständischen Gesellschaft dieser Zeit, die zwischen Freien und Unfreien unterschied.

Die gewaltbetonte Präsenz des Königs und seiner Vertreter schien den Sachsen daher unerträglich zu sein. Jede Forderung des Königs war aus dieser Sicht von vornherein ungerecht. Jede Forderung von Leistung galt als brutale Unterdrückung, schon gar, wenn von den Burgen und ihren Mannschaften Druck ausgeübt wurde. Der König erschien als Tyrann, der eine ungerechte Herrschaft führte und gegen den deshalb der gerechte Krieg aufgenommen werden mußte.

Bald darauf, noch 1073, zogen die Sachsen mit ihren Anführern geradewegs zur Harzburg, wo sich der König damals aufhielt. Gegenüber der Burg, in Sichtweite, schlugen sie ihr Lager auf. Sodann forderten sie vom König, unverzüglich seine Burgen abbrechen zu lassen, die er nicht zum Schutz, sondern zum Verderben des Reichs errichtet habe – andernfalls würden sie losschlagen.

Die versammelten Massen verfehlten ihre Wirkung nicht. Voller Schrecken wandte sich der König zur Flucht. Daraufhin begannen die Sachsen mit der Eroberung und der Zerstörung verschiedener Burgen, und schließlich machten sie sich auch an die Harzburg heran. Um sie einzunehmen, errichteten sie oberhalb der Anlage nochmals eine Festung und schleuderten von dort, wie Bruno in seinem ‹Buch vom Sachsenkrieg› berichtet, ständig riesige Steine und Felsblöcke auf die Besatzung der Harzburg herunter.

Auch sonst formierte sich im Reich der Widerstand immer stärker. Nicht wenige der Reichsfürsten begannen 1074 zu überlegen, ob sie dem Reich in dieser Bedrohung nicht einen anderen König geben sollten, wie Lampert von Hersfeld berichtet. Die Sachsen forderten sogar schon Otto von Northeim auf, ihr König zu werden. Immer weiter verschoben sich nun die Gewichte: Nicht länger garantierte der salische König Einheit und Frieden im Reich, sondern gerade das Gegenteil schien sich anzubahnen. Gegen den König, so war man mehr und mehr überzeugt, müsse sich das Reich unter der Führung der Fürsten daher zusammenschließen.

Intensive Verhandlungen setzten ein. Die Fürsten und die Sachsen verbündeten sich in einer Eidgenossenschaft und setzten den König derart unter Druck, daß er in den ‹Frieden von Gerstungen› einwilligte. Er wurde am 2. Februar 1074 in Anwesenheit von 15 Reichsbischöfen und einer großen Anzahl weltlicher Fürsten geschlossen. Das ganze Reich schien sich daran zu beteiligen. Alle Aufständischen sollten Amnestie erlangen, so lautete eines der Ergebnisse. Vor allem sollten die Königsburgen in Sachsen niedergelegt werden.

Sofort stürmten die sächsischen Männer los, um die Burgen abzutragen, und auch die Harzburg nahmen sie sich vor. Diese freilich, das bestimmte eine Sonderregelung des Vertrags, sollte schonend niedergelegt werden. Dafür wurden sächsische Bauern aus der Umgebung geholt. Doch diese, einmal in der Burg, kümmerten sich nicht um irgendwelche Abmachungen, sondern taten, was längst ihr Wunsch war. Sie ließen nicht eher von der Zerstörung ab, als bis kein Stein mehr auf dem anderen lag. Auch die Stiftskirche verschonten sie nicht, zerbrachen die helltönenden Glocken, rissen Sohn und Bruder des Königs aus den Gräbern und zerstreuten ihre Gebeine «wie gemeinen Unrat».[23]

Die Zerstörung der Harzburg, vor allem aber die Plünderung der Saliergräber im Frühjahr 1074 wirkten sich verheerend auf die Stimmung im Reich aus. Heinrich IV. sah sich zutiefst gedemütigt. Auch die Reichsfürsten mußten sich nun von den Sachsen, die sich solche Grabesschändungen erlaubt hatten, distanzieren. Die Plünderungen seien ohne ihren Willen geschehen, so beteuerten jene. Sie hätten Verständnis dafür, daß der König die

Übeltäter bestrafen müsse. Ein Teil von ihnen trat ganz zur Partei des Königs über, darunter auch Herzog Rudolf von Schwaben. Jetzt sollten nach dem Willen des Königs alle sächsischen Burgen niedergelegt werden.

In aller Ruhe konnte der König ein Heer aufbauen. Die Kirchenschändung auf der Harzburg nahm er als Grund, auch von den Fürsten Heereskontingente für die Vergeltung zu fordern. Nach einem Jahr hatte er ein gewaltiges Heer zusammengestellt und forderte die bedingungslose Unterwerfung der Sachsen.[24] Trotzig lehnten diese ab. Verhandlungen waren nicht mehr möglich, der Konflikt eskalierte rasend schnell und mündete am 9. Juni 1075 in die Schlacht an der Unstrut. In diesem Bürgerkrieg, so klagt Bruno in seinem ‹Buch vom Sachsenkrieg›, waren Freund und Feind nicht zu unterscheiden. Brüder standen sich als Gegner gegenüber, Väter kämpften gegen Söhne und alle bisherigen Bindungen verloren ihre Kraft. Nach der Niederlage der Sachsen zog das Heer des Königs plündernd durch das Sachsenland. Die sächsischen Großen mußten sich am 25. Oktober 1075 bedingungslos der Gnade Heinrichs IV. unterwerfen. Der Herrscher hatte seine Gegner in die Knie gezwungen und in einem Ausmaß gedemütigt, das beispiellos war. In diesem Moment, gegen Ende des Jahres 1075, schien die Machtfülle des salischen Königs, der den Frieden mit brutaler Gewalt erzwungen zu haben schien, grenzenlos zu sein.

Aber die Gräben, die sich zwischen dem Herrscher und seinen Gegnern auftaten, waren in Wahrheit so tief wie nie zuvor. Manche waren erschöpft und kriegsmüde geworden – Herzog Welf IV. von Bayern oder Herzog Rudolf von Schwaben bemühten sich um Ausgleich. Doch es war gleichsam die Ruhe vor dem Sturm. Die Frage nach der Zuordnung von König und Reich, nach Stellung und Funktion des Königs in einem Reich, in dem geistliche und weltliche Fürsten mit immer größerem Nachdruck Beteiligung an der Herrschaft forderten, spitzte sich zu. Wie konnte ein König der Wahrer von Frieden und Recht sein, wenn seine Herrschaftsführung in weiten Teilen des Reichs so heftig abgelehnt wurde? In Sachsen jedenfalls wollte man einen König, der mit solch unbarmherziger Gewalt gegen sie vorgegangen war, nicht mehr ertragen. Für sie blieb er die Inkarnation der Ungerechtigkeit, dem alles erdenklich Böse und Schlechte zuzutrauen war.

Die Fürsten wiederum waren sich noch nicht sicher, welche Position für sie die richtige war. Der herrscherliche Anspruch Heinrichs IV. konnte sich schließlich auch gegen sie selbst richten. Doch andererseits waren auch sie längst in den Prozeß der neuen Herrschaftsbildung eingebunden. Auch sie forderten Gehorsam von ihren Leuten. Das eigenmächtige Wüten der sächsischen Bauern auf der Harzburg hatte sie zutiefst verunsichert. Solche Anmaßungen mußte man hart bestrafen. Und dennoch: Nach der Schlacht bei Homburg an der Unstrut waren sich die Fürsten keineswegs sicher, ob sie richtig gehandelt hatten, sondern begannen bald zu zweifeln, ob sie sich damit selbst einen guten Dienst erwiesen hätten. Der Kampf für den König, das erkannten sie wohl, mußte nicht unbedingt auch eine gute Leistung für das Reich sein. Was dem König nützte, mußte nicht auch dem Reich nützen. So hatte sich am Ende des Jahres 1075 – trotz des Sieges Heinrichs IV. – ein hochexplosives Konfliktpotential angehäuft. Die Einheit der Ordnung im Reich, in welcher ‹Welt und Kirche› wie in einem Körper zum Wohl des Friedens zusammenwirkten und gemeinsam in den Dienst des Königs gestellt waren, war schwer beschädigt – war sie überhaupt noch zu retten? Diese Vorgänge wird man auch mit Blick auf die Ereignisse im Umfeld von ‹Canossa› sehr zu beachten haben: Nicht der Bußgang war der erste Auslöser für das Zerbrechen der Einheit, sondern die Zerrüttung der Herrschaftsordnung im Reich selbst. Sie war bereits 1075 in vollem Gange und erfuhr durch ‹Canossa› erst ihre entscheidende Beschleunigung.

4. *Wandlungen in der Gesellschafts- und Herrschaftsordnung*

Den Sieg in der Schlacht an der Unstrut verdankte Heinrich IV. den mächtigen Fürsten des Reichs. An der Spitze der Truppen hatten Herzog Rudolf von Schwaben, Herzog Welf IV. von Bayern und Berthold von Zähringen, der Herzog von Kärnten, gestanden. Aber ihr Jubelgesang sei rasch in Wehklage übergegangen, wie es Lampert von Hersfeld formuliert. Bruno berichtet in seinem ‹Buch vom Sachsenkrieg› sogar davon, die Herzöge Berthold und Rudolf seien nach der Schlacht von großer Reue ergriffen worden. Sie hätten ein 40-tägiges Fasten angeordnet und Gott das Gelöbnis geleistet, nie mehr für den König gegen die unschuldigen Sachsen zu kämpfen.[1] In Geheimverhandlungen (*secretum consilium*) hätten sie sich mit den sächsischen Fürsten getroffen und sich ihnen als Vermittler angeboten. Sie wollten für eine ehrenvolle und kurze Haft sorgen, wenn diese sich dem König unterwerfen würden. In der Tat hätten sich daraufhin Bischöfe, Herzöge, Grafen und andere Große aus Sachsen der königlichen Gewalt ausgeliefert. Doch Heinrich IV. habe sein Versprechen nicht gehalten. Er habe den Besiegten nicht, wie ein guter König, die «Barmherzigkeit Gottes» (*misericordiam dei*) erwiesen. Statt dessen seien ihnen ihre Besitzungen, Städte, Burgen und Befestigungen entzogen worden. Anhänger des Königs, bei Bruno «Schmarotzer» (*parasiti*) genannt, hätten sich diese angeeignet[2], und ihnen habe Heinrich IV. befohlen, «im ganzen Land eine Gewaltherrschaft aufzurichten» (*ut per totam regionem tyrannidem exercerent*).

Das waren schwere Vorwürfe, die gegen Heinrich IV. erhoben wurden. Sein Handeln widersprach offensichtlich den Regeln und Traditionen, die man mit dem König verband, und bedeutete einen Bruch mit der überkommenen Ordnung. Er desavouierte sogar die Vermittler, indem er die von ihnen ausgehandelten Vereinbarungen nicht einhielt. Ein solcher Affront gehörte zu den schwersten Verfehlungen, die man einem König vorwerfen konnte. Außerdem ließ er die Herrschertugend vermissen, die bis dahin den ersten Rang einnahm: die Barmherzigkeit. Als Stellvertreter Gottes, des himmlischen Königs, hätte er Gnade walten lassen müssen.

Gnade und Barmherzigkeit, das waren nicht nur Eigenschaften, sondern auch politische Instrumente des gerechten Königs. Mit ihrer Hilfe konnte er die Vielfalt der Ansprüche, Rechte und Besonderheiten im Gefüge des Reichs ausgleichen und in einem Gleichgewicht halten. Ein König mußte im Notfall hart durchgreifen können, er mußte sich Achtung verschaffen. Aber noch wichtiger war es, daß er in einer fein ausgewogenen Interessensvielfalt den Gnadenerweis gerecht handhaben konnte.

Barmherzig zu sein, war nicht nur ein Zeichen klugen Verhaltens, sondern auch ein Element königlicher Legitimation. Dem König war es aufgetragen, das Reich wie das Haus Gottes (*domus dei*) im göttlichen Auftrag zu lenken. Wipo, der Lehrer Heinrichs III., hatte diesen Gedanken in einem Gedicht ausgebreitet, das er 1041 für seinen königlichen Schüler verfaßte. Es war komponiert als ein «Viergespräch» (*Tetralogus*) zwischen dem Dichter, der Muse, dem Gesetz und der Gnade (*gratia*). Das Lied der Gnade diene der «Ehre» (*honor*) des Königs, heißt es da.[3] Und es folgt der Lehrsatz: «Das Gesetz lehrt zu dienen, das Herrschen zeigt die Gnade» (*Lex servire docet, dominari Gratia monstrat*). Das sollte einst die Leitlinie für Heinrich III. sein. Bei seinem Sohn, Heinrich IV., vermißte man nun diese Tugend. So galt er vielen als unbarmherziger König, als Herrscher ohne Gnade.

Das war nicht von Anfang an so gewesen. In den ersten Jahren seiner selbständigen Herrschaft wirkte in seiner Kanzlei ein Notar, dessen Namen wir nicht kennen, der aber großen Einfluß auf die Gestaltung der Urkunden ausübte. Wir nennen ihn «Adalbero-A», weil er unter dem Kanzler Adalbero arbeitete. In einer Königsurkunde vom 7. Oktober 1069 verfaßte er folgende Einleitung, die gewissermaßen die Worte des Königs darstellen: «Wenn wir – indem wir die Gefahren für unsere Seele, die durch die menschliche Schwäche von überall her sich auftürmen, fürchten – um diese auszulöschen, für die heilige Kirche Gottes Sorge tragen und den Bitten unserer Getreuen in gnädiger Weise willfährig nachkommen, dann zweifeln wir nicht, daß unser weltlicher Ruhm (*honor noster secularis*) sich verbreitet und die Barmherzigkeit Gottes uns gnädig sein wird.»[4]

Das ist eine bemerkenswerte Formulierung, und man wird davon ausgehen dürfen, daß sich der junge König ihrer bewußt war. Die Barmherzigkeit Gottes suchte Heinrich IV. zu erlangen, indem er für die Kirche Gottes Sorge zu tragen versprach und gegenüber den Getreuen Gnade walten lassen wollte. Dies war durchaus ein traditionelles Anliegen des Königs. Aber Heinrich IV. bekannte sich auch zu seiner Sündhaftigkeit, die in seiner menschlichen Schwäche begründet sei. In feinen Nuancen kann man die Veränderungen erkennen: Der Stellvertreter Gottes auf Erden stellte nicht mehr seine sakrale Überhöhung, sondern seine menschliche, schwache Natur in den Vordergrund. Ein beachtenswertes Signal! War er sich seiner Sakralität, der ‹Postfiguration Christi›, nicht mehr sicher?

In solchen Worten klingt an, daß schon vor Canossa auch im Umfeld des Königs Gedanken kursierten, die ihn auf seine menschliche Natur zurückführten. War Heinrichs IV. «Unbarmherzigkeit» eine Konsequenz dieses schon in Nuancen veränderten Königsverständnisses? Mit seinem Handeln wollte er den Frieden herstellen, so hat es der Verfasser seiner Vita zusammengefaßt. Doch die *gratia*, die Gnade, scheint ihm nur noch bedingt zur Verfügung gestanden zu haben.[5]

Für das neue Denken gibt es auch im weiteren Umfeld des Königs manche Anzeichen; eine wichtige Rolle spielte dabei das veränderte Amtsverständnis der Bischöfe. Der König konnte sich bemühen, die Kirche zu fördern und für sie zu sorgen, aber das «Haus Gottes» war jetzt nicht mehr ohne weiteres seiner Leitung unterstellt, sondern in erster Linie derjenigen der Bischöfe. In diesem Sinne schrieb Papst Gregor VII. am 29. März 1075, noch einige Zeit vor Canossa, an den Erzbischof Werner von Magdeburg: «Wirke also darauf hin (…), das Haus Gottes (*domus dei*), das Dir anvertraut ist, zu reinigen, damit Du ob Deines Gehorsams unseren Dank ernten mögest.»[6]

Den Bischöfen wuchs eine gesteigerte Verantwortung für ihr ‹Haus› zu. Der «Leib Christi» (*corpus Christi*), sichtbar in der Kirche, wurde zum alleinigen Zuständigkeitsfeld des Klerus. Damit verknüpfte sich zunehmend die Frage, wer denn das Haupt des ‹Leibes Christi› sei, in dem Kirche und Welt vereint sein sollten. Immer noch der König wie zu Zeiten Heinrichs III.? Bezeichnend dafür sind die Ausführungen in einem Brief Papst Gregors VII. vom 1. September 1073: «So, wie der menschliche Leib (*humanum corpus*) auf Grund seiner zwei Augen durch das irdische Licht gelenkt wird, so wird bekanntlich der Leib der Kirche (*corpus ecclesie*) durch diese beiden Würden, wenn sie in reiner Frömmigkeit übereinstimmen, durch das geistliche Licht gelenkt und erleuchtet.»[7] Mit den beiden «Würden» (*dignitates*) sind die geistliche und die weltliche Gewalt gemeint, *sacerdotium* und *imperium*. Das einstige Haupt, der König, hatte sich damit zu begnügen, nur noch das Auge der kirchlich-weltlichen Ordnung zu sein. Wer aber war dann das Haupt? Bald sollte auch diese Frage in den Mittelpunkt rücken.

Solche Veränderungen verliefen nicht ohne enge Rückkoppelung mit den sozialen und politischen Verhältnissen. Um sie zu erfassen, bietet erneut der Blick auf die Bischöfe wichtige Erkenntnisse. Schon seit dem Beginn des 11. Jahrhunderts ist eine schrittweise Ausgestaltung der Bischofsherrschaften zu beobachten. Die Bischofsstädte wurden überall zu neuartigen Amtszentren ausgestaltet. Es entstanden große Domkirchen und Bischofspfalzen, planmäßig umgeben von Stiften und Klöstern, die den Raum der aufblühenden Städte neu absteckten. Aus der bisherigen Bischofsburg, so könnte man sagen, begann sich die Bischofsstadt zu entwickeln, ein wichtiger Schub für die im 11. Jahrhundert einsetzende Stadtentwicklung.[8]

Durch die gewaltigen Baumaßnahmen im 11. Jahrhundert kamen große Menschenmengen in die Städte. Tausende von Menschen mußten das Material heranbringen, es verarbeiten und die neuen Gebäude hochziehen – alles mit mechanischer Technik und unter Einsatz der Menschenkraft. Große Erdmassen waren zu bewegen, riesige Quaderblöcke in die Höhe zu wuchten. Die Bogenarchitektur der neuen Kirchen mußte abgestützt und aufgesetzt werden. Nach der Fertigstellung des Rohbaus ging es an die Innenausstattung, auch sie wie ein ‹Arbeitsbeschaffungs-Programm› gewaltigen Ausmaßes wirkend.

Die Arbeitskräfte kamen in der Regel aus dem Kreis der bischöflichen Hörigen, die von ihren Höfen abgezogen und an den Baustellen versammelt wurden. Der Verfasser der Eichstätter Bischofsgeschichte klagte deshalb um 1075 über die damit einhergehenden Folgen (cap. 29). Die Bevölkerung müsse bis zur Erschöpfung an solchen Projekten arbeiten, könne die Felder nicht mehr bestellen und verarme bis zur bittersten Not.

In den neugestalteten Bischofsstädten wuchs die Bevölkerung im 11. Jahrhundert sprunghaft an. Leitung und Organisation lagen zumeist bei den bischöflichen Dienstleuten, den Ministerialen. Diese bischöflichen Eigenleute regelten den Markt und betrieben die Münze. In den einzelnen Vierteln der Stadt führten sie die Aufsicht über die Ordnung und den Frieden; außerdem organisierten sie die Torwache und die Mauerverteidigung und waren für das Einziehen der Zölle, der Steuern, der Wechselgebühren oder der Marktabgaben zuständig.

Im Zusammenhang mit dem Münzrecht können wir eine sehr bezeichnende Entwicklung beobachten. In der Regel durften die Bischöfe schon seit dem 10. Jahrhundert in ihren Städten die Königsmünze prägen und als Zahlungsmittel verwenden. Aber sie taten dies zunächst als Stellvertreter des Königs. So war den Münzen das Bild des Königs aufgeprägt. Seit der Mitte des 11. Jahrhunderts zeigt sich jedoch ein entscheidender Wandel: Das Bild des Königs wurde verdrängt von der Darstellung des Bischofs. Die Bischöfe begannen also, das Münzrecht als ihr eigenes Recht anzusehen – nicht mehr der König, sondern sie selbst waren die Münzherren.

Wie erwähnt, erforderte der neue Aufschwung der Städte die Mitwirkung vieler Menschen. Um sie in die Städte zu locken, billigten ihnen die bischöflichen Stadtherren einen freieren Status zu, als ihn die Menschen in den Grundherrschaften genossen. Durch einen festgelegten Zins konnten sie Fronarbeiten ablösen, weshalb sie «Zensualen» genannt wurden. In den aufblühenden Städten konnten sie einen Status erlangen, der es ihnen erlaubte, über ihre Zeit und ihre Arbeitskraft freier zu disponieren als andere. Diese Entwicklung vollzog sich nicht von heute auf morgen. Aber sie war in der zweiten Hälfte des 11. Jahrhunderts in einigen Städten – etwa Worms, Köln, Mainz und Regensburg – schon so weit vorangeschritten, daß sich hier reiche Führungsschichten etablierten.

Auch im landwirtschaftlichen Bereich setzten Veränderungen ein.[9] Dort ist die Tendenz zur Auflösung der früheren Fronhofsverbände zu sehen. In diesen Verbänden hatten die Herren mit ihren Grundholden gelebt und von ihnen Frondienste gefordert. Im 11. Jahrhundert sehen wir dagegen erste Anzeichen für eine Zins- oder Rentengrundherrschaft: Abhängige Bauernstellen wurden vom Fronhof gelöst und gegen Zins als eigenständige Bauernhöfe verliehen. Die Frondienste der Hintersassen wurden dadurch überflüssig und in eine Geldrente umgewandelt. Das waren Prozesse, die in einem größeren Zeitraum abliefen, der bis weit in das 12. Jahrhundert reicht. Auch müssen in den verschiedenen Regionen unterschiedliche Entwicklungsstufen berücksichtigt werden. Aber in der Tendenz können wir diesen Vorgang früher oder später überall beobachten.

Der Grund für diesen Wandel lag darin, daß sich die Wirtschaftsordnung in größeren Zusammenhängen zu ändern begann. Mit dem stärkeren Aufkommen des Handelsverkehrs und der handwerklichen Produktion, mit einem wachsenden Markt- und Geldverkehr und dem Aufblühen der Städte begann sich die alte, lokal ausgerichtete ‹Villikation› zu überleben. Diese alte Organisationsform war auf wirtschaftliche Autarkie abgestellt. Sie bot zwar den Hintersassen ein relativ hohes Maß an Sicherheit, unterwarf sie aber engen wirtschaftlichen und sozialen Zwängen. Das alte Fronhofsystem war im Grunde starr und unflexibel, was zur Folge hatte, daß die für wirtschaftliche Innovationen erforderlichen Initiativen gebremst wurden. Dem Herrn des Fronhofs bot sich damit kaum eine Möglichkeit, den Ertrag seiner Wirtschaft zu steigern. Erst die freiere Verfügungsmöglichkeit der Bauern über ihre eigene Arbeitskraft, wie wir sie im 11. Jahrhundert beobachten, brachte hier einen Wandel.

Man muß allerdings vorsichtig sein, dies gleich als einen Aufbruch in die Freiheit zu bewerten. Letztlich führte diese Entwicklung nämlich zu einer größeren Belastung der Menschen. Die gewaltigen Bauleistungen des 11. Jahrhunderts sind nur auf diesem Wege möglich geworden. Der höhere Einsatz der Menschen wurde von den Herren über die zunehmenden Zinsleistungen abgeschöpft. Von einer größeren Freizügigkeit im modernen Sinn kann dabei keine Rede sein. Es ist vielmehr das Gegenteil zu beobachten: eine zunehmende Hierarchisierung der Gesellschaft und eine zunehmende Strenge der Herrschaftsführung.

In diesen Zusammenhang gehört auch die neue Herrschaftsbildung des Adels. Der Adel begann in dieser Epoche damit, die eigenen Herrschaften zu festigen und ihnen über die einzelnen Besitzer hinaus Bestand zu verleihen. Die Adelsherrschaft entwickelte also so etwas wie einen transpersonalen Charakter. Die Vogtei spielte dabei eine wichtige Rolle. Sie umfaßte – modern gesprochen – die Polizei- und Gerichtsgewalt über die Leute einer Kirche oder eines Klosters. Damit war das Recht verbunden, für Schutz und Friedenssicherung von diesen Leuten Abgaben zu fordern. Ein Vogt strebte stets danach, auch die Ministerialen einer Kirche für die eigenen Belange einzusetzen; nicht selten wurde die Vogteiburg auf Kirchengut errichtet. Die Vogtei bot also vorzügliche Möglichkeiten der Herrschaftsbildung, ohne daß der Besitz der Güter oder der Hörigen dafür erforderlich war. Außerdem war die Vogtei ein Amt, das heißt, sie unterlag nicht der erbrechtlichen Teilung. Das kam wiederum den Bestrebungen des Adels entgegen, Herrschaft ungeteilt auf die nächste Generation zu übertragen und sie damit zu verstetigen.

Adlige Herrschaftsbildung ist ein Prozeß, der im 11. Jahrhundert erst einsetzte. Doch führte er dazu, daß schon nach kurzer Zeit eine Reihe von neuen Adelsgeschlechtern aufstieg, darunter die Staufer, die Sulzbacher, die Wittelsbacher oder die Zähringer.

Die neue Herrschaftsbildung verlangte auch nach neuen Formen der Absicherung und der Organisation. Die Adelsherrschaft neuen Typs bediente sich dafür einer neuen Gruppe von Helfern, der Ministerialen, von denen bei der Stadtentwicklung und den Bischöfen bereits die Rede war.

Diese Ministerialen kamen aus dem Kreis der Grundholden eines Adligen oder eines Bischofs, waren also Unfreie. Meist hatten nicht diejenigen die besten Aufstiegschancen, die über einen eigenen Hof verfügten oder die als Zensualen eine bessere Rechtsstellung erlangt hatten, sondern diejenigen, die als weisungsgebundene Knechte am Hof des Herrn arbeiteten. Es waren die Eigenknechte, die *servi proprii*, die auf Grund ihrer besonderen Nähe zum Herrn zu besonderen Diensten eingesetzt wurden. Die Bezeichnung *ministeriales* findet sich zuerst im Bereich der Kirche. Die königlichen Dienstleute hießen im 11. Jh. gewöhnlich *servientes.*[10]

Diese Ministerialen erhielten von ihren Herren den Auftrag, einzelne Orte oder Regionen ihrer Herrschaft zu schützen und zu bewachen, die Einkünfte zu erheben und für Frieden zu sorgen. Überall entstanden daher die befestigten Türme der Ministerialen, zunehmend in der zweiten Hälfte des 11. Jahrhunderts. Man nannte sie Motten. Es waren Türme aus Holz oder aus Stein, die sich auf einem Hügel oder auf einer künstlichen Erhöhung erhoben. Wie ein Netz legten sich diese Organisationszentren über die neuen Herrschaften. Die Ministerialen wurden auf diese Weise zur wichtigsten Gruppe der neuen Herrschafts-Organisation und stiegen daher geradezu kometenhaft auf. Im 12. Jahrhundert erlangten sie dann sogar höchste Ämter am Königshof und in der Verwaltung der Königsherrschaft.

Der Aufstieg dieser Gruppe war eine Folge ihrer besonderen Funktion. Die Ministerialen bildeten also eine Funktionselite, die sich im Rahmen der neuen Herrschaftsbildung ihrer adligen und bischöflichen Herren ausformte. Ihre Funktion lautete: Verwaltung und Verteidigung der neuen Adels- und Bischofsherrschaften. Damit wuchsen die Ministerialen auch zu einem Kriegerstand heran. Sie wurden zu Kämpfern, die mit dem Schwert den Schutz der Kirchen und Geistlichen und auch der übrigen Grundholden, der Bauern, zu gewährleisten hatten.

Diese Vorgänge werden vor dem Hintergrund verständlich, der das späte 11. Jahrhundert als eine Zeit erscheinen läßt, in der die Gesellschaft von einem starken kriegerischen Zug erfaßt wurde. Krieger hatte es auch schon zuvor gegeben; adlige Vasallen und ihre Knechte kämpften bei Bedrohung gegen äußere Feinde oder wehrten sich gegen Überfälle und Unrecht. Doch nunmehr entwickelte sich ein eigener Kriegerstand, der im Innern des Reichs seine klar definierten Aufgaben hatte. Er sollte die adligen und bischöflichen Herrschaften sichern und schützen, und so war sein ganzer Daseinszweck der Kampf mit dem Schwert.

Das alles waren Prozesse, die auch zu einer allgemeinen Umdeutung der Gesellschaftsordnung führten. Im frühen Mittelalter überwog die Vorstellung, daß die Gesellschaft in die drei Stände der Mönche, der Kleriker und der Laien einzuteilen sei. Diese drei Gruppen wurden nach ihrem Heilswert gebildet. Daher galt die Lebensweise der Mönche als diejenige, die am sichersten in den Himmel führte. Die Lebensweise der Laien hingegen hatte den geringsten Heilswert.

Im beginnenden 11. Jahrhundert trat nun ein ganz anderes Modell zur Deutung und Gliederung der Gesellschaft in den Vordergrund. Dieses Modell wurde keineswegs erst damals erfunden, sondern ging weit zurück bis in die griechische Zeit (Plato). Aber im Mittelalter begann es erst wieder im 11. Jahrhundert eine größere Wirksamkeit zu entfalten und eine veränderte Vorstellung von der Gesellschaftsordnung zu begründen.[11]

Dieses neue Deutungsschema, das die salische Epoche bestimmte, ist gegenüber dem alten geradezu als revolutionär zu bezeichnen – es war das Schema von der funktionalen Dreigliederung der Gesellschaft. Es gliederte die Gesellschaft nicht mehr nach biblischen und heilsgeschichtlichen Gesichtspunkten, sondern nach den irdischen Funktionen. Demnach gab es eine Gruppe derer, die beten, nämlich die *oratores*, also den Klerus, ferner die Gruppe derer, die kämpfen, nämlich die *pugnatores*, also die Krieger, die später Ritter genannt wurden; und schließlich war da noch die Gruppe derer, die arbeiten, die *laboratores* oder *agricultores*, die Arbeiter oder Bauern.

An dieser neuen Gliederung fällt sogleich auf, daß die Mönche als eigener Stand verschwunden sind; sie wurden sozusagen eingeschmolzen in den Klerikerstand. Sie hatten in dieser neuen Ordnung wie die Kleriker in der Welt gegen das Böse zu kämpfen, und die neuen Reformmönche dieser Zeit, die ‹Hirsauer› Mönche, verhielten sich auch so. Der Laienstand dagegen wurde aufgeteilt in die Stände der Krieger und Arbeiter. Das Entscheidende freilich an dieser neuen Gliederung war, daß sie keine biblischen Grundlagen mehr hatte.

Über diese neue Ordnung hatte bereits Bischof Adalbero von Laon (977 bis nach 1030) Reflexionen angestellt. Er verfaßte ein an König Robert von Frankreich gerichtetes Gedicht und beschrieb darin das neue Modell der Gesellschaft. Seine Darstellung beginnt mit den Worten: «Dreigeteilt ist das Haus Gottes: die einen beten, die anderen kämpfen, die dritten arbeiten. Es gibt nur diese drei Gruppen, eine weitere Teilung gibt es nicht. Durch die Pflicht des einen Teils können die anderen sich ihren Aufgaben widmen, und durch die jeweiligen Pflichten ist allen gedient.»

Dann geht er näher auf die Lage der Arbeitenden ein. Er bedauert sie, aber ihr Los sei nicht zu ändern: «Dieses gebeugte Geschlecht von Menschen hat nichts als seine Arbeit. Wer kann ihre Pflichten beschreiben, ihre Mühsal, ihren Einsatz, ihre überaus schweren Arbeiten? Für alle müssen sie die Kleidung und die Verpflegung schaffen, und kein Adliger kann ohne die Arbeiter leben. (...) Vom Arbeiter also wird der Herr genährt, den er zu nähren glaubt. Aber die Tränen und Klagen der Arbeiter sind grenzenlos.» Die Unfreiheit der Arbeiter wird bei Adalbero als unbedingte Voraussetzung für das Funktionieren der Gesellschaft angesehen. Die alte christliche Auffassung, daß die Freiheit aller Menschen das Ursprüngliche und die Unfreiheit nur eine Folge der Sünde sei, wurde damit in den Hintergrund geschoben.

Die Funktionalisierung der gesellschaftlichen Ordnung erklärt auch, weshalb der Stand der Mönche in diesem Gesellschaftsmodell im Stand der Kleriker aufging. Für die Menschen war, im ganzen gesehen, die Funktion der Kleriker viel wichtiger als die der Mönche. Die Mönche strebten die Selbstheiligung an. Die Kleriker dagegen hatten sich um das Seelenheil der Mitmenschen zu kümmern, damit auch sie vor dem Jüngsten Gericht bestehen könnten. Eben das war im Denken dieser Zeit überhaupt die wichtigste Aufgabe. Vom Funktionswert her gesehen, stand der Klerus über allen anderen, denn er sorgte für das ewige Leben der Menschen.[12]

Wenn wir diese Zusammenhänge miteinbeziehen, erkennen wir auch die Wurzeln für den steilen Anstieg des priesterlichen Selbstwertgefühls in der zweiten Hälfte des 11. Jahrhunderts. Der Klerus war dabei, sogar die Mönche hinter sich zu lassen. Im funktionalen Gesellschaftsmodell liegen aber auch die Ursachen für die Forderungen der Reformkirche. Von den Priestern wurde eine tadellose Lebensführung gefordert, um ihrer ‹Funktion› möglichst gerecht werden zu können. Und schließlich sehen wir hier auch die Grundlagen für den Anspruch der neuen Priesterkirche, letztlich für alle Vorgänge in der Welt die oberste Autorität darzustellen. Die priesterliche Weihe, so hatte es schon Bischof Wazo von Lüttich auf den Punkt gebracht, führe zum Leben. Um so viel, wie das Leben über dem Tod stehe, stehe der Kleriker über dem König.

Diese Aspekte des gesellschaftlichen Wandels während des 11. Jahrhunderts zeigen, wie auf verschiedenen Ebenen Prozesse in Gang kamen, die neue Eliten und Autoritäten hervorbrachten. Es wird deutlich, daß die wirtschaftlichen Ressourcen für die Repräsentation und Sicherung neuartiger Herrschaftsformen erschlossen und gesteigert wurden. Die Bischöfe mit dem Ausbau ihrer Dome und Städte stehen an der Spitze dieser Entwicklung, aber auch der König suchte den Anschluß. Die Funktionalisierung der Gesellschaftsordnung schließlich steigerte die Effizienz der einzelnen Gruppen ganz erheblich, und in diesen Kontext gehören auch die Reformen der Kirche. Sie hoben den Funktionswert des Klerus, ganz besonders des Papsttums, in höchste Höhen. War ‹Canossa› also nicht zuletzt eine Folge des gesellschaftlichen Wandels?

5. *Rom und das Papsttum vor Gregor VII.*

*D*ie Geschehnisse im Umfeld von Canossa ereigneten sich nicht wie aus heiterem Himmel. Im Ordnungs- und Herrschaftsdenken, so haben wir gesehen, waren längst die Weichen auf Wandel gestellt. Dasselbe gilt auch für die Entwicklungen, die Rom und das Papsttum schon vor Canossa erfaßt hatten. Die Forderung auf Besserung des Klerus, auf Ausrichtung der Lebensweise der Geistlichen nach den Regeln und Gesetzen der Kirche wurde schon um die Mitte des 11. Jahrhunderts mit Nachdruck erhoben. In Papst Leo IX. (1049–1054) sahen schon die Zeitgenossen den großen Initiator dieser Reformbewegung.[1] In ihren Augen galt er als vorbildlicher Neuordner der römischen Kirche.

Leo IX. hieß vor seiner Papstzeit Brun. Er stammte aus der Familie der Grafen von Egisheim-Dagsburg, die im Elsaß ansässig war und zur Spitze des Reichsadels zählte.[2] Im Kindesalter war er an der Domschule von Toul erzogen worden. Um 1025 ging er an den Königshof. Ein Jahr später bereits wählten ihn «Klerus und Volk» von Toul zu ihrem neuen Bischof – angeblich zum Mißfallen König Konrads II., der Bedeutenderes mit ihm vorgehabt haben soll. Seine Amtsführung lenkte später das Wohlgefallen Kaiser Heinrichs III. auf ihn, und so wurde er auf kaiserliche Weisung auf einem Hoftag in Worms im Dezember 1048 für das Amt des römischen Bischofs nominiert. Doch diese Legitimation habe ihm nicht genügt, wie es in seiner Vita heißt.[3] Brun habe den Auftrag für sein Amt nach kanonischen Regeln erhalten wollen: Erst müsse die Zustimmung durch Klerus und Volk von Rom «zweifellos» vorliegen, bevor er den Bischofsstuhl von Rom besteigen würde.[4] Konsequent hielt er sich an diese Forderung und ließ sich erst am 12. Februar 1049, nach der Zustimmung von Klerus und Volk, in Rom inthronisieren.

Der neue Papst war weitläufig mit den Saliern verwandt (*consanguineus* Konrads II.). Seine um 1060 in Toul verfaßte Vita betont das gute und enge Verhältnis zu den salischen Herrschern. Was sein Amtsverständnis betrifft, so signalisiert die Wahl seines Papstnamens deutlich ein Programm: Er knüpfte an Papst Leo I., den Großen (440–461), an. Das war der Papst gewesen, unter dem die auf Petrus bezogene Sonderstellung des Bischofs von Rom in der Gesamtkirche erstmals in sehr präzise Formeln gegossen worden war. Mit Leo IX. bestieg mithin nicht so sehr ein Bischof von Rom den Stuhl Petri, sondern ein Papst mit einem Führungsanspruch über die gesamte Kirche.

Schon vor Leo IX. hatte es Päpste gegeben, die aus dem Reich nördlich der Alpen gekommen waren. Doch sie hatten es schwer, sich durchzusetzen. Ihre Geschicke waren wohl Anlaß für Leo IX., eine besonders fähige ‹Mannschaft› mit nach Rom zu nehmen.[5] Unter diesen Helfern befanden sich in der Tat jene Männer, die in den folgenden Jahren und Jahrzehnten die römische Kirche in weitreichender Weise umgestalten sollten. Zu ihnen zählten Hugo Candidus von Remiremont, Udo von Toul, Azolin von Compiègne, Humbert von Moyenmoutier, Friedrich von Lothringen und Erzbischof Halinard von Lyon. Auch Hildebrand, der mit Papst Gregor VI. 1047 in die Verbannung ins Reich nördlich der Alpen gezogen war und sich einige Zeit in Köln aufgehalten hatte, kehrte mit Leo IX. nach Rom zurück.

Aus diesem Kreis von Helfern und Vertrauten bildete sich in Rom rasch eine kompetente und hochqualifizierte kirchliche Kerngruppe um Leo IX. Sie war in der Lage, die entscheidenden Positionen im Umfeld des Papstes und in der Kirche von Rom zu besetzen. Schritt um Schritt übernahmen die Männer dieses Kreises Bischofssitze in den um Rom herum befindlichen suburbikarischen Bistümern. Die ganze Struktur des päpstlichen Sitzes wurde einer grundlegenden Neuordnung unterzogen. Er wurde umgebaut zu einem «Hof» (*curia*), zu einer Kurie, die sich nun in mancherlei Hinsicht am königlichen Hof orientierte. Man wird diese Vorgänge mit einem gewissen Erstaunen registrieren. Sie deuten doch zumindest an, daß der Königshof effizient genug war, um der Papstkurie in bestimmter Hinsicht Vorbilder bieten zu können. Wichtiger freilich dürfte dabei der Gesichtspunkt gewesen sein, daß der Papst und seine Umgebung sich auf diese Weise von den vielfältigen Verknüpfungen mit den stadtrömischen Organisationen befreien konnten. Unter dem Schlagwort «Freiheit der Kirche» (*libertas ecclesiae*) war in dieser Phase vornehmlich die Freiheit der römisch-päpstlichen Kirche im Verhältnis zum römischen Adel gemeint.

Bald zeigte sich ein erster ‹Modernisierungsschub› in der päpstlichen Kanzlei.[6] Die neue Führungsgruppe in Rom hatte ihre eigenen Notare mitgebracht. So war man nicht mehr angewiesen auf die römischen Stadtschreiber (Skriniare), sondern konnte sich auf eigene «Pfalznotare» stützen (*notarii sacri palatii*). Diese führten auch ihre eigene Schrift in die römische Kanzlei ein. Die in Rom und an der Kanzlei bis dahin übliche ‹römische Kurial-Schrift› trat von nun an in den Hintergrund. Dagegen kam die auch am Königshof verwendete ‹Minuskel› zur Anwendung und setzte sich immer mehr durch. Diese Pfalznotare waren dauernd verfügbar und begleiteten den Papst überall hin.

Auch dies wurde nun zu einem Merkmal des Reformpapsttums: Leo IX. begann damit, seinen Anspruch dadurch zu manifestieren, daß er über Rom und Italien hinaus die westchristlich-römische Kirche durch seine Präsenz erfaßte. Ähnlich wie das ‹Reisekönigtum›, so könnte man fast sagen, entstand eine Art von ‹Reisepapsttum›.[7] In den fünf Jahren seiner Amtszeit zog Leo IX. sechsmal über die Alpen. An verschiedenen Orten hielt er Synoden ab, traf Entscheidungen und Urteile. Er habe sich nicht mit dem eigenen Bischofssitz begnügt, so schrieb Abt Johannes von Fécamp (nordöstlich von Le Havre gelegen). Vielmehr sei er über die Alpen gezogen, habe dort «die Kirchen durch Synoden untersucht», sei «überall herumgegangen», habe «gereinigt, verbessert und korrigiert».[8]

Die Pfalznotare gingen mit auf die Reise. Sie verfaßten die Sentenzen und Texte und fertigten die Privilegien aus. Diese Privilegien erschienen nun nicht nur in einer anderen Schrift, sondern wurden auch formal umgestaltet. So, wie ihre Erscheinungsform in diesen Jahren entwickelt wurde, bestimmte dies für lange das Aussehen der päpstlichen Urkunden. Zwei Neuerungen vor allem waren es, mit denen die Urkunden in ihrem Abschlußteil neu gestaltet wurden:

1. das *bene valete* wurde in ein Monogramm verwandelt,
2. die *Rota* wurde als Zeichen der Urkunde neu eingeführt.

In beiden Fällen handelte es sich darum, daß die Papsturkunde stärker stilisiert wurde. Mit einem zeichenhaften Programm sollte damit die besondere Autorität des Papstes zum Ausdruck gebracht werden. Auch hier konnte man auf die Königs- und Kaiserurkunde als Vorbild zurückgreifen. Das *Benevalete* («Lebet wohl!») war bis dahin ein vom Papst selbst geschriebener Schlußwunsch am Ende des Schriftstücks. Nun, unter Leo IX., wurde diese Abschlußformel in ein Monogramm umgegossen, das aus den Buchstaben dieses Wortes zusammengesetzt war. Die *Rota* war dagegen ein ganz neues Zeichen, das am linken unteren Ende der Urkunde eingetragen wurde. Ihr Grundschema besteht aus einem Doppelkreis mit einem Kreuz in der Mitte. In die damit entstehenden vier Felder trug Leo IX. seinen Namen ein, ins vierte Feld setzte er den Buchstaben P für *papa* («Papst»). Im Kreisring erscheint Leos Wahlspruch: *misericordia domini plena est terra* («Die Erde ist erfüllt von der Barmherzigkeit des Herrn»).

Auch die Datierung der Papstprivilegien wurde derjenigen der Königs- und Kaiserurkunden angenähert. Vor allem kam die Angabe des Ortes hinzu, an dem die Urkunde ausgestellt wurde. Das war bis dahin überflüssig gewesen, denn der Papst hatte sich ja in der Regel in Rom aufgehalten und dort auch seine Briefe und Privilegien ausfertigen lassen. Jetzt, mit Leo IX., wurde es erforderlich anzugeben, wo sich der Papst jeweils befand, wenn er eine Urkunde ausstellte.

Im Mittelpunkt der Aktionen Leos IX. und seines Kreises standen freilich die neuen inhaltlichen Konzepte. Gemeinsam mit seinem Reformerkreis war er unermüdlich damit beschäftigt, die Gedanken und Forderungen der Kirchenreform zu formulieren, zu präzisieren und zu verbreiten. Zwei Schwerpunkte schälten

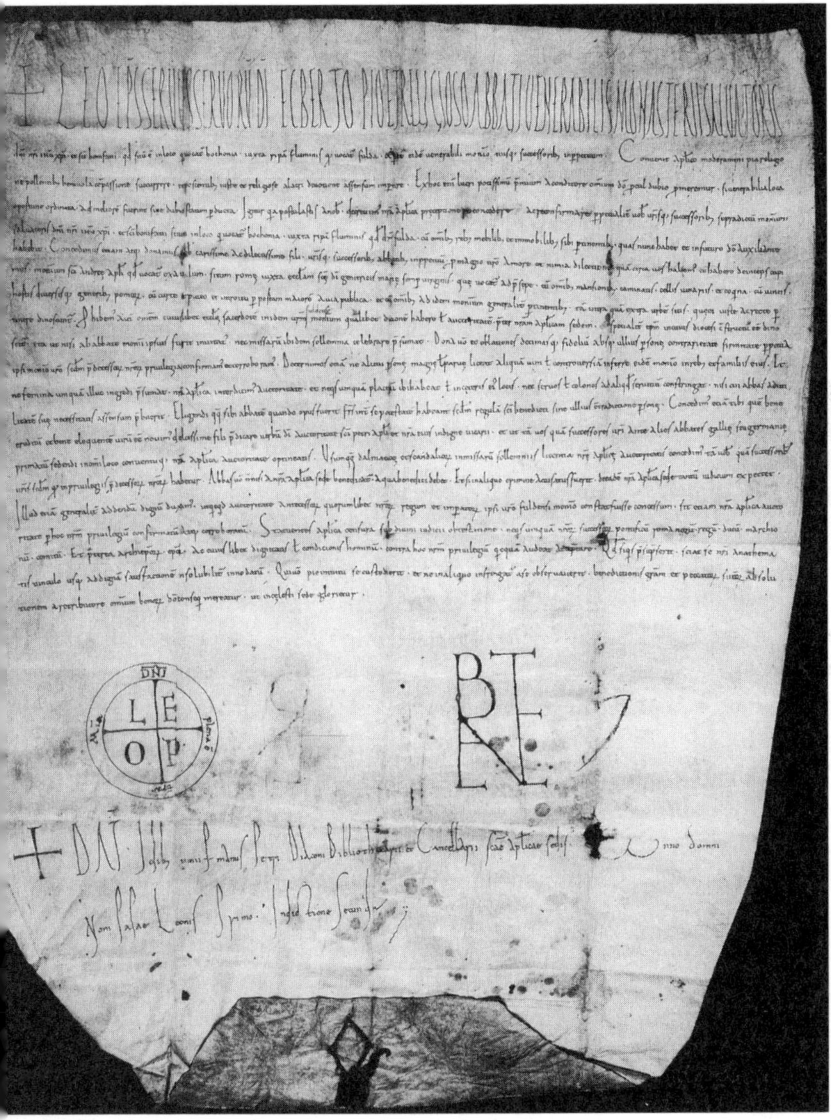

Abb. 10 Privileg Leos IX. mit Rota (links) und Benevalete (rechts)

sich von Anfang an heraus: der Kampf gegen die Simonie und der Kampf gegen den Nikolaitismus, also die Priesterehe.

Der Ämterschacher war in der Kirche schon lange verpönt. Schon Papst Gregor I. (590–604) war dagegen zu Felde gezogen. Es lag darauf der Fluch, den Petrus über den Magier Simon verhängte. Dieser hatte die Geisteskraft der Apostel für sich erwerben wollen und dafür Geld angeboten, so steht es in der Apostelgeschichte (8,9 ff.). Doch Petrus sprach zu ihm: «Verdammt seiest Du mit deinem Gelde, weil du meinst, Gottes Gabe könne durch Geld erlangt werden.» Das Simonieverbot war in der Kirche immer mehr oder weniger stark wiederholt worden. Aber es half nicht viel – der Pfründenhandel stand in hoher Blüte. Vor allem außerhalb des fränkisch-deutschen Reichs darf man ihn als Normalfall ansehen.

Nun, seit der Mitte des 11. Jahrhunderts, trat der von Rom aus geführte Kampf in eine neue Phase. Die Frage, die dabei in den Mittelpunkt rückte, lautete: Konnte ein Geistlicher, der simonistisch in sein Amt gelangt war, überhaupt wirksame Sakramente spenden? Konnte er also das Seelenheil vermitteln und damit die Gläubigen zur Rettung des ewigen Heils führen? Eine Frage von fundamentaler Bedeutung! Und wie wir gesehen haben: Die neue funktionale Deutung der Gesellschaft verlangte auch vom Klerus eine Optimierung der kirchlichen Leistung, um es modern zu formulieren.

Papst Leo IX. vertrat anfangs eine radikale Haltung. Für ihn waren alle von Simonisten vorgenommenen Weihen ungültig. Im Kreis der Reformer wurde die Frage intensiv erörtert. Petrus Damiani, der sich an der Kurie steigendes Ansehen erwarb, vertrat eine gemäßigtere Ansicht: Nicht die Beschaffenheit oder die moralische Qualität eines Menschen könnten darüber bestimmen, ob ein Sakrament, das heißt, eine von Gott ausgehende Heilsgabe, wirksam sei oder nicht. Leo IX. lenkte ein. Ein Geistlicher, der von einem simonistischen Bischof geweiht worden war, durfte sich künftig durch eine 40tägige Bußleistung von seiner Schuld befreien.

Nicht weniger schwierig gestaltete sich der Kampf gegen die

Priesterehe, also gegen den «Nikolaitismus». Der Name kommt von einer in der ‹Geheimen Offenbarung› (Apokalypse) erwähnten Sekte (Geheime Offenbarung 2,6 und 15). Dort ist vom «Treiben der Nikolaiten» die Rede. Sie galten als Häretiker, ohne daß man ihre ‹Irrlehre› genauer definieren konnte. Erst die Reformer des 11. Jahrhunderts bezogen sie auf die Kleriker, die in Ehe oder Konkubinat lebten.

Verheiratete Priester waren bis zur Mitte des 11. Jahrhunderts keine Seltenheit. Fast möchte man sagen, sie waren eher der Normalfall. In der Dichtung ‹Der Einochs› (*Unibos*), die im deutsch-niederländischen Bauernmilieu des 11. Jahrhunderts spielt, ist wie selbstverständlich von einer «Edelfreien» (*nobilis*) die Rede, die der Ortspfarrer als Frau heimführt. In das Schenkungsbuch des Klosters Ebersberg wurde um die Mitte des 11. Jahrhunderts mit Ehrfurcht eine «Frau Priesterin» (*presbyterissa*) eingetragen. Sie machte nach dem Tod ihres Mannes, des Priesters, dem Kloster eine Schenkung, damit für sein Seelenheil gebetet würde. In einer Bruderschaftsmatrikel aus Tours, angelegt ebenfalls um die Mitte des 11. Jahrhunderts, begegnen uns unter den rund 150 Namen die Tochter eines Bischofs und zwei Klerikerfrauen als vollwertige Mitglieder.

Mit diesem ‹sündigen Treiben› sollte nun ein Ende sein. Papst Leo IX. wollte jede Form des Nikolaitismus radikal unterbinden. Alle Priesterfrauen, so sein Ziel, sollten in den Besitz der Laterankirche überführt werden. Auf seiner ersten römischen Synode im April 1049 wurde ein entsprechender Beschluß gefaßt.[9] Die den Zölibat verletzenden Geistlichen verstießen nach dem Verständnis der Reformer gegen die eheähnliche Bindung, die Priester und Bischöfe mit ihren Kirchen eingingen. Diese Bindung wurde als unauflöslich angesehen, so daß sogar der Wechsel eines Bischofs auf einen anderen Bischofssitz oder gar auf den Papststuhl als problematisch empfunden wurde. So hatte schon Papst Clemens II. (1046–1047) voll Schmerz und Trauer darüber geklagt, daß er seine ihm ursprünglich anvertraute Braut, die Kirche von Bamberg, zugunsten der Mutter, der Kirche von Rom, habe verlassen müssen.

Alle diese Vorgänge lassen erkennen, wie seit der Mitte des 11. Jahrhunderts an der päpstlichen Kurie eine Konzentrierung und Verdichtung kirchenreformerischer Prozesse einsetzte. Entscheidend dabei war, daß mit Leo IX. der päpstliche Hof damit begann, diese Prozesse selbst zu steuern. Das bis dahin praktizierte «okkasionelle» Prinzip, bei dem man in Rom nur auf von außen herangetragene Anliegen reagiert hatte, wurde ersetzt durch das Prinzip des «eigenen Antriebs» (*motu proprio*). Auf regelmäßigen Synoden, die nicht mehr einer außerordentlichen Veranlassung bedurften, sollten die selbstbestimmten pastoralen Ziele durchgesetzt werden.

Trotz der neuen Dynamik war das Bild Papst Leos IX. geprägt von Milde und Barmherzigkeit. Vom Motto seiner Rota («Die Erde ist erfüllt von der Barmherzigkeit Gottes») sah man sein gesamtes Handeln bestimmt. In der Eichstätter Bischofsgeschichte heißt es über ihn: «Er ließ so unendliche Milde walten, daß er bisweilen einem, der eines Kapitalverbrechens angeklagt war, nur drei Fasttage auferlegte.» (cap. 37) Wenn dann, so heißt es weiter, Leute sagten, dies würde doch nur zu weiteren Verbrechen ermuntern, so soll dieser «allermildeste Papst mit süßklingenden Worten» geantwortet haben: «Es sollte euch, Brüder, nicht mißfallen, wenn ich Sünder mit Sündern nachsichtig bin. Viel eher sollte euch mißfallen, daß ich die Sünder gewiß schwerer bestrafe als jener, der niemals gesündigt hat und über dessen Lippen kein böses Wort kam. Nirgendwo nämlich werdet ihr im gesamten Evangelium finden, daß unser Herr Jesus jemanden mit Fasten und Schlägen gemaßregelt hat, sondern er sprach zum Reuigen: ‹Gehe hin in Frieden und sündige nicht mehr!›»[10]

Mit dem ersten großen Reformpapst Leo IX. verband man nicht Strenge, sondern Milde und Barmherzigkeit. Er entsprach damit ganz dem Ideal, das am Hof Kaiser Heinrichs III. gepflegt wurde. Gnade und Barmherzigkeit als Eckpfeiler der weltlich-christlichen Gesamtordnung begründeten freilich zugleich den Anspruch auf höchst autoritäre und autokratische Amtsführung des Herrschers, ein Anspruch, der auch von Leo IX. anerkannt wurde. Sein Handeln stand in weitgehendem Einklang mit den

Zielen Heinrichs III. und seiner Herrschaftsordnung. Noch gab es von päpstlicher Seite keinen Protest gegen den adligen Besitz von Kirchen und Klöstern (‹Eigenkirchenwesen›), und noch weniger wurden Stimmen laut gegen die Investitur der Bischöfe mit Ring und Stab durch den Herrscher.

Ganz im Einvernehmen mit Kaiser Heinrich III. stand der Papst auch, als er Reich und Kirche gegen die Normannen in Süditalien verteidigen wollte. Dieser Kampf freilich wurde ihm zum Verhängnis. Seit Jahren schon waren die Normannen in Apulien und Sizilien dabei, sich gewaltsam Ländereien und Herrschaften anzueignen. Als sie Benevent angriffen, entschloß sich Leo IX., ihnen mit einem Heer entgegenzuziehen. Bei Civitate, nordwestlich von Foggia in Apulien, erlitt er eine schwere Niederlage und geriet in Gefangenschaft. Zwar ehrenvoll behandelt, war er seither doch ein gebrochener Mann; bald nach seiner Rückkehr nach Rom ist er 1054 gestorben.

Das Selbstbewußtsein der römischen Reformer nahm trotz dieses Rückschlags unaufhaltsam weiter zu. Man sah sich verantwortlich für die gesamte römische Christenheit, die gesamte westliche Kirche. Allerdings konkurrierten mit Rom noch andere Bischofssitze: So wie Rom nahmen auch Jerusalem, Alexandria, Antiochia und Konstantinopel den Rang von «Hochthronen» ein, wie es in der ostkirchlichen Lehre heißt. Diese Frage wollte man nun in Rom im Sinne der eigenen Allgewalt geklärt haben. Aus diesem Grunde wurde 1054 eine Delegation nach Byzanz geschickt, angeführt von herausragenden Reformern. Unter ihnen befanden sich Humbert (gest. 1061), den Leo IX. zum Kardinal von Silva Candida und zum Erzbischof von Sizilien erhoben hatte, ferner Friedrich von Lothringen, ein Sohn des Herzogs von Lothringen aus dem Haus der Ardennergrafen, der spätere Papst Stephan IX. (gest. 1058), und schließlich Erzbischof Petrus von Amalfi (gest. nach 1059). Rom verlangte den Vorrang auch in der Ostkirche. Alle anderen Bischofssitze sollten sich unterordnen.[11]

Wie nicht anders zu erwarten, folgte die strikte Weigerung des Patriarchen von Konstantinopel, Michael Kerullarios (gest. 1059), diesen Anspruch, die byzantinische Kirche sei die Tochter Roms, anzuerkennen. Diese Ablehnung empfanden Leo IX. und seine Umgebung als Häresie. Petrus Damiani brachte ihre Rechtsauffassung auf die Formel: «Das heilige Kirchenrecht bestimmt diejenigen zu Häretikern, die mit der Römischen Kirche nicht übereinstimmen.»[12] Damit waren Maßstab und Bezugspunkt für alle künftigen Ordnungsentwürfe der Welt festgeschrieben.

Bei den weiteren Verhandlungen in Byzanz verhärteten sich rasch die Fronten. Der Streit wurde mit allen Mitteln geführt – auch heftigste Verunglimpfungen gehörten dazu. Schließlich legte die römische Delegation am 16. Juli 1054 auf dem Hochaltar der Hagia Sophia die Urkunde nieder, mit der im Namen der apostolischen Kirche der Fluch über die Byzantiner ausgesprochen wurde. Eine Woche später folgte die Antwort: Auch die Ostkirche verhängte über die römische Kirche den Kirchenbann.

Zu diesem Zeitpunkt war Papst Leo IX. bereits tot. Auch sein Nachfolger, Viktor II., wurde 1054 noch vom kaiserlichen Hof vorgeschlagen. Hildebrand selbst, der spätere Papst Gregor VII., führte die römische Delegation an, die über die Alpen an den Hof gereist war, um die Papstfrage zu klären. Angesichts seines Anspruchs zwei Jahrzehnte später wird man dieses Verhalten fast mit Erstaunen registrieren. Auch Viktor II. amtierte nur kurz und starb 1057. Im Grunde knüpfte er an die Reformhaltung seines Vorgängers an und ließ ebenso die Verbote gegen Simonie und Nikolaitismus einschärfen.

Nach seinem Tod brachen für das Papsttum turbulente Zeiten an. Dieses Mal hielten sich die Reformer nicht mehr an die Traditionen. Schon wenige Tage nach Viktors II. Tod versammelten sie sich in Rom und wählten, ohne vorher Kontakt mit dem Hof des Herrschers aufgenommen zu haben, Friedrich von Lothringen zum Nachfolger. Dieser hatte einst Leo IX. 1049 nach Rom begleitet und war dort zum Bibliothekar und Kanzler der römischen Kirche aufgestiegen. Von seiner Mitwirkung an der Delegation nach Byzanz 1054 war bereits die Rede. Im Mai 1057 hatte er die Abtswürde von Monte Cassino erhalten; außerdem war er Kardinalpriester von San Crisogono. Als Papst nannte er sich Stephan IX. Bereits am Tag nach der Wahl wurde er inthronisiert.

Durch dieses rasche Handeln sollte der römische Adel überrumpelt werden. Er wurde einfach vor vollendete Tatsachen gestellt. Die Rücksprache mit dem salischen Königshof war angesichts dieser Taktik gar nicht möglich gewesen. Außerdem hielt man sie offenbar nicht mehr für so vorrangig, nachdem Kaiser Heinrich III. gestorben war und Agnes die Vormundschaft für den siebenjährigen Heinrich IV. führte. Immerhin machte sich Hildebrand dann doch wieder auf die Reise über die Alpen. Ihn begleitete Bischof Anselm I. von Lucca, der spätere Papst Alexander II., ein intimer Kenner des salischen Hofes. Dort, am Königshof, führte man Verhandlungen und erlangte von Agnes die nachträgliche Bestätigung der Papstwahl. Doch als man nach Rom zurückkehrte, war Stephan IX. bereits tot, gestorben am 29. März 1058 in Florenz. Nur acht Monate waren ihm für das Papstamt vergönnt, und vielleicht war seine wichtigste Handlung in diesem kurzen Pontifikat die Erhebung des Petrus Damiani zum Kardinalbischof von Ostia, des vornehmsten der suburbikarischen Bistümer. Der Gebildetste aus dem Reformerkreis erlangte damit eine einflußreiche Stellung – auch wenn er selbst die eremitische Ruhe gerne vorgezogen hätte.

Diesmal waren den Reformern hinsichtlich einer Neuwahl die Hände gebunden. Der verstorbene Papst hatte sie darauf verpflichtet, auf die Rückkehr Hildebrands zu warten. Außerdem hielten sich die Kardinäle, die Stephan IX. begleitet hatten, zum größten Teil noch in der Toskana auf. Diese Gelegenheit suchte der römische Adel unter der Führung der Tuskulaner, denen sich auch Teile der Crescentier anschlossen, zu nutzen. Am 5. April 1058, bereits sieben Tage nach Stephans Tod, erhob man in Rom einen Papst aus den eigenen Reihen. Es war der Bischof Johannes von Velletri (gest. nach 1073), der wohl ebenfalls der Familie der Tuskulaner zuzurechnen ist. Er wählte für sein Pontifikat den Namen Benedikt X. Auch hier mußten die Zeremonien möglichst rasch ablaufen, und die Inthronisation soll sogar «zu nächtlicher Zeit» (*nocturno tempore*) vorgenommen worden sein.[13]

Aber Petrus Damiani weigerte sich, den Neugewählten zum Papst zu weihen – als Kardinalbischof von Ostia wäre das seine

Aufgabe gewesen. Auch die anderen Reformer sprachen sich gegen die Anerkennung Benedikts X. aus. Die Gründe dafür können nur darin gelegen haben, daß sich die Reformergruppe davor schützen wollte, wieder unter den Einfluß des römischen Adels zu geraten. Zur Absicherung des eigenen Vorgehens holte man diesmal die Zustimmung des salischen Königshofes ein. Dann endlich, am 6. Dezember 1058, schritt man zur Wahl, und da man Rom für zu gefährlich hielt, traf man sich an einem anderen Ort, wahrscheinlich in Siena. Neuer Papst wurde der Bischof Gerhard von Florenz, der den Namen des Tagesheiligen annahm: Nikolaus II. (1058–1061).

Die Erhebung Nikolaus' II. Ende 1058 ist bezeichnend für die veränderte Situation, in der sich das Papsttum befand. Die Wahl fand gar nicht mehr in Rom statt, ein bemerkenswerter Vorgang! Außerdem waren Klerus und Volk von Rom erneut, wie schon bei Stephan IX., völlig übergangen worden. Der Bischof von Rom wurde damit gewissermaßen von seinem eigenen Bistum entfernt. Die Reformer, im Kern vor allem Nichtrömer, sahen im Papst weniger den römischen Bischof als vielmehr den Leiter der gesamten Kirche. Das römische Bischofsamt wurde mithin von der Legitimierung und der funktionalen Definition her umgestaltet.

Nikolaus II. stammte aus dem französischen Burgund. Weshalb die Wahl auf ihn fiel, ist nicht genau zu klären. Hildebrand spielte gewiß eine wesentliche Rolle dabei, aber auch die Kardinäle Bonifaz von Albano und Humbert von Silva Candida entwickelten starken Einfluß. Dies findet Bestätigung darin, daß sich Nikolaus II. von Beginn an in hohem Maße auf diese Männer gestützt hat. Es ging sogar der Spruch um, «Hildebrand füttert seinen Nikolaus wie einen Esel im Stall». Mit Nikolaus II. hatten die Reformer nun jedenfalls ein Oberhaupt, mit dem sie in enger Gemeinschaft die neuen Entwicklungen an der Kurie weiter festschreiben konnten. Zunächst zogen sie Anfang 1059 gemeinsam und unterstützt durch ein schlagkräftiges Heer Herzog Gottfrieds des Bärtigen nach Rom. Auch die Normannen eilten zu Hilfe. Benedikt X. wurde zur Aufgabe gezwungen und mußte öffentlich seine päpstlichen Gewänder ablegen. Nikolaus II. konnte nun von seinem päpstlichen Thron Besitz ergreifen.

Nicht lange nach seiner Inthronisation rief er die Bischöfe der gesamten römischen Christenheit zu seiner ersten großen Ostersynode im April 1059 im Lateran zusammen. Diese Synode hat einen erstrangigen Stellenwert in der Vorgeschichte von Canossa. Es war die Veranstaltung, die unmittelbar jene Phase einleitete, die konzeptionell zu Canossa führte. Von dieser Synode ist das Schreiben erhalten, in dem Papst Nikolaus II. der ganzen Kirche die Beschlüsse der 113 anwesenden Bischöfe in einer Art Zusammenfassung bzw. Inhaltsangabe mitteilte.[14] Darin findet sich auch ein berühmter Satz, der üblicherweise als der 6. Kanon dieses Laterankonzils von 1059 zitiert wird. Er lautet: «Daß auf keinen Fall irgendein Kleriker oder Priester eine Kirche durch einen Laien übertragen bekommt, weder gratis noch durch Geldzahlungen» (*Ut per laicos nullo modo quilibet clericus aut presbyter obtineat aeclesiam nec gratis nec precio*).

Was bedeutete dieser Satz? Diese Frage hat die Forschung immer wieder zu Überlegungen und Interpretationen angeregt. Keine Übertragung einer Kirche mehr durch einen Laien: War damit auch bereits an den König gedacht? Bedeutete das für ihn bereits das Verbot, Bischöfe einzusetzen? Oder sollte dieser Satz nur für die Pfarrkirchen und ihre Priester gelten? Waren also nur die adligen Eigenkirchenherrn damit gemeint? Bis heute wird um die Antwort gestritten. Die eigentlichen Texte der Konzilsbeschlüsse sind bis auf wenige Ausnahmen nicht überliefert, so daß man immer wieder um Spekulationen kreist.

Bei dieser Frage wird man gewiß berücksichtigen müssen, daß die Lateransynode von 1059 keine «deutsche» Angelegenheit war, um es einmal so auszudrücken. Es befanden sich keine deutschen Bischöfe unter den Teilnehmern, so daß die Beschlüsse im Reich kaum Verbreitung fanden. Vor allem war die Synode nicht auf deutsche Themen ausgerichtet. Anders gesagt: Die Frage, ob der römische König im Reich Bischöfe einsetzen dürfe oder nicht, stand offenbar gar nicht zur Debatte. Es ging vielmehr um die Verhältnisse in Italien, Burgund oder Frankreich und um die Einsetzung der Priester durch Laien.

Aber andererseits wird man auch nicht übersehen dürfen, daß für die Reformer auf dieser Lateransynode von 1059 auch der König oder Kaiser als Laie galt. Das wird ganz unmißverständlich festgehalten in einer Rede von Papst Nikolaus II. zur Frage der Klerusreform. Es ging darum, wie Kleriker sich verhalten müßten, um ein möglichst tadelloses und makelloses Leben zu führen. Bei dieser Gelegenheit ging Nikolaus II. auch kurz auf frühere Klerikerreformen ein. Die berühmteste war diejenige Kaiser Ludwigs des Frommen von 816. Dieser Kaiser aber, so Nikolaus II., hätte sich gar nicht mit dieser Materie beschäftigen dürfen ohne Erlaubnis oder Zustimmung des päpstlichen Stuhls, denn: «obwohl er Kaiser und fromm war, war er dennoch Laie» (*quia, quamvis imperator et devotus, tamen erat laicus*).[15] Dieser Satz wirft doch ein recht deutliches Licht auf die Grundstimmung der Synode: Auch der König oder Kaiser war nicht befugt, in kirchlichen Angelegenheiten zu entscheiden. Konkrete Konsequenzen wurden daraus aber offenbar noch nicht abgeleitet.

Auf dieser Synode wurde auch das berühmte ‹Papstwahldekret› verabschiedet. Die Frage, wie die Papstwahl künftig gestaltet werden sollte, war für den Kreis der Reformer inzwischen zu einem zentralen Punkt ihres Programms geworden. Man konnte die Erhebung des Papstes nicht mehr wie eine gewöhnliche Bischofswahl ablaufen lassen, das hatten die vorangegangenen Ereignisse überdeutlich gemacht. Außerdem sollte der Bischof von Rom einen anderen Status haben als ein gewöhnlicher Bischof. Deshalb konnte er auch nicht mehr wie andere Bischöfe von Klerus und Volk gewählt werden. Ein Sondergremium mußte dafür geschaffen werden, aus dem die Laien ausgeschlossen waren. Überdies wollten die Reformer ihren Kreis als Wahlkörperschaft fest verankert sehen. Da viele von ihnen inzwischen die Position von Kardinälen erlangt hatten und sich hier ein dynamisches und selbstbewußtes Kollegium heranbildete, konnte der Kardinalsrang zum entscheidenden Kriterium für die Zusammensetzung dieses Gremiums werden.

So heißt es im Synodalschreiben von Nikolaus II. an erster Stelle, es sei folgendes beschlossen worden: Wenn einer ohne einmütige und kanonische Wahl und Weihe durch die Kardinalbischöfe und darauf durch die nachfolgenden Weihegrade der frommen Kleriker inthronisiert wird, dann gelte er nicht als Papst und apostolisch, sondern als (ein vom rechten Glauben) Abgefallener.

Das Papstwahldekret ist nun, anders als die anderen Beschlüsse dieser Synode, in seinem vollen Wortlaut erhalten geblieben. Daher sind wir auch über den Hergang der Überlegungen und über die Einzelheiten einer künftigen Papsterhebung informiert. Demnach hat Nikolaus II. an die Wirren erinnert, die er bei seiner eigenen Erhebung habe überstehen müssen. Dann wird festgesetzt: Nach dem Tod des römischen Bischofs sollen zuerst die Kardinalbischöfe beraten, bevor die anderen Kardinalkleriker hinzugezogen werden. Dann sollen der übrige Klerus und zuletzt das Volk der neuen Wahl zustimmen. Da der apostolische Stuhl alle Kirchen der Welt übertreffe und keinen Metropoliten über sich habe, würden die Kardinalbischöfe deren Rolle übernehmen. Das bedeutete für sie eine gewaltige Rangsteigerung. Als ‹Metropoliten› der römischen Weltkirche sollten sie den Papst auf den päpstlichen Stuhl setzen. Die Wahl dürfe, wenn es in Rom selbst zu unsicher wäre, auch an einem anderen Ort erfolgen.

Und dann gibt es noch den sogenannten ‹Königsparagraphen›: Bei alledem sollen die Ehre (*honor*) König Heinrichs IV. – «unseres lieben Sohnes, des gegenwärtigen Königs und zukünftigen Kaisers» – und die Ehrerbietung (*reverentia*) ihm gegenüber nicht beeinträchtigt werden. Bedeutete dies einen Schlag gegen den König, dessen Wort bisher bei der Papstwahl entscheidend war? Mit einer solchen Wertung muß man vorsichtig sein. Papst Nikolaus II. war zwar anfangs geneigt, diesen ‹Königsvorbehalt› völlig zu übergehen, aber er ließ sich vom Vertreter des Reichs, dem italischen Kanzler Wibert (dem späteren Erzbischof Wibert von Ravenna), dann doch offenbar leicht dazu bewegen, den Satz aufzunehmen. Wieder wird man zu berücksichtigen haben, daß die Stoßrichtung nicht in erster Linie auf den König zielte. Beim

Papstwahldekret ging es vielmehr darum, die Ansprüche und Mitwirkungsrechte des römischen Adels auszuschalten. Insofern reagierte man ganz unmittelbar auf die Vorgänge von 1058/1059. Gerade bei diesen Gesprächen hatte die Reformpartei die Mitsprache des Königshofes sehr wohl respektiert, ja geradezu gesucht. Mehr über den König und sein Recht festzulegen, als im Papstwahldekret anzutreffen ist, war aber dafür nicht nötig. Ansonsten spielte der König einfach keine entscheidende Rolle bei den Überlegungen in Rom, zumal er als Achtjähriger damals immer noch unter der Vormundschaftsregierung seiner Mutter stand.

Auf der Lateransynode von 1059 wurden auch die Verbote gegen Priesterehe und Simonie erneuert. Der dritte Kanon untersagte nikolaitischen Priestern grundsätzlich, liturgische Funktionen wahrzunehmen und die Messe zu singen. Der neunte Rechtssatz erklärte, daß niemand durch Simonie ein kirchliches Amt erlangen dürfe. Außerdem, so der Kanon 13, habe sich jeder, der in einen kirchlichen Weihegrad befördert werde, zuvor einer längeren Prüfung zu unterziehen.

Ein zentrales Thema der Synode war schließlich die Frage der grundsätzlichen Erneuerung des priesterlichen Lebens. In Kanon vier heißt es, die Priester sollten an den Stiftskirchen, für die sie geweiht seien, mit den anderen Kanonikern gemeinsam leben, gemeinsam essen und schlafen und alles, was ihnen von den Kirchen zustehe, gemeinsam besitzen. Sie sollten ganz allgemein mit allen Kräften danach streben, zum gemeinsamen Leben (*vita communis*) zu gelangen. Aus einer bruchstückhaft überlieferten Quelle wissen wir, daß vor allem Hildebrand diese Forderungen propagierte. Nach dem Vorbild der Urkirche der Apostel sollten die Kleriker, die einer Stiftskirche zugehörten, ein gemeinsames Leben in Besitzlosigkeit führen.

Dieses Programm war von weitreichender Konsequenz. Priester sollten keinen persönlichen Besitz haben – genauso wie die Mönche also. Priester sollten sich auf diese Weise der asketischen Selbstheiligung unterwerfen und eine sündenfreie Lebensführung entwickeln. Erneut werden wir damit an die funktionale

Verpflichtung der drei Stände erinnert: Mit diesen Forderungen von 1059 sollte gewährleistet werden, daß die Kirche bis in ihr Fundament sich optimal aufstellte für die Heilsvermittlung und die Verwaltung der heiligen Sakramente. Wenn man die Beschlüsse der Lateransynode von 1059 zusammenfaßt, ist zu erkennen, was die Reformer angetrieben hat: Es war die brennende Sorge um das Seelenheil der Menschen. Es ging ihnen in dieser Phase kaum um den König, seine Stellung in der Kirche war nicht das Thema.

Petrus Damiani kann bei diesen Diskussionen und Aktionen mit großer Wahrscheinlichkeit als der führende Kopf gelten. Er verfaßte zwischen 1051 und 1059 ein «Büchlein» mit dem Titel «Über das gemeinsame Leben der Kanoniker» (*De communi vita canonicorum*). Es war an den Domklerus von Fano gerichtet und enthielt sämtliche Aspekte, die auch auf der Lateransynode von 1059 eine Rolle spielten. Seine offenkundig so große Bedeutung für die Reformbewegung gibt Anlaß zu der Frage: Wer war Petrus Damiani?

Geboren wurde er 1007 in Ravenna[16], gestorben ist er 1072 in Faenza. Seine Eltern hat er früh verloren, so daß sich seine Geschwister um ihn und seine Bildung kümmerten. Nach 1036 trat er in das Kloster Fonte Avellana ein, wurde dort Prior und Priester. Vor allem verfaßte er zahlreiche und umfangreiche Werke, die in mehr als 600 Handschriften überliefert sind. Er schrieb nicht so sehr als Theologe, sondern vielmehr als Seelsorger und Eremit. Aber Petrus Damiani propagierte nicht das anachoretische Lebensmodell, das den einzeln lebenden Eremiten in den Mittelpunkt stellte. Er bevorzugte die Lebensweise von Eremiten, die sich in der Gemeinschaft eines Klosters zusammenschlossen. Natürlich gehörte persönliche Besitzlosigkeit dazu, klösterlicher Gehorsam, Fasten, regelmäßiger Gottesdienst und körperliche Zucht.

Unter Papst Stephan IX. wurde er Kardinalbischof von Ostia. Hier formulierte er die Sätze, daß jeder dem Irrglauben und der Ketzerei verfallen sei, der das Sonderrecht der römischen Kirche leugne. Die Simonie beschäftigte ihn in vielen Schriften. Wie schon erwähnt, vertrat er die Ansicht, daß die Sakramente, die von simonistischen Priestern gespendet werden, ihre Gültigkeit behielten. Der Heilige Geist könne nämlich auch durch einen Unwürdigen wirksam werden, weil die Wirksamkeit nicht aus dem Verdienst des Priesters, sondern aus der Gnade des Schöpfers resultiere. Zum Beleg für diesen Standpunkt führte er einen ganzen Katalog biblischer Beispiele an.

Ein anderes Feld, zu dem er sich äußerte, war die unkeusche Lebensweise des Klerus. Er beklagte die sexuellen Ausschweifungen (*luxuria*) des Klerus und stellte Argumente für den Zölibat zusammen. Aus der jungfräulichen Empfängnis Mariens folgerte er, daß das Altarsakrament nur von keuschen Händen berührt werden dürfe. Aber auch das Kirchenrecht setzte er für seine Argumentation ein. Ein weiterer Punkt betraf die Bildung der Kleriker. Die Unkenntnis im Bereich der Schrift und der Liturgie hielt er für überaus gefährlich. Ein Unkundiger dürfe nicht zum Priester geweiht werden. Diese und weitere Reformforderungen machten ihn zu einem der wichtigsten Vertreter der Kirchenreform.

Auch Humbert von Silva Candida, der am 5. Mai 1061 starb, muß in der vordersten Reihe genannt werden. Er war ursprünglich Mönch in Moyenmoutier, wo er 1026/28 den Anschluß an die cluniazensische Reform fand. Sein Diözesanbischof Brun von Toul nahm ihn mit nach Rom und machte ihn zum Kardinal. Berühmt ist Humbert vor allem als Autor der Schrift «Drei Bücher gegen die Simonisten» (*Libri tres adversus simoniacos*).[17] Darin polemisierte er heftig gegen jede Form der Simonie. Den von Simonisten gespendeten Sakramenten sprach er jede Wirksamkeit ab. Im dritten Buch weitete er seine Kritik aus und verurteilte überhaupt die Dominanz der Laien in der Kirche. Hier auch findet sich der scharfe Tadel an den Königen, weil sie die Bischöfe mit Ring und Stab einsetzten. Damit war er der erste, der diese Thematik so direkt ansprach. Geistliche Symbole dürften nicht von Laien vergeben werden, andernfalls würden diese sich anmaßen, über kirchliche Sakramente zu verfügen. Humbert entwickelte also schon früh sehr radikale Ansichten, wie sie bei den anderen Reformern so noch nicht hervortreten. Sie wirken in diesen Jahren noch eher prophetisch, vorausweisend auf die Auseinandersetzungen und Konflikte, die mit den Geschehnissen um Canossa erst richtig zum Ausbruch kamen. Aber man sollte die Wirksamkeit seiner Vorstellungen auch schon für 1059 nicht unterschätzen.

Man sieht also, wie sich die verschiedenen Strömungen, Entwicklungen und Ansichten auf der Lateransynode von 1059 zu einem Programm der Kirchenreform verdichteten. Aber noch gab es keine unmittelbare Aktion gegen den König – auch wenn der Boden dafür bereitet war.

Anders sah es auf dem Feld der politischen Entscheidung aus. Dort erfolgte 1059 eine bemerkenswerte Weichenstellung, die ganz eindeutig nicht den Interessen des Hofes und des Reichs entsprechen konnte: Nikolaus II. schloß mit den Normannen, die noch von Papst Leo IX. erbittert bekämpft worden waren, einen Vertrag. Sie hatten sich schon im Kampf gegen Benedikt X. als Partner erwiesen, und nun vereinbarte Nikolaus II. mit ihrem Anführer, Herzog Robert Guiskard, ein Bündnis: Demzufolge erhielt dieser vom Papst jene Landstriche, die von den Normannen gewaltsam erobert worden waren, zu Lehen.[18] Im Gegenzug leistete er dem Papst den Treueid und verpflichtete sich, im Falle einer strittigen Papstwahl den Kandidaten der «besseren» Kardinäle zu unterstützen. Auch damals reagierte Nikolaus II. auf die unmittelbar aktuelle Situation, denn mit diesem Schachzug suchte er einen mächtigen Verbündeten gegen den römischen Adel zu gewinnen. Der römische König, das Kind, war weit entfernt und konnte keine annähernd vergleichbare Hilfe bieten.

Dennoch, dieses Bündnis mit den Normannen stieß am Hof des salischen Herrschers auf heftige Kritik. Besaß der Papst überhaupt das Recht, die Herrschaften in Süditalien an die Normannen als Lehen zu vergeben? Es kam zu Spannungen, die dazu führten, daß die Reichsbischöfe von Nikolaus II. abrückten. Auf einer Reichssynode erklärten sie 1060 sogar seine Dekrete für ungültig. Ein Eklat schien unmittelbar bevorzustehen, als Nikolaus II. ganz überraschend im Juli 1061 in Florenz starb.

Diesmal waren es nicht die Reformer, die den Kontakt mit dem Hof suchten, sondern der stadtrömische Adel. Ihm schlossen sich die lombardischen Bischöfe an. Eine Gesandtschaft unter der Führung des römischen Grafen Girardus und des Abtes des Klosters am Clivus Scauri begab sich zur Kaiserin Agnes, die sich mit dem kleinen Heinrich IV. gerade in Basel aufhielt. Dort veranstaltete sie am 28. Oktober 1061 einen Hoftag, auf dem der neue Papst bestimmt wurde. Man einigte sich auf den Bischof Kadaloh von Parma, der sich ebenfalls unter den Teilnehmern der Gesandtschaft befand. Er stammte aus vornehmer Familie, hatte sich durch eine moralisch-sittliche Kirchenreform ausgezeichnet und sich zugleich vielfach als zuverlässiger Freund des salischen Herrscherhofes erwiesen. Nach seiner Wahl nannte er sich Honorius II.

Diese Vorgänge von 1061 sind von tiefgreifender Bedeutung. Es ist ganz offensichtlich, daß damit zum ersten Mal die Kirchenreformer an der Kurie und der salische Königshof getrennte Wege gingen. Eine tiefe Kluft drohte sich zwischen ihnen aufzutun. In der Zwischenzeit nämlich hatten die Reformer völlig unabhängig gehandelt: Hildebrand hatte die Normannen zu Hilfe geholt. Mit einem schlagkräftigen Heer kamen sie nach Rom. Die Basilika San Pietro in Vincoli wurde gegen die Truppen des römischen Adels freigekämpft. Dann erfolgte in tumultuarischer Weise am 30. September 1061 die Wahl des Bischofs Anselm I. von Lucca zum Papst, der sich den Namen Alexander II. zulegte. In der Nacht zum 1. Oktober fand – wohl ebenfalls in der Kirche San Pietro in Vincoli – die Inthronisation statt. Nachdem schon Stephan IX. zur Thronsetzung nach San Pietro in Vincoli ausgewichen war, um mit diesem Winkelzug die Überrumpelung der Römer erfolgreich abzuschließen, wurde diese Kirche nun auch für Alexander II. zur wichtigsten Station seiner Erhebung. Bei der Wahl Gregors VII. werden wir darauf zurückkommen.

Das Papstwahldekret von 1059 schien Makulatur zu sein. Nur das Schwert, so war zu erwarten, würde die Entscheidung bringen. Die Kämpfe zwischen den Anhängern der beiden Päpste wogten hin und her. Doch dann, im Mai 1062, konnte der mächtige Herzog Gottfried der Bärtige von Lothringen und Tuszien, der Gemahl von Beatrix, zwischen den Parteien einen Waffenstillstand herbeiführen. Man einigte sich darauf, daß sich beide Päpste in ihre Heimatbistümer Lucca und Parma zurückzuziehen hätten und die Entscheidung durch «König und Reichsfürsten» (*rex et regni principes*)[19] am salischen Königshof fallen sollte. Diese Vereinbarung wird man erneut als höchst bemerkenswert bezeichnen dürfen: Wie 1046 sollte bei der Besetzung des Papststuhls die Entscheidung von außen eingeholt werden. Und noch bemerkenswerter ist, daß sich die Reformer sogar in dieser Situation noch einmal der Autorität des römischen Königs unterstellten, obwohl ihre Aussichten sehr ungewiß schienen – es sollte allerdings auch das letzte Mal in der Geschichte des Papsttums sein. Vom Geist Hildebrands scheint man hier wenig zu verspüren.

Dann aber kam es doch zu raschen Veränderungen. Im Reich übernahm Erzbischof Anno II. von Köln die Leitung, nachdem er den kleinen Heinrich IV. durch die Entführung 1062 bei Kaiserswerth (heute eingemeindet in Düsseldorf) in seine Gewalt gebracht hatte. Dem Kölner und seinen Bischofskollegen schien es angebracht, mit den Reformern zu einem guten Einvernehmen zu gelangen. Die Reichssynode von Ende Oktober 1062 in Augsburg war bereits bestimmt von Sympathien für Alexander II. Eine Untersuchungskommission unter der Führung Bischof Burchards von Halberstadt, eines Neffen Annos, und wohl in Begleitung Gottfrieds des Bärtigen wurde nach Italien geschickt. Sie vereinigte sich mit Alexander II., der daraufhin – entgegen den Bedingungen des Waffenstillstands – nach Rom zog. Schließlich wurde auf einer Synode im Mai 1064 in Mantua, also im Machtgebiet des Markgrafen von Toskana und Canossa, eine weitere Synode abgehalten, die unter Alexanders eigener Leitung stand. Sie sollte ein abschließendes Urteil über die Rechtmäßigkeit seines Pontifikats erbringen. Kadaloh von Parma war erst gar nicht erschienen, so gering schätzte er seine Aussichten ein. Hier wurde der Rechtssatz «Der höchste Stuhl darf von niemandem gerichtet werden» (*prima sedes a nemine iudicatur*) zur Anwendung gebracht. Über Alexander II. wurde demzufolge gar nicht zu Gericht gesessen. Er leistete vielmehr einen Reinigungseid und wehrte so alle gegen ihn erhobenen Vorwürfe ab; damit hatte er sich gegen Honorius II. durchgesetzt.

Der vom salischen Hof zunächst geförderte Papst war also gescheitert, und auch die Kaiserin Agnes schwenkte zu Alexander II. um. Diese Vorgänge markieren einen Wendepunkt. Nicht nur, daß sich der salische Hof zunächst von der Reformpartei in Rom entfernt hatte, sondern noch bezeichnender ist, daß sich künftig niemals wieder ein kaiserlicher Kandidat bei einem Schisma durchsetzen wird.

Man wird sich fragen können, weshalb die Reformer nicht Honorius II., sondern Alexander II. wollten. Wieder wird man die Abwehr des Zugriffs durch den römischen Adel als ersten Grund nennen müssen. Überdies konnte Alexander II. als Kompromißkandidat gelten. Er unterhielt gute Beziehungen zum salischen Herrscherhof, war dort bekannt und wegen seiner vermittelnden Haltung geschätzt.

Für die Reformer wiederum dürfte Alexanders Nähe zur Kanonikerreform ausschlaggebend gewesen sein. Hildebrand kannte ihn und seine reformerische Grundhaltung gut. Als Bischof hatte Alexander II., damals noch unter dem Namen Anselm I., mit der Reform des Klerus an seinem Domkapitel begonnen. Diese Reform entsprach ganz den Forderungen der Lateransynode von 1059. Nur Kleriker mit vorbildlichem Lebenswandel sollten ins Domkapitel aufgenommen, jede Simonie unterbunden werden. Streng wurden alle zur *stabilitas loci* – zum Verbleiben an ihrer Stelle in der Kirche – verpflichtet. Die Einkünfte sollten gemeinschaftlich verwendet werden. Die *vita communis* – die gemeinschaftliche Lebensführung im Domkapitel – wurde durchgesetzt. Ein weiteres Reformzentrum entstand in San Frediano in Lucca.

Ein Bischof, der diese Erfolge aufzuweisen hatte, schien bestens dafür geeignet, auch in Rom an der Laterankirche die Klerusreform durchzuführen. In der Tat wurde während seiner Amtszeit als Papst diese Reform in die Wege geleitet. Wir wissen, daß damals in den Kanonikerkonvent der Laterankirche das gemeinschaftliche Leben Einzug hielt und das liturgische Leben neu geordnet wurde: Die Meßfeiern der Kardinäle mußten künftig durch die Laterankanoniker mitgestaltet werden, und nur die reformierten Laterankanoniker durften fortan die liturgischen Geräte an der Papstkirche berühren – fast überflüssig zu erwähnen, daß die Frauen aus dem Lateran entfernt wurden. Das Thema der Auseinandersetzung mit Simonie und Nikolaitismus im allgemeinen durchzieht die Briefe und Urkunden dieses Papstes.[20]

Papst Alexander II. erwies sich so als idealer Verfechter des Reformprogramms von 1059. Gleichzeitig wird deutlich, daß die Richtlinien immer stärker vom Archidiakon Hildebrand vorgegeben wurden. Zwar bezeichnete Alexander II. nicht ihn, sondern Petrus Damiani als «unser Auge und das feste Firmament unseres apostolischen Stuhls» (*noster est oculus et apostolicae sedis immobile firmamentum*)[21], aber Hildebrand rückte doch in das Zentrum der Kirchenleitung. Er sei der Urheber der Reformmaßnahmen gegen die «Häretiker» gewesen, so lesen wir beim Chronisten Berthold von Reichenau[22]. Auf seinen Rat soll Alexander II. gehört haben, wenn es um die Besetzung von Bistümern oder Abteien ging[23]. Zwischen beiden gab es zwar immer wieder auch Differenzen, aber nach außen hin überwog der Anschein der Harmonie: «Hildebrand war dessen Stimme, so wie jener für diesen sprach.» (*Hildebrandus erat vox eius, ut illius ille.*)[24]

Ein direktes Vorgehen gegen die königliche Autorität ist dagegen auch in der Zeit Alexanders II. noch nicht zu erkennen. Während die Übergabe von Ring und Stab durch den König an einen neuen Bischof stillschweigend geduldet wurde, kündigte sich in Mailand allerdings der künftige Konflikt doch bereits an. Als dort nach der Resignation Erzbischof Widos 1070/71 der Mailänder Subdiakon Gottfried (1071–1075) von Heinrich IV. als Nachfolger investiert wurde, entsprach dies noch der bisherigen Tradition. Nun zeigte sich jedoch erstmals mit Nachdruck der neue Anspruch des Reformpapstes. Alexander II. ließ 1072 einen anderen Bischof einsetzen – eindeutig unter Mißachtung der königlichen Rechte.

Allerdings muß man in diesem Fall die besondere Situation berücksichtigen. In Mailand herrschten durch die Bewegung der Pataria ganz außergewöhnliche Zustände. Dort wie in anderen großen lombardischen Städten (Piacenza, Cremona) hatte sich eine sozialreformerische Bewegung unter dem Mantel der Kirchenreform ausgebreitet.[25] Sie nannte sich Pataria nach dem Mailänder Trödelmarkt, was soviel heißt wie «Lumpengesindel». Schon kurz nach der Mitte des 11. Jahrhunderts war es redegewaltigen Reformanhängern, an ihrer Spitze Ariald von Cucciao und Landulf «Patarinus», gelungen, eine Volksbewegung mit radikalen Zügen ins Leben zu rufen. Beide entstammten dem Adel, Landulf möglicherweise der Adelselite der Capitane. Dennoch predigten sie nicht nur Armut, Keuschheit, Demut und Nächstenliebe, sondern auch den Haß auf den Hochadel, der die weltlichen und kirchlichen Ämter besetzt hielt.

Pataria und Kirchenreformer fanden sich zusammen. Die Patarener kämpften gegen die Mailänder Priester, die sie als geldgierig und hochfahrend beschimpften. Auf die verheirateten Priester wurden sogar regelrechte Jagden veranstaltet. In deren Händen, so lautete der Vorwurf, würden die heiligen Sakramente zu Hundekot und die Kirchen zum Stall für Maultiere. Ganz entscheidend war es überdies, daß die Patarener die Gehorsamspflicht dem apostolischen Stuhl gegenüber anerkannten. Dadurch unterschieden sie sich von der geistlichen Elite Mailands, die ihre Eigenständigkeit in der «ambrosischen» Tradition verteidigte, und auch von den meisten lombardischen Bischöfen dieser Zeit, die sich, wie Bischof Dionysius von Piacenza (1048/49–1082/85), auf «die Gnade Gottes und des Kaisers» beriefen.[26]

So zeigt sich, daß mit Alexander II. einerseits an der Umsetzung der Kirchenreform in Rom und in Italien energisch gearbeitet wurde. Andererseits trat im Verhältnis zwischen Rom und dem salischen Königshof eher eine Atempause ein. Es war gewissermaßen die Ruhe vor dem Sturm, bevor Gregor VII. 1073 das Amt des Papstes übernahm.

6. *Papst Gregor VII. und sein Anspruch auf Gehorsam «im gesamten römischen Erdkreis»*

Canossa ist untrennbar verbunden mit dem Namen Papst Gregors VII. (1073–1085).[1] Zu allen Zeiten gingen die Meinungen über diesen Kirchenfürsten weit auseinander. Auf der einen Seite stand das strahlende Bild des moralisch makellosen Verteidigers der kirchlichen und göttlichen Gesetze, während ihn die andere Seite als den Zerstörer der Welt verdammte. In der Eichstätter Bischofsgeschichte hat der Schrecken über die Auswirkungen seines Handelns Ausdruck gefunden. Seinem Vorgänger, Papst Leo IX., werden die Worte in den Mund gelegt: «Wenn du jemals, was Gott verhüten möge, den päpstlichen Stuhl besteigst, wirst du die ganze Welt ins Unglück stürzen!» (cap. 37) Und der Autor fügte hinzu: «Wie richtig diese Prophezeiung war, hat sich, oh Schmerz, in unseren jammervollen Zeiten schon mehr als recht und billig bewahrheitet!» Es entstand das Bild vom lodernden Mantel des Papstes, der die Flammen, die aus ihm selbst schlugen, in alle Richtungen schleuderte, und den Namen Hildebrand formte man zum Schmähwort «Höllenbrand» *(ticio infernalis)* um.

Gregor VII. war gewiß kein sanfter Charakter. Selbst die Reformer im Umkreis um Hildebrand haben seine mitunter harte, jähe und kompromißlose Haltung zu spüren bekommen. «Er fährt mich an mit verletzender Wucht wie wütender Nordwind», so schrieb über ihn Petrus Damiani[2], der ihn wie kaum ein anderer kannte. «Zuchtrute Gottes» (*virga Assur*) nannte er ihn einmal.[3] Die Texte, die er über ihn verfaßte, bringen immer wieder zum Ausdruck, daß er Widerstand gegen ihn für zwecklos hielt. Er verglich ihn mit dem Tiger, dem Löwen und dem reißenden Wolf. Eines seiner Epigramme lautet:[4]

«Hildebrand,
zwar klein von Gestalt, doch offenkundig von großer Klugheit.
Ein kleiner Tiger im Sprung, kommt er gleich dem geschossenen Pfeil,
Wertlos zwar ist das Eisen, doch stärker als jedes Metall
Zieht es als starker Magnet alles hinter sich her.
Diesen, der alles zähmt, engt ein des Sisyphus Maß,
Widerwillig nur mir untersteht, vor dem viele erzittern.»

Ein weiteres Epigramm klingt noch prägnanter:

«Nochmals Hildebrand:
Wer des Tigers Wut bezähmt, den blutigen Rachen des Löwen,
Mag zum Lamme den machen, der bisher Wolf mir gewesen.»

Nicht weniger eindringlich kommt das gespaltene Verhältnis zwischen den beiden in den Briefen Petrus Damianis zum Ausdruck. So schrieb er 1060 an Hildebrand: «Ich frage mich voller Verwunderung, ehrwürdiger Bruder, warum dein erhabener Sinn bei keiner Gelegenheit sich mir gegenüber sanft erzeigt. Nicht ein einziges gutes Wort, zumal wenn ich abwesend bin, sei es an mich oder über mich, bringt er hervor. Das schiene mir aber doch Pflicht der Liebe zu sein. Indessen, wann immer eine Botschaft an mich gerichtet wird oder in deiner Gegenwart sonst die Rede auf mich kommt, gleich verspottet man meine Niedrigkeit …»[5] Dies zeigt, daß es auch im Kreis der Reformer heftige Spannungen gab – und die Zunge Hildebrands alias Gregors VII. wirkte dabei wie ein scharfes Schwert.

Hildebrand wurde zwischen 1019 und 1030 in Soana in der südlichen Toskana (in der Nähe von Bolsena) geboren. 1984 führte man eine anthropologische Untersuchung seiner Gebeine durch und gelangte zu dem Ergebnis, jener müsse in Kindheit und Jugend ausgesprochen gut ernährt worden sein.[6] Seinem Körperbau zufolge ordnete man ihn einem mediterranen (und nicht einem langobardischen) Typ zu. Was seine Ausbildung betrifft, so berichtete Gregor VII. später selbst, er sei gemeinsam mit einem Alberich und einem Cencius in der Kindheit «im römischen Palast» aufgezogen worden. Bischof Johannes II. von Porto (vor 1057 bis nach 1084) soll sein *intimus* gewesen sein.[7]

In der Forschung war lange Zeit die Meinung verbreitet, Hildebrand sei in frühen Jahren im Marienkloster auf dem römischen Aventin (S. Maria del Priorato) Mönch geworden und habe dort das geistige Erbe der klösterlichen Erneuerung in sich aufgenommen. Doch diese Auffassung wird heute in Frage gestellt[8]; es wird bezweifelt, daß Hildebrand Cluniazenser-Mönch gewesen sei. Er wuchs wohl eher an der Laterankirche in Rom heran und erhielt dort seine Erziehung und Ausbildung. Der Apostel Petrus und die römische Kirche hätten ihn von Kindheit an «genährt», so äußerte er sich selbst dazu, und diese Aussage wird man gut damit vereinen können. Hildebrand scheint demzufolge nicht Mönch gewesen zu sein, sondern Kanoniker. Aber er unterwarf sich den Reformforderungen einer strengen asketischen Lebensweise. Dies trug ihm den Beinamen «Mönch» ein, oder, bei seinen Gegnern bevorzugt: «falscher Mönch» (*pseudomonachus*). Sogar in den römischen Papstkatalog fand dieser Beiname Eingang: «Hildebrand, der Mönch genannt wird» (*qui vocatur Ildebrandus monachus*).[9]

Unter den frühen Reformpäpsten seit Leo IX. stieg er in den kirchlichen Ämtern in Rom auf. Bis 1058 war er Subdiakon, dann, spätetens im Januar 1059, betraute ihn Papst Nikolaus II. mit dem Amt des Archidiakons der römischen Kirche. In einem Privileg für das Kloster S. Pietro in Perugia ist das früheste Zeugnis für seine eigenhändige Unterschrift als Archidiakon überliefert, das im Original erhalten ist[10]. Mit diesem Amt nahm er schon die zweite Stelle nach dem Papst ein, und als Stellvertreter des Papstes oblag ihm fortan die Leitung der römischen Politik.

Noch von Papst Leo IX. war ihm auch die Leitung des Klosters San Paolo fuori le mura anvertraut worden. Als Rektor und Provisor baute er den ziemlich heruntergekommenen Konvent vor Rom wieder auf. In Konstantinopel ließ er die berühmten, heute noch erhaltenen Bronzetüren der Paulskirche gießen. Die – freilich erst später hinzugefügte – Inschrift lautet: «Im Jahre 1070 seit der Geburt des Herrn, in der Zeit des allerheiligsten Papstes Alexander II. und des Herrn Hildebrand, des ehrwürdigen Mönchs und Archidiakons.»[11]

Als Archidiakon zählte Hildebrand zu den wichtigsten Personen in Rom. Er wirkte in hervorragender Weise daran mit, daß Schritt um Schritt das Selbstbewußtsein des Papsttums gestärkt wurde. Unermüdlich verfolgte er den Gedanken des päpstlichen ‹Primats›, also der Vorrangstellung des römischen Nachfolgers Petri in der christlichen Welt. Auf dem Laterankonzil von 1059 trat er als führender Kopf im Kreis der Reformer hervor. Von Beginn an betonte er die Rolle Roms als *mater ecclesiae*, von der alle anderen Bischofskirchen abhängig seien. Der Gedanke der bischöflichen Kollegialität wurde von ihm stets abgelehnt; in seinen Augen waren alle Bischöfe und ihre Kirchen Rom untergeordnet. Dieses Ordnungsprinzip war für ihn ein Kernbestand der «kirchlichen Freiheit». Es war die *libertas ecclesiae*, wie Hildebrand sie verstand.[12]

In seinen Handlungen war er absolut konsequent, gewissermaßen berechenbar. In seiner Vita, die von Paul von Bernried verfaßt wurde, ist daher die Rede vom «gerechten Hildebrand» (*iustus Hiltebrandus*). Unbeirrbar habe er die Reformziele verfolgt – auch dann, als Papst Alexander II. schon kleinmütig geworden sei.[13] In Rom, so der Bericht Pauls von Bernried, habe sich «ein teuflisch böser und zum Fürchten mächtiger Mann» (*iniquissimus et metuendae potentiae vir*) um 1070 gegen die Reformer gewandt. Man identifiziert ihn heute mit Cencius, dem Sohn des römischen Stadtpräfekten Stephan und führenden Kopf der Cadaluspartei in Rom. Dieser versuchte, nochmals den Einfluß seiner Anhänger zur Geltung zu bringen und die Präfektur an sich zu reißen. Der Archidiakon sei es in dieser Situation gewesen, so lesen wir in der Vita, der den Papst in seinem «Kleinmut» (*pusillanimitas spiritus*) zu energischem Handeln angetrieben habe. Ohne Furcht habe Hildebrand den Anspruch des Papsttums auf richterliche Gewalt behauptet und Kirchenstrafen gegen den Übeltäter erlassen.

Hildebrand beziehungsweise Gregor VII. selbst war sich stets dessen bewußt, daß seine unbeugsame Haltung unterschiedlich aufgenommen wurde. Im Jahre 1074 schrieb er an die Markgräfin Mathilde von Tuszien: «Es entgeht uns nicht, wie unterschiedlich Meinung und Urteil der Menschen über uns sind, da doch in denselben Angelegenheiten uns die einen schonungslos hart, die anderen allzu milde nennen. Ihnen wissen wir in der Tat nichts Wahreres, nichts Richtigeres zu antworten, als was der Apostel sagt: ‹Für mich ist es ohne Belang, ob von euch oder sonst von einem weltlichen Gericht ein Urteil über mich ergeht.› Der allmächtige Gott vielmehr, der in Wahrheit unser Herz prüft, lehre uns und euch, seinen Willen zu erfüllen, und lege sein Gesetz in unser Herz.» Diese Worte belegen treffend seine konsequente Denkweise: Es war ihm einerlei, wie die Menschen über ihn dachten, denn sein Handeln richtete er nur danach aus, den Willen Gottes zu erfüllen.

Diesen Hildebrand also, den zweiten Mann an der Kurie in Rom, der aber doch längst die Amtsgeschäfte unter Alexander II. bestimmt hatte, wählten die Reformer 1073 zum Papst. Alexander II. war am 21. April 1073 unerwartet gestorben; einen Tag später, an einem Montag, wurde er in der Laterankirche zu Grabe getragen. Noch während der Feierlichkeiten wurden Stimmen laut, man müsse Hildebrand, der die Beisetzung leitete, zum neuen Papst erheben. Als der Trauerzug an der Kirche S. Pietro in Vincoli vorbeikam, wurde Hildebrand – offenbar unter der Regie des Kardinals Hugo Candidus (Hugo der Weiße) (gest. nach 1098) – in der Tat zum Papst ausgerufen, und zwar in vollkommen tumultuarischer Weise. Ohne Verzug wurde er auch gleich in der genannten Kirche inthronisiert. Wieder war es diese Kirche des «heiligen Petrus zu den Ketten», die schon zuvor als Ort rascher Entscheidungen bei der Erhebung der Reformpäpste eine wichtige Rolle gespielt hatte, um den Aktionen der Römer zuvorzukommen.

Auch die Erhebung Gregors VII. bedeutete – wie die vorausgegangenen Papstwahlen – einen glatten Verstoß gegen die Regeln des einst von ihm selbst mitgetragenen Papstwahldekrets von 1059, und Gregor VII. war sich dessen bewußt. Öffentlich suchte er sich zu rechtfertigen mit den Worten: «Wie Wahnsinnige haben sie sich auf mich gestürzt und mir keine Gelegenheit zum Sprechen oder zur Beratung gelassen.»[14] Doch er nahm den Auftrag Gottes und des Apostelfürsten Petrus an. Seinen Papstnamen wählte er unter Bezugnahme auf Gregor I., den Musterpapst des Mittelalters. Wie dieser zitierte er das Psalmwort: «Ich bin in die Tiefe des Meeres geraten, und die Flut will mich verschlingen.»[15]

Gregors VII. Amtsführung ist durch ein starkes Sendungsbewußtsein gekennzeichnet. Die göttliche Gerechtigkeit zum Sieg zu führen, sah er als seine Verpflichtung an. In diesem Sinne verstand er sich als Werkzeug Gottes, dessen Wahrheit er gegen das Gewohnheitsrecht durchsetzen müsse. Seine Verweise auf Christus als *veritas* begegnen immer wieder in seinen Briefen.[16] In einem Brief an Guitmund von Aversa schrieb er: «Christus sagt: ‹Ich bin die Wahrheit und das Leben.› Er sagt nicht: ‹Ich bin die Gewohnheit›, sondern ‹die Wahrheit›!»[17]

Gregor VII. hat seine Reformziele im berühmten *Dictatus papae* zusammengestellt, der am 3. oder 4. März 1075 in das Register dieses Papstes eingetragen wurde.[18] Der Eintrag besteht aus 27 Leitsätzen. Sie waren kurz und präzise und hatten es in sich. Vieles entnahm er den kirchenrechtlichen Traditionen und Fälschungen, vor allem dem *Constitutum Constantini* und den ‹Pseudoisidorischen Fälschungen›. Der erste Satz lautet: «Daß die römische Kirche vom Herrn allein gegründet worden ist». Alten Forderungen im Hinblick auf die Autorität des Papstes entsprach der Satz drei: «Daß er allein Bischöfe absetzen und wieder einsetzen kann». Hoch umstritten war die Forderung des Satzes vier: «Daß sein Legat den Vorrang auf einem Konzil vor allen Bischöfen einnimmt, auch wenn er einen niedrigeren Weihegrad hat, und daß er gegen sie ein Absetzungsurteil fällen kann». Die Legaten des Papstes, die nicht selten gar keine Bischofsweihe vorweisen konnten, stießen immer wieder auf erbitterten Widerstand bei den Bischöfen, bei denen sie als Stellvertreter des Papstes Urteile fällen und durchsetzen sollten. In Satz neun heißt es: «Daß alle Fürsten allein des Papstes Füße küssen». Diese Geste ist in der Papstgeschichte bereits zum 6. und 8. Jahrhundert überliefert. Der *Liber pontificalis*, der als amtliche Papstgeschichte gelten kann, berichtet, schon byzantinische Kaiser hätten den Päpsten die Füße geküßt.[19] Auch in der Papstmesse läßt sich der Fußkuß seit dem 7. Jahrhundert nachweisen: Der Diakon, der das Evangelium verlesen soll, küsst zuvor dem Papst die Füße.[20] Die Sätze zehn und elf sind zusammenzusehen: «Daß allein sein Name in den Kirchen genannt wird», und «Daß dieser Name einzigartig ist auf der Welt». Dies gehörte zum Repertoire der Petrustradition. Dasselbe gilt für den Satz 19: «Daß er von niemandem gerichtet werden darf».

Aber manches war ohne Vorbild – und zeugt von atemberaubender Kühnheit. Niemand hatte vorher behauptet, daß der Papst bei kanonisch gültiger Weihe «unzweifelhaft heilig» sei – so der Satz 23: *Quod Romanus pontifex, si canonicę fuerit ordinatus, meritis beati Petri indubitanter efficitur sanctus.* Vielmehr hatte man bis dahin eine Heiligkeit schon zu Lebzeiten als absurd angesehen. Auch hatte niemand so eindeutig formuliert, daß der Papst «Abwesende absetzen» dürfe, wie es nun in Satz 5 formuliert wurde: *Quod absentes papa possit deponere.* Dieser Anspruch wiederholt sich nochmals in Satz 25: «Daß er ohne Synode Bischöfe absetzen und wieder einsetzen kann». Diese Behauptung widersprach eigentlich dem geltenden römischen und kirchlichen Recht und auch den Pseudoisidorischen Dekretalen, an denen sich Gregor VII. sonst gerne orientierte. Ebenso hatte niemand in der Westkirche bisher den Satz für sich verwendet, «daß nur der römische Bischof zu Recht ‹universal› (*universalis*) genannt werden darf» (Satz 2). Diesen Anspruch hatte einst Papst Gregor I. als töricht und anmaßend abgetan, als sein Amtskollege in Konstantinopel sich damit schmückte. Auch wenn Gregor VII. mit dieser Formel keinen allgemeinen Vorrang, sondern seine Glaubensverantwortung gemeint haben mag, änderte dies an der Neuartigkeit nichts. Nicht weniger erstaunlich war der siebte Satz: «Daß es dem Papst allein erlaubt ist, im Falle der Notwendigkeit neue Gesetze zu erlassen (*novas leges condere*), neue Pfarreien zu bilden, ein Kanonikerstift zur Abtei zu machen und umgekehrt, ein reiches Bistum zu teilen und arme zu vereinen». Das klang unerhört. Bisher hatte man sich immer darum bemüht zu betonen, man wolle gar nichts Neues beschließen, sondern das alte Recht zur Gültigkeit bringen. Geradezu ungeheuerlich mußte es schließlich anmuten, wenn der Papst in Satz 12 behauptete, «daß es ihm erlaubt ist, Kaiser (also im Plural!) abzusetzen». Dazu gehörte auch noch Satz 27: «Daß er Untergebene vom Treueid gegenüber Sündern lösen kann» (*Quod a fidelitate iniquorum subiectos potest absolvere*). So etwas hatte noch niemand formuliert.

Was sich Gregor VII. in seinem «Diktat des Papstes» zusammenstellte, war auch für manchen in seiner Umgebung schwer zu akzeptieren. 1084 fielen sogar einige seiner Kardinäle von ihm ab, weil sie seine Behauptungen und Ansprüche schlichtweg für absurd und dem Kirchenrecht widersprechend fanden. Um dies nachzuweisen, verfaßte mancher, wie der Kardinalpriester Beno von San Silvestro, haßerfüllte Kampfschriften, die in der Sammlung «Römische Kirchengeschichte gegen Hildebrand» (*Gesta Romanae ecclesiae contra Hildebrandum*) überliefert sind.[21] Und noch Jahrhunderte später hat man sich über Gregors VII. ‹Anmaßungen› erregt. Die österreichische Kaiserin Maria Theresia forderte sogar noch im 18. Jahrhundert, man solle seinen Namen aus dem römischen Brevier streichen, so unerträglich sei für sie der Satz, der Papst dürfe Kaiser absetzen.

In der Tat, der *Dictatus papae* atmet einen ungewöhnlich apodiktischen Geist. Er wirkt wie ein Brennspiegel der stark persönlich begründeten Reformvorstellungen, die Gregor VII. kompromißlos vertrat. Daß er sich damit in einzelnen Punkten von den kirchenrechtlichen Traditionen entfernte, hätte er gewiß bestritten. Und wenn schon – falls erforderlich, durfte ein Papst seiner Überzeugung nach eben auch neue Gesetze erlassen!

In Gregors VII. Amtsführung läßt sich sogleich eine nachgerade hektische Steigerung der Aktivitäten an der Kurie wahrnehmen. Eine Flut von Briefen und Anordnungen ging nun von Rom aus. Sie erreichten die verschiedensten Empfänger in der ganzen westlichen Christenheit. Die Impulse, die schon zwei Jahrzehnte zuvor unter Leo IX. im Ansatz festzustellen waren, wurden damals energisch erneuert. Kraftvoll griff nun die Vorstellung um sich, daß Rom der Mittelpunkt des *orbis Romanus* sei, des «römischen Erdkreises».[22]

Die Formel vom *orbis Romanus* ist in den bis heute vielzitierten Satz eingeflossen, den der Kardinal Bonizo von Sutri (gest. vor 1099) über die Auswirkungen der römischen Fastensynode von 1076 niedergeschrieben hat: «Als die Kunde von der Bannung des Königs an die Ohren des Volkes drang, erzitterte unser ganzer römischer Erdkreis.»[23] Auch Papst Gregor VII. hat den Begriff *orbis Romanus* immer wieder in seinen Briefen verwendet[24], ebenso der Reformtheologe Manegold von Lautenbach in seinem «Buch gegen Wolfhelm» (*Liber contra Wolfelmum*).[25]

Der ganze «römische Erdkreis» – damit war ohne Frage ein umfassenderer Bereich gemeint, einer, der über das Reich und Italien hinausging. Er bezog sich nicht auf Europa, denn die Ostkirche konnte damit nicht angesprochen sein.[26] Vielmehr wird man die Vorstellung von der *Hesperia*, dem «Abendland», damit in Verbindung bringen. Auf sie konnte Bischof Otto von Freising in seiner Weltchronik um die Mitte des 12. Jahrhunderts bereits zurückgreifen.[27] Doch das Aufkommen dieser Vorstellung wird man in die Zeit Gregors VII. zu setzen haben. Unter seiner Amtszeit trat die Idee von einem ‹Ordnungsraum› in den Vordergrund, der vom Reformpapsttum in Rom abgesteckt und gefüllt werden sollte. Es war ein päpstlicher *orbis Romanus*. Gregor VII. selbst faßte diese Vorstellung zusammen in einem Brief an den dänischen König 1075: «Mehr Länder bindet nämlich das Gebot der römischen Bischöfe als das der Kaiser; in alle Länder erging ihr Wort, und über die Augustus herrschte, herrschte auch Christus.»[28]

Die Briefe des Papstes gingen an Weltliche wie an Geistliche. Vor allem die Bischöfe waren die Empfänger. Ihnen schärfte Gregor VII. unermüdlich die Reformgrundsätze ein. Ständig waren päpstliche Boten in der westlichen Christenheit unterwegs, um die päpstlichen Unterweisungen zu überbringen. Bischöfe, von denen Gregor VII. in Erfahrung gebracht hatte, daß sie durch Simonie ins Amt gelangt seien oder daß sonstige Vorwürfe gegen sie erhoben wurden, wurden nach Rom zitiert. Einer von ihnen war Bischof Werner von Straßburg, der am 12. Dezember 1073 vor das päpstliche Gericht in Rom geladen wurde. Gehorsam machte sich Werner auf den Weg, fastete heftig und ging weite Teile des Weges zu Fuß, wie Gregor VII. lobend bemerkte. Dennoch wurde er in Rom nicht wieder vollständig in sein Amt eingesetzt, sondern sollte sich noch durch weiteres Wohlverhalten bewähren.

Der immer wieder bezeugte Ehr- und Gehorsamsbeweis war es, worauf Gregor VII. größten Wert legte.[29] Als Erzbischof Anno II. von Köln sich geraume Zeit nicht brieflich meldete, erreichte ihn ein päpstliches Schreiben vom 18. April 1074.[30] Vorwurfsvoll wurde die Frage gestellt, ob denn Annos Liebe zur römischen Kirche ganz erkaltet sei, denn seit seinem Amtsantritt habe der Papst außer einem kürzlich erhaltenen Brief von Anno nichts gelesen und gehört. Der Kölner Erzbischof sollte sich in acht nehmen, sonst erfülle sich das Wort aus dem Neuen Testament: «Wer nicht mit mir ist, ist gegen mich.» Deshalb sollte sich Anno eiligst wieder aus einem Nachlässigen zu einem Eifrigen wandeln, aus einem Lauen zu einem Leidenschaftlichen. Dann könne er hoffen, wieder die volle Gnade «unseres gemeinsamen Fischers» und des Papstes Liebe zu erlangen.

Auf der römischen Fastensynode von 1074, die am 19. März zu Ende ging, wurden die Reformforderungen nochmals gebündelt. Zwei päpstliche Legaten begaben sich daraufhin ins Reich, um die Beschlüsse dort umzusetzen. Vor allem gegen die Simonie und die Priesterehe sollten sie vorgehen. Unter ihrem Vorsitz sollte dazu eine Synode der Reichsbischöfe einberufen werden. Aber die Erzbischöfe von Mainz und Bremen, die bei den Gesprächen anwesend waren, weigerten sich, den Weisungen zu folgen. Vor allem lehnten sie es ab, eine Reichssynode unter die Leitung von Legaten zu stellen. Auch von einer am 30. November 1074 in Rom einberufenen Synode hielten sie sich fern.

Das trug Erzbischof Liemar von Bremen (1072–1101) einen scharfen und drohenden Tadel Gregors VII. ein.[31] Der Brief beginnt mit den Worten: «Da wir Dich (…) eher undankbar sehen, auch vergessen des Versprechens und der kanonischen Verpflichtung, durch die Du Dich rechtlich gebunden hast, der heiligen römischen Kirche treu zu sein, sie zu lieben und ihr von Herzen zu gehorchen, sind wir nicht zu Unrecht über dich schmerzlich erregt. Wir zürnen Dir, den wir für einen treuen Sohn hielten, nicht ohne Grund.» Ja mehr noch: Der Erzbischof habe sich gar zu einem Feind Gregors gewandelt, zu einem Widersacher, indem er in unerhörter Weise den Legaten keinen Gehorsam erwiesen habe. «Deswegen», so schließt der Brief, «und um einiges andere in Ordnung zu bringen, befehlen wir Dir mit apostolischer Autorität, zur nächsten Sitzung zu kommen, die in der ersten Woche der nächsten Fastenzeit, so Gott will, gefeiert wird, und laden Dich dazu ein. Bis Du zu uns kommst, suspendieren wir Dich angesichts der erwähnten Vergehen kraft der genannten Autorität von jeglicher bischöflichen Amtshandlung!»

Erzbischof Liemar war empört. In einem Brief an Bischof Hezilo von Hildesheim beklagte er sich heftig über das Unrecht, das ihm durch den Papst widerfahre. Die Amtsenthebung sei gegen alles Recht; keinem Bischof dürfe so etwas angetan werden ohne das Urteil der Amtsbrüder auf einer Synode. Und dann folgt ein vielzitierter Satz: «Dieser gefährliche Mensch will den Bischöfen, was immer er will, befehlen, so als wären sie seine Gutsverwalter (*villici*), und wenn sie nicht alles erfüllt haben, sollen sie nach Rom kommen oder werden ohne gerichtliches Urteil des Amtes enthoben.»[32] Es sind nicht nur die hochsteigenden Emotionen, die man diesen Zeilen entnehmen kann. Vielmehr wird deutlich, daß zwei Prinzipien der ‹Kirchenordnung› aufeinanderstießen: das episkopalistische einerseits und das monarchisch-papalistische andererseits. Die Bischöfe sahen sich als korporatives Kollegium; nur gemeinschaftlich sollte über einen der Ihren zu Gericht gesessen werden. Der Papst aber entschied aus einsamer Höhe herab. Noch ein zweites kam hinzu: Die Bischöfe sollten dem Papst und seinen Legaten unbedingten Gehorsam entbieten. Das aber richtete sich gegen jede hergebrachte Ordnung, denn Gehorsam konnte in dieser Zeit nur von den unfreien *villici* verlangt werden, den «Gutsverwaltern». Einem Bischof dagegen, einem Nachfolger der Apostel, dem höchsten und vornehmsten Repräsentanten seiner Kirche, Befehle zu erteilen, erschien geradezu absurd. Wenn sie nun gehorchen müßten, so Liemar, seien sie nichts anderes als unfreie Knechte.[33]

Ein ganz entsprechendes Stimmungsbild erschließt sich uns aus einem Streitfall in der Kirche von Toul. Dort hatte ein Geistlicher gegen seinen Bischof Pibo (1069–1107) in Rom geklagt. Daraufhin schrieb Gregor VII. am 16. Oktober 1074 an den Erzbischof Udo von Trier (1066–1078) und erteilte ihm den Auftrag, dem Geistlichen zu seinem Recht zu verhelfen. Vom Bischof von Toul sprach er dabei nur mehr als vom «Exbischof» (*exepiscopus*). Udo sollte insbesondere eine Untersuchung anstellen über die Vorwürfe der Simonie und der Hurerei, die der Geistliche gegen seinen Bischof vorgetragen hatte.[34]

Der Trierer Erzbischof war sich nun aber ganz unsicher, wie er sich verhalten sollte. Deshalb versammelte er einen Kreis von 20 Bischöfen um sich, die ihn beraten sollten. Rasch kam man einmütig zu der Ansicht, daß mit Gregors VII. Anordnungen ganz neue und keineswegs zu billigende Gewohnheiten in die Kirche eingeführt würden.[35] Untergebene der Bischöfe könnten dadurch nämlich jederzeit ihren kirchlichen Herrn demütigen. Ja, sie könnten ihn zwingen, unter Androhung des Bannes das gesamte private Leben (*domesticam conversationem*) offenzulegen. Damit würden die Rechtsvorschriften der Ehrfurcht und der Liebe verdreht. Außerdem dürfe der Papst doch gar nicht jemanden als «Exbischof» vorverurteilen, wenn dessen Sache noch nicht entschieden sei. Daher faßte man den Beschluß, dem Papst mitzuteilen, dieser möge künftig bei laufenden Verfahren nicht mehr so ungewohnte Aufträge erteilen. Solche seien nämlich eher geeignet, der Ehrfurcht vor dem apostolischen Stuhl Schaden zuzufügen.

Dennoch fügte sich der Trierer Erzbischof am Ende und hielt eine Untersuchung in der Sache ab. Alle Anschuldigungen des Geistlichen gegen Bischof Pibo von Toul erwiesen sich indes als unhaltbar. Dieses Ergebnis teilte er dem Papst in den etwas patzigen Worten mit: «Da habt Ihr die Sache, wie sie verhandelt worden ist.» Künftig möge Gregor VII. so etwas unterlassen, denn er müsse damit rechnen, daß keine Leute mehr zu finden seien, die dafür die Hand reichen wollten. Diese Sätze müssen in Gregors VII. Augen wohl ungeheuerlich gewesen sein. Nicht nur Unverständnis, sondern Entsetzen über so großes Übel in seiner Kirche muß ihn ergriffen haben. In einem Brief an Abt Hugo von Cluny vom 22. Januar 1075 schüttete er sein Herz aus und bat ihn in seiner verzweifelten Lage um Trost und Unterstützung.[36]

In den ersten Monaten des Jahres 1075 sehen wir, daß sich Gregor VII. angesichts dieser trostlosen Eindrücke in seinem Programm zu konzentrieren suchte. Er stellte die Kernpunkte seiner Forderungen zusammen, um sich selbst Gewißheit zu verschaffen. Sein *Dictatus papae* entstand in diesen Wochen, Anfang März 1075. Auch in seinen Briefen tritt nun der Gesichtspunkt besonders hervor, wie man sich dem Papst gegenüber zu verhalten habe. Am 11. Januar 1075 teilte er den Herzögen Rudolf von Schwaben und Berthold von Kärnten mit, daß Widerspruch gegen ihn wie die Sünde des Irrglaubens sei. Ihm nicht beizupflichten, sei gleichzusetzen mit dem Verbrechen des Götzendienstes.[37] Am 29. März 1075 schrieb er an Bischof Burchard II. von Halberstadt (1059–1088) in ähnlicher Weise.[38] Dieser solle sich Gedanken machen über den Gehorsam. Er verwies ihn auf die Bibelstelle 1 Könige 15,22: Gehorsam ist besser als Opfer (*Melior est oboedientia quam victimę*). Es komme dem Verbrechen des Götzendienstes gleich, nicht zu gehorchen, und der Sünde des Irrglaubens, nicht seine Zustimmung geben zu wollen. Daran schloß Gregor VII. noch eine Definition von Gehorsam an, wie sie einst von seinem Vorbild, Papst Gregor I., in dessen *Moralia* (XXXV,28) formuliert worden war: «Gehorsam heißt also, daß ohne ihn jemand, auch wenn er gläubig erscheint, als Ungläubiger überführt ist.»[39]

Das war die neue Linie: Ungehorsam gegenüber dem Papst war Zeichen des Irrglaubens und Götzendienstes! Denselben Satz fügte Gregor VII. in seine Antwort vom 29. März 1075 an Erzbischof Anno II. von Köln ein[40], der sich nun endlich gemeldet hatte. Auch wenn einer gläubig erscheine, so erweise sein Ungehorsam unverzüglich das Gegenteil. Denn die Anordnungen des Papstes seien stets vom Heiligen Geist diktiert (*spiritu sancto predictante*). Außerdem, so stellte er wie schon im *Dictatus papae* fest, sei es der heiligen römischen Kirche immer erlaubt, «gegen neu auftretende Verfehlungen auch neue Dekrete und Heilmittel zu schaffen» (*nova quoque decreta atque remedia procurare*). Auch diesen neuartigen Entscheidungen müsse man gehorchen: «Diese Verlautbarungen der Einsicht und der Autorität darf kein menschliches Gericht als ungültig zurückweisen.» «Gehorsam» rückte an die erste Stelle der päpstlichen Forderungen. Jeder müsse «der römischen Kirche gehorchen wie einer Mutter», so lautet eine immer wiederkehrende Formel in Gregors Briefen, sowohl an die Bischöfe wie an die weltlichen Herren und Herrscher. Denn, so die Begründung, bei Ungehorsam werde letztlich im Papst Gott selbst verachtet.[41]

Ungehorsam müsse daher mit aller Härte bestraft werden, weil sonst der Wahrheit Schaden zugefügt werde. «Es wird dich noch reuen, wenn du uns nicht gehorchst», so drohte er dem Mailänder Erzbischof Tedald am 8. Dezember 1075.[42] Dem Mainzer Erzbischof Siegfried schärfte er in einem Brief vom 3. September 1075 ein, Gehorsamsvergehen unnachsichtig zu verfolgen: «Verflucht sei, wer sein Schwert am Blutvergießen hindert!»[43] Mit seinen Bischöfen fuhr Gregor VII. also einen harten Kurs!

Dagegen bewies er König Heinrich IV. gegenüber in den Anfangsjahren bemerkenswert große Geduld.[44] Ihm gegenüber, so betonte er in einem Brief vom 1. September 1073 an Herzog Rudolf von Schwaben, hege er «überhaupt keine Abneigung» (*aliquam malivolentiam non observamus*). Er habe ihn ja selbst zum König erwählt[45] – wie auch immer man das zu verstehen hat. Überhaupt wünsche er sich, daß «die geistliche Gewalt und die höchste Herrschaft in einträchtiger Einheit verbunden seien».[46]

Heinrich IV. seinerseits nahm dieses Angebot an. Etwa zur selben Zeit, im August/September 1073, versicherte er Gregor VII. in einem Brief, auch er wünsche sich die wechselseitige Hilfe von *regnum* und *sacerdotium*.[47] Er sei sich seiner Sünden bewußt und hoffe auf Vergebung durch den Papst. Außerdem erbitte er inständig seinen Rat und seine Hilfe. Künftig wolle er die Vorschrift (*preceptum*) des Papstes in allem eifrigst beachten. Gregor VII. war beglückt und so beeindruckt von dieser Offerte, daß er den Brief in sein Register aufnahm.[48] Er bereitete schon die Kaiserkrönung des Saliers vor und gratulierte ihm zum Sieg über die rebellischen Sachsen. Auch in der Frage der Bischofserhebung respektierte er die Investitur durch den König und weihte den neuen Bischof von Lucca, Anselm II. (1073–1086), erst, nachdem dieser vom König investiert worden war. Das Vertrauen zwischen Papst und König schien festgefügt und zuverlässig. Als Gregor VII. Ende 1074 erwog, eine Reise zum Hl. Grab nach Palästina zu unternehmen, dünkte es ihm das beste, für diese Zeit den «glorreichen König» zum obersten Treuhänder der römischen Kirche zu bestellen: «Wenn ich mit Gottes Hilfe dorthin gehen werde, überlasse ich Dir, nebst Gott, die römische Kirche, damit Du sie als die heilige Mutter behütest und zu ihrer Ehre verteidigst.»[49]

Bei aller Harmonie sollte freilich doch nicht übersehen werden, daß die Beschränkung des Königs auf den weltlichen Bereich in den Augen des Papstes von Anfang an feststand. Schon bald nach seiner Erhebung, in einem Brief vom 1. September 1073 an den Bischof Rainald von Como, legte Gregor VII. dar, «was ich vom König denke und wünsche».[50] Er sollte reich an irdischen Gütern sein und gottgefällig in seiner Frömmigkeit. Dann könne er, der das «Haupt der Laien» sei (*qui laicorum est caput*), der der König sei und mit Gottes Willen auch künftiger Kaiser, der Kirche zum Nutzen gereichen. Der König als «Haupt der Laien» und nicht mehr des «Körpers Christi» (*corpus Christi*): In dieser Hinsicht zeigte Gregor VII. von Beginn an Entschiedenheit. Trotz aller Liebesbekundungen hatte der König in erster Linie der Kirche, und das hieß auch dem Papst, zu nutzen und zu dienen.

Der offenkundige Bösewicht unter den Herrschern war für Gregor VII. in der Anfangszeit nicht der salische Herrscher. In dieser Rolle sah sich vielmehr der König von Frankreich, Philipp I. (1060–1108).[51] Schon 1074 drohte der Papst ihm «mit dem Schwert der apostolischen Strafe».[52] In Frankreich würden nämlich schon seit langem Meineid, Gotteslästerung und Unzucht um sich greifen. Gregor VII. rief die Bischöfe Frankreichs auf, sich von ihrem König zu trennen. Wenn er nicht zur Besinnung käme, dann würde ihm der Papst mit allen Mitteln die Königsherrschaft über Frankreich mit Gottes Hilfe wegnehmen.[53] Philipp sei ein «reißender Wolf und ungerechter Tyrann» (*lupus rapax tyrannus iniquus*), ein «Feind Gottes und der Religion der heiligen Kirche» (*Dei et religionis sanctę ecclesię inimicus*), den er, Gregor VII., mit aller Kraft bekämpfen werde.[54]

Auch alle anderen Herrscher der Christenheit waren in seinen Augen seiner Autorität unterworfen. Christus habe die heilige Kirche und Petrus «über alle Reiche der Erde gesetzt», so schrieb er nach Irland.[55] Alle Fürstentümer und Gewalten und alles Erhabene in der Welt seien ihm unterworfen. Der ganze Erdkreis (*orbis universus*) müsse dem Papst daher Gehorsam und Ehre erweisen. Den König von Ungarn unterwies er «in aller Liebe», wie er «alle Könige und Fürsten als Söhne» ermahnte.[56] Dem König der Dänen redete er ins Gewissen, seine Herrschaft so zu führen, daß er dereinst ruhig in das Antlitz des ewigen Königs und Richters blicken könne.[57] Über das Königreich Ungarn besitze eigentlich der Heilige Petrus die Herrschaft, teilte er dem König Geza von Ungarn am 17. April 1075 mit.[58] Er dürfe sich daher nicht zum Lehensmann des deutschen Königs machen, denn dann werde er zum «Königlein» (*regulus*).

Nach dem Modell Gregors VII. erscheinen alle Völker und Reiche in ihrem Verhältnis zum Papsttum als gleichgestellt. Der «König» (*rex*) oder «König der Römer» (*rex Romanorum*), wie der Titel des salischen Herrschers lautete, wurde von Gregor VII. deshalb «deutscher König» (*rex Teutonicus*) genannt.[59] Die Vision einer Gemeinschaft gleichrangiger Völker und Könige begann sich abzuzeichnen. Nicht mehr der Palatin der Kaiser, sondern der Lateran der Päpste sollte Zentrum der politischen Ordnung des ‹römischen Erdkreises› (*orbis Romanus*) sein. In diesem Sinne teilte der Papst am 8. Dezember 1075 dem Mailänder Erzbischof Tedald mit: «Vergiß nicht, daß die Macht der Könige und Kaiser und alle Anstrengungen der Sterblichen vor dem apostolischen Recht und der Allmacht des höchsten Gottes wie Asche gelten und Spreu.» [60] All dies sind Äußerungen vor ‹Canossa›. Sie lassen erkennen, wie Gregor VII. seine Positionen und Ansprüche sowohl gegenüber den Bischöfen als auch gegenüber den Herrschern in wenigen Jahren entscheidend präzisiert hat. Spätestens Ende 1075 lag bereits ein höchst verdichtetes Programm vor.

Ein Fall bereitete freilich besondere Probleme und zog sich gleichsam wie ein roter Faden durch all die Jahre. Es ging dabei immer noch um die Besetzung des Mailänder Erzbischofsstuhls. Auf der Fastensynode des Jahres 1075 wurde der Beschluß gefaßt, in der Mailänder Sache nun endlich durchzugreifen. Noch Papst Alexander II. hatte fünf Vertraute, «Räte» Heinrichs IV. exkommuniziert. Sie waren der Machenschaften bei der Besetzung des Mailänder Metropolitansitzes beschuldigt worden. Dessen ungeachtet ging der Bürgerkrieg in der Stadt weiter, wobei die Pataria zunehmend offene Unterstützung durch das Papsttum erfuhr. Um in dem nun ausufernden Chaos für Ruhe zu sorgen, setzte Heinrich IV. einen ihm nahestehenden Kleriker namens Gottfried auf den Mailänder Erzstuhl. Alexander II. bestimmte dagegen mit Atto 1072 einen Erzbischof aus den Reihen der Pataria. 1073 gelobte Heinrich IV. zwar, dieser Entscheidung zu folgen, aber es geschah trotz Ermahnungen des Papstes nichts. In dieser Situation befand man sich auch noch auf der Fastensynode von 1075. Die ‹Räte› Heinrichs IV. wurden infolgedessen erneut gebannt: «fünf Angehörige aus der *familia* des Königs der Deutschen, auf deren Rat hin Kirchen verkauft werden».[61] Heinrich IV. ließ Erzbischof Gottfried von Mailand jetzt zwar fallen, doch bedeutete dies keineswegs die Anerkennung Attos. Vielmehr erhob der Salier nun, erneut ohne Rücksprache mit Rom, einen Kleriker namens Tedald, der zeitweise der Hofkapelle angehört hatte.

Das war für Gregor VII. nicht mehr hinnehmbar. Hier war für ihn die Grenze überschritten. Am 8. Dezember 1075 schrieb er Briefe sowohl an Tedald wie auch an Heinrich IV. Die scharfen

Ermahnungen, sich den Weisungen des Papstes unverzüglich zu unterwerfen, waren mit unmißverständlichen Drohungen verwoben: Nur, wenn Heinrich IV. ihm wie ein «christlicher König» gehorchen werde, wolle er ihm Gruß und apostolischen Segen gewähren.[62] Nicht ihm, Gregor VII., verweigere der König mit seinem Verhalten die schuldige Ehrerbietung, sondern Gott. Das Dekret der Fastensynode sei von ihm einzuhalten. Er solle bedenken, wie gefährlich es sei, die eigene Ehre der Ehre Gottes voranzustellen. Das Beispiel von König Saul, der von Gott niedergeworfen wurde, drohe auch ihm.

Der Knoten war geschürzt. Die drei Legaten, die den Brief Gregors am 1. Januar 1076 in Goslar überbrachten, haben dem König offenkundig vor Augen geführt, daß seine Absetzung drohe. Dies just in dem Moment, in dem Heinrich IV. noch im Überschwang seines Sieges über die Sachsen schwelgte! Als er soeben dabei war, den gefangenen sächsischen Bischöfen königliche Gnade in Aussicht zu stellen! Als sogar sein schärfster Feind, Otto von Northeim, sich mit ihm versöhnt und seine beiden Söhne als Geiseln gestellt hatte! Als ihm wieder im ganzen Reich Gehorsam erwiesen wurde! Als die Großen soeben zu Weihnachten 1075 in Goslar seinen zweijährigen Sohn Konrad als Nachfolger im Königtum anerkannt hatten! Als er sich erstmals in seiner Regierung uneingeschränkt und unangefochten als Stellvertreter des himmlischen Königs auf Erden sehen durfte! – ‹Canossa› konnte beginnen.

7. 1076: Die Einsamkeit des Königs und die «neue Religion» der Bischöfe

Die Botschaft des Papstes habe den 25-jährigen König gewaltig erregt, so berichtet uns Lampert von Hersfeld.[1] Was ihm die päpstlichen Legaten am 1. Januar in Goslar vortrugen, war mehr, als er in diesem Augenblick seiner höchsten Kraftentfaltung ertragen konnte. Äußerst aufgebracht habe er den Bischöfen und Äbten seines Reichs sogleich den Befehl erteilt, sich mit ihm am 24. Januar 1076 in Worms zusammenzufinden. Dort sollte eine gemeinsame Entscheidung in der Sache herbeigeführt werden. Die Stimmung war aggressiv, und die Dinge begannen, sich zu überschlagen.

Trotz des knapp bemessenen Termins erschienen in Worms fast alle Bischöfe aus dem gesamten Reich: 2 Erzbischöfe (Siegfried von Mainz und Udo von Trier) und 24 Bischöfe. Der Kölner Erzstuhl war nicht besetzt, denn Anno II. war am 4. Dezember 1075 gestorben. Erzbischof Liemar von Bremen war erkrankt. Der Salzburger Erzbischof Gebhard hatte es vorgezogen, dem König aus dem Weg zu gehen, desgleichen die Bischöfe Embricho von Augsburg und Altmann von Passau. Ebenso blieb der Wormser Ortsbischof selbst, Adalbert (1069–1107), ein entschiedener Gegner des Saliers, der Versammlung fern. Die sächsischen Bischöfe befanden sich zum Teil noch in Gefangenschaft, nämlich der Magdeburger Erzbischof Werner (1063–1078) und die Bischöfe Benno von Meißen (1066–1105/07) und Werner von Merseburg (1059–1093). Im übrigen, so wird man sagen können, war der gesamte Reichsepiskopat anwesend, auch wenn für manche der Weg im Winter weit und beschwerlich gewesen sein dürfte.

Die Leitung der Synode lag, wie üblich, in der Hand des Mainzer Erzbischofs. Doch eine große Rolle spielte in der Versamm-

Abb. 11 Kirchenprovinzen und Bistümer im salischen Reich

lung ein ganz anderer Mann: Hugo Candidus (gest. nach 1099), der Kardinalpriester von San Clemente in Rom. Ganz überraschend war er am Hof erschienen. Er, der einst mit Papst Leo IX. 1049 nach Rom gegangen war, gehörte über Jahrzehnte zum Kreis der Reformer am päpstlichen Hof und war ein intimer Kenner der dortigen Verhältnisse. An der tumultuarischen Erhebung Gregors VII. scheint er sogar maßgeblich beteiligt gewesen zu sein. Doch bald war es zu Spannungen zwischen den beiden gekommen, vermutlich wegen des Scheiterns von Hugos Legation in Spanien. Im Herbst 1075 jedenfalls wechselte Hugo zur papstfeindlichen Opposition der lombardischen Bischöfe. Als nun die Beratungen in Worms aufgenommen wurden, brachte er schwere Anschuldigungen gegen den Papst vor. Dessen Erhebung sei nicht nach den Regeln der Kirche abgelaufen. Auch Vorwürfe sittlicher Verfehlungen, sogar die Anschuldigung unzüchtiger Beziehungen zur Markgräfin Mathilde von Tuszien, soll er vorgetragen haben.

Diese Auslassungen kamen den aufgebrachten Bischöfen und dem König höchst gelegen. Sie heizten die Empörung weiter an. Erinnerungen an erlittene Demütigungen kamen bei manchem wieder hoch. War es nicht so, daß ihnen der Papst immer wieder schrieb «Ich befehle dir auf alle Weise» statt «Ich bitte dich»? Pflegte er nicht die Formel «Ich gebiete Dir», statt «Ich ermahne dich»? Waren das nicht alles Zeichen einer unglaublichen Überheblichkeit? Der Unmut wuchs in höchstem Maße. Das Urteil war nicht mehr aufzuhalten.

So verfertigten die Bischöfe ein ‹Absageschreiben› an den Papst, in dem sie ihm ihren Beschluß mitteilten und erläuterten.[2] Alle sind sie zu Beginn des Schreibens namentlich genannt, angeführt von Erzbischof Siegfried von Mainz. Am Ende schlossen sich auch noch die Bischöfe von Neapel, Lausanne und Verona an. Die Anrede des Briefes lautet: «An Bruder Hildebrand».

Man habe von den zweifelhaften Umständen seiner Erhebung zum Papst gehört. Zunächst habe man gehofft, seine Amtsführung würde dies in Vergessenheit geraten lassen. Doch inzwischen sei nicht mehr zu übersehen, daß er unheilige Neuerungen (*profanae novitates*) einführe, sich mit unerhörter Aufgeblasenheit (*inaudita elatione*) aufspiele, wie ein Fahnenträger der Spaltung alle Glieder der Kirche mit hochmütiger Grausamkeit angreife und die Flamme der Zwietracht über alle Kirchen ausbreite. Ihnen, den Bischöfen, werde von ihm die Amtsgewalt geraubt, die sie doch allein durch die Gnade des Heiligen Geistes erlangt hätten.[3] Jene wunderschöne Ordnung der Glieder Christi, die Paulus, der Lehrer der Völker, so oft empfehle, sei in eine grauenhafte Verwirrung gestürzt. Um die Zerstörung der Kirche abzuwenden, und auch aus Gründen seines abscheulichen Lebenswandels teile man ihm mit, daß er künftig keinem von ihnen mehr als Papst gelte.

So ging der erste Paukenschlag in Worms Ende Januar 1076 von den Bischöfen aus.[4] Gregor VII., dies wird sogleich deutlich, wurde von ihnen, streng genommen, gar nicht abgesetzt. Das wäre kirchenrechtlich auch kaum möglich gewesen, und dieser Aspekt hat auf der Versammlung von Worms ganz offenkundig eine große Rolle gespielt. Man ging einen anderen Weg und stellte auf Grund der vorgetragenen Argumente fest, daß sein Amtsantritt erschlichen (*introitus vitiatus*) und dieser Makel auch durch seine Amtsführung nicht geheilt worden sei. Mit anderen Worten: Er sei niemals Papst gewesen.

Und der König? Welchen Anteil muß man ihm zuschreiben? Diese Frage ist nicht einfach zu beantworten. Er ließ einen eigenen Absagebrief – bemerkenswerterweise in der Ich-Form! – an Gregor VII. verfassen[5], der deutlich macht, daß er sich die Argumente der Bischöfe zu eigen machte. «Hildebrand», wie auch er ihn nennt, «der schlimmste Feind unseres Reichs» (*regnique nostri pernitiosissimus hostis*), wolle ihm die «ererbte Würde» vorenthalten. Gemeint ist hier die Patricius-Würde von Rom. Mit ihr war traditionsgemäß das Recht verbunden, eine Papstwahl zu bestätigen. Oder auch zurückzuweisen? Das war längst eine offene Frage geworden.

Dann folgen die Anschuldigungen: «Hildebrand» habe die ehrwürdigsten Bischöfe zutiefst verletzt. Diese, die mit dem König «gleichsam als süßeste Glieder vereint» seien (*qui nobis velut dulcissima membra uniti sunt*), habe er gegen jedes göttliche und menschliche Recht mit hochmütigsten Beleidigungen und bittersten Schmähungen überzogen – gegen alles göttliche und menschliche Recht. «Wie Knechte» habe er sie unter seinen Füßen zertreten, fügte er in einem späteren Schreiben an dieser Stelle noch hinzu.[6] Ja sogar gegen das Haupt selbst (*ipsum caput*), den König, habe der Papst gewagt, sich zu erheben. Hier begegnet uns erneut die Körpermetapher, die auf die Einheit der «Weltordnung» abzielte. König und Bischöfe erscheinen noch einmal als einheitliches, gleichsam organisches und gottgewolltes Gesamtgefüge. Noch einmal erscheint das Bild einer Welt, in der Irdisches und Überirdisches ineinandergriffen: «Gottes gnädige Ordnung» (*pia dei ordinatio*).[7]

Nach diesen Ordnungskategorien war die Rolle Heinrichs IV. in Worms vorgegeben. Er konnte gar nicht anders handeln, als daß auch er sich, wie er selbst hinzufügte, «dem Urteil der Bischöfe anschloß»: *Quorum sententiae … ego quoque assentiens.* Damit erfüllte der König die ihm übertragene Funktion, denn er zeigte sich als der Beschützer seiner Bischöfe, vereint mit ihnen in dem Bestreben, dem Feind der Kirche und des Reichs entgegenzutreten. Deshalb, so Heinrich IV. in seinem Brief, «spreche ich Dir jedes päpstliche Recht ab und befehle Dir auf Grund der – mir von Gott übertragenen und von den Römern beschworenen – Patriciuswürde Roms, daß du herabsteigst vom Thron der Stadt!»[8]

Das war die Situation zu Beginn des Jahres 1076. Geschlossenheit und Einigkeit prägten das Auftreten von König und Bischöfen in Worms Ende Januar. Eine – trotz gewisser Bedenken bei einigen der Bischöfe – doch fest entschlossene Handlungsgemeinschaft suchte klare Zeichen zu setzen. Doch nur eine kurze Zeit, wenige Monate mußten vergehen, und alles war anders. Es ist ein Beispiel dafür, daß Ideen, deren Zeit gekommen ist, sich leicht über bisherige Ordnungen hinwegsetzen. Nur ein dreiviertel Jahr später sehen wir Heinrich IV. einsam, fast von allen verlassen. Am 16. Oktober 1076 wurde in Trebur gegen ihn gar ein Tribunal der Fürsten veranstaltet. Unter ihnen befanden sich viele der Bischöfe, die noch im Januar mit dem König den Papst stürzen wollten. Sogar der vornehmste unter ihnen, Erzbischof Siegfried von Mainz, hatte inzwischen die Seiten gewechselt. Wie war ein solch rascher und um sich greifender Umschwung möglich?

Dazwischen liegt der Bannspruch durch Gregor VII. Der Papst hatte die Briefe der Bischöfe und des Königs im Februar 1076 erhalten, als er in der Laterankirche gerade die Fastensynode abhielt. Helle Empörung brandete dort unter den Teilnehmern auf. Doch die Reaktion des Papstes überstieg noch alle Erwartungen. Es geschah das Unerhörte, das Atemberaubende, das noch nie Dagewesene. Mit Zustimmung der Synode verkündete er am 22. Februar 1076 das Verdammungsurteil über Heinrich IV. und seine Anhänger.

Zuerst erfolgten die Urteilssprüche gegen die Bischöfe. Erzbischof Siegfried von Mainz wurde vom Amt suspendiert und von der heiligen Kommunion ausgeschlossen. Dieselbe Strafe traf auch alle anderen, die den Wormser Absagebrief unterschrieben hatten. Diejenigen freilich, die nicht freiwillig zugestimmt hätten, sollten bis zum Fest des heiligen Petrus, das heißt, bis zum 1. August 1076, nach Rom kommen oder durch Boten Abbitte leisten. Sonst würden auch sie ihr Amt verlieren. Dann folgte die Suspendierung der lombardischen Bischöfe, die sich auf einer Versammlung in Piacenza zuvor gegen den Papst vereinigt hatten. Auch einige Bischöfe in Burgund und Frankreich fielen – aus ganz unterschiedlichen Gründen – unter den päpstlichen Bann.

Zuletzt kam Heinrich IV. an die Reihe. Gregor VII. richtete sich an alle, «die zu den Schafen gerechnet werden möchten, die Christus dem heiligen Petrus anvertraute». Alle hätten sie die neue und unerhörte Anmaßung vernommen, das verbrecherische und überhebliche Geschwätz der Schismatiker, die den Namen des Herrn in dem heiligen Petrus schmähen. Alle hätten sie vom Hochmut erfahren, der sich zum Schimpf und zur Schande des heiligen apostolischen Stuhls erhoben habe. Dergleichen habe man noch nie gesehen oder gehört noch sei nach dem Zeugnis der Schriften jemals von Heiden oder Ketzern so etwas ausgegangen. Die päpstliche, ja eigentlich die göttliche Autorität sei beleidigt worden.

Dann folgte die Verdammung des Königs. In Form eines Gebets an den Apostel Petrus suspendierte er Heinrich IV. von der Königsherrschaft über Deutschland und Italien. Der hl. Petrus, so bat Gregor VII., möge ihm helfen, daß ihm als seinem Stellvertreter die Kirche gehorchen möge. Wie dieser habe er die Gewalt, zu binden und zu lösen, im Himmel wie auf Erden. Daher spreche er Heinrich IV. die Herrschaft über Deutschland und Italien ab. Alle Christen löse er vom Eid, den sie ihm geleistet hätten oder noch leisten würden. Allen verbiete er, ihm als König zu dienen. Schließlich mündet der Text in die Worte: «Weil er es verschmäht hat, wie ein Christ zu gehorchen (...), binde ich als dein Stellvertreter ihn mit der Fessel des Fluchs und binde ihn im Vertrauen an dich derart, daß alle Völker es wissen und erkennen, daß Du Petrus bist und auf deinen Felsen der Sohn des lebendigen Gottes seine Kirche gebaut hat und die Pforten der Hölle sie nicht überwältigen werden.»[9]

Ein derartiger Vorgang war in der bisherigen Geschichte ohne Parallele. Zwar waren in der Vergangenheit Päpste durch Herrscher abgesetzt worden, aber noch niemals ein Herrscher von einem Papst. War es allein die Beispiellosigkeit dieser Tat, welche die Bischöfe beeindruckt haben könnte? Haben sie deshalb ihren König so rasch verlassen?

Eine näherliegende Antwort auf diese Frage wäre dadurch gegeben, wenn Heinrich IV. manche der Bischöfe in Worms zu ihrer Aktion und Unterschrift gezwungen hätte. In Brunos ‹Buch vom Sachsenkrieg› spielt dieser Vorwurf sogar eine große Rolle (cap. 65): «Heinrich», so heißt es da, «ließ alle seine Bischöfe nach Worms kommen und zwang sie, dem Hildebrand, der Papst genannt werde, es aber nicht sei, Unterwerfung und Gehorsam aufzukündigen. Und damit dies auch später niemand ableugnen könnte, ließ er jeden von ihnen unter Anführung seines Namens die Absage an Hildebrand eigenhändig auf eine besondere Urkunde schreiben: ‹Ich N. N. versage dem Hildebrand die Unterwerfung und den Gehorsam von dieser Stunde an und für alle

Zukunft, und ich werde ihn von nun an weder als Papst ansehen noch ihn so benennen.›» Nur wenige, nämlich die Urheber dieses Plans, hätten dies von Herzen getan. Die meisten hätten diesen Text aus Furcht vor dem Tod geschrieben.

War die Einheit von Worms erzwungen worden und daher nur äußerlich? Man gewinnt eigentlich nicht diesen Eindruck, auch wenn sicherlich Diskussionen über die Rechtmäßigkeit des Verfahrens stattgefunden haben. Vor allem Adalbero von Würzburg und Hermann von Metz erklärten, «es sei ganz ungehörig und verstoße gegen die kanonischen Bestimmungen, daß ein Bischof in seiner Abwesenheit ohne eine Synode, ohne die vom Gesetz vorgeschriebenen Ankläger und Zeugen, bevor die ihm vorgeworfenen Verbrechen erwiesen seien, verurteilt werde».[10] Aber am Ende erfaßte sie doch wohl alle die vorherrschende Stimmung gegen den Papst, zumindest konnten sie sich nicht mehr dagegen wehren. Auch die Zögerlichen wurden eingebunden, als man auf die geradezu sophistische Lösung verfiel, in Gregor gar keinen Papst zu sehen. Daß sich Heinrich IV. dennoch absichern wollte und sich deshalb die schriftliche Bestätigung aushändigen ließ, muß dem nicht widersprechen.

Die Frage nach den Ursachen für den so rasch ablaufenden Gesinnungswechsel der Bischöfe haben sich schon die mittelalterlichen Autoren gestellt. Sie haben auch eine Antwort gefunden. Der schlimmste Feind Gregors, so versichert Bruno in seinem ‹Buch vom Sachsenkrieg›, sei Bischof Wilhelm von Utrecht (1054–1076) gewesen. An Feiertagen habe er beim Hochamt wie ein Rasender schlimmste Schmähungen gegen den Papst ausgestoßen. Mit spöttischen Worten habe er sogar behauptet, die Exkommunikation durch den Papst sei unwirksam und besitze gar keine Kraft[11]. Umgehend sei er als Lügner gebrandmarkt worden. Nach kurzer Zeit habe ihn nämlich eine Krankheit ergriffen, «die ihn bis an das erbärmliche Ende seines elenden Lebens nicht mehr losließ». Böse Geister habe er an seinem Lager gesehen, bereit, ihn fortzuschleppen. Nach seinem Tod sei er dem Abt von Cluny erschienen und habe ihm versichert, daß er nun für immer tot und in der Hölle begraben sei (cap. 74).

Dies schien ein klarer Wink Gottes zu sein. Noch dazu häuften sich diese baldigen Todesfälle. Erzbischof Udo von Trier – nach Bruno eigentlich ein frommer Mann, aber zu schwach, um sich zu behaupten – erlitt dieses Schicksal (cap. 76). Ähnliches war über Bischof Eppo von Zeitz zu berichten, der im Bistum Würzburg von seinem Pferd in einen seichten Bach fiel und ertrank. Der heilige Kilian soll dies veranlaßt haben, weil er wollte, daß dieser Bischof endlich wieder Wasser trinke und nicht immer nur Wein (cap. 77). Fast alle Vertrauten und Anhänger, so Bruno zusammenfassend, hätten einen ebenso elenden Tod gefunden, desto elender, je treuer sie dem Salier ergeben waren. Die öffentliche Wirkung solcher Todesfälle wird man nicht unterschätzen dürfen.

Bei der Frage, was so viele Bischöfe 1076 zu ihrem Parteiwechsel veranlaßt hat, wird man sich auch den Werdegang eines jeden im einzelnen ansehen müssen. Der Historiker Josef Fleckenstein hat sich diesem Thema schon vor geraumer Zeit gewidmet.[12] Sein Ergebnis lautet, daß die 16 von Heinrich IV. bis 1076 eingesetzten Bischöfe zum größten Teil aus der Hofkapelle stammten, genauso wie dies auch schon unter Heinrich III. der Fall war. Doch im Unterschied zu seinem Vater soll Heinrich IV. nicht immer eine glückliche Hand bei der Auswahl gehabt haben. Gegen eine Reihe seiner Kandidaten entwickelte sich jedenfalls Widerstand in den Bischofskirchen, so in Worms, Speyer, Konstanz, Bamberg und Köln. Diese Bischöfe ohne Anerkennung und ohne Anhang in ihren Kirchen konnten für den König keine große Stütze sein. In Konstanz und Bamberg wurde sogar ihre Absetzung erzwungen. Diese Gruppe konnte wenig Autorität im Kreis der Bischofskollegen entwickeln.

Einige von ihnen blieben königstreu, darunter Heinrich von Speyer, Karl von Konstanz, Hermann von Bamberg oder Hildolf von Köln, auch einige der bayerischen Bischöfe. Aber andere schwenkten um. Sie erwarteten sich wohl eine Stärkung ihrer Position, wenn sie auf die Seite der älteren, angesehenen Bischöfe traten, die durchwegs die Partei Gregors VII. ergriffen hatten. Unter diesen befanden sich Erzbischof Gebhard von Salzburg

(1060–1088), beileibe kein Kirchenreformer, aber ein Realpolitiker, ferner Bischof Altmann von Passau (1065–1091), Adalbero von Würzburg (1045–1090) oder Hezilo von Hildesheim (1054–1079). Sie stehen für eine Generation ‹altköniglicher› Reichsbischöfe, die im Geist Heinrichs III. das Ideal einer integren kirchlich-weltlichen Gesamtordnung vertraten.

Mit der Klassifizierung in «reformfreundlich» oder «reformfeindlich» wird man dagegen nicht weiterkommen. Sogar ein Erzbischof wie Hildolf von Köln (1076–1078), der heftige Kritik auf sich zog, versuchte Reformen in seinem Bistum durchzuführen. Heinrich IV. hatte ihn als Nachfolger Annos II. für den Erzstuhl in Köln bestimmt. Die Kölner Domherren und Prioren lehnten ihn jedoch ab, denn «er sei ein kleines Männchen mit einem abstoßenden Gesicht und von niederer Herkunft und habe weder an geistigen noch an körperlichen Vorzügen irgend etwas aufzuweisen, was ihn eines so hohen geistlichen Amtes würdig gemacht hätte».[13] Sie wollten ihren Erzbischof selbst bestimmen, und zwar nach den Regeln der kanonischen Wahl. Eine Kirche, die für das Reich so bedeutend war wie Köln, sträubte sich dagegen, zum Werkzeug des Herrschers zu verkümmern. Doch der König blieb unerbittlich und setzte seinen Willen durch: Solange er lebe, würden die Kölner diesen oder keinen zum Bischof bekommen.

Man sieht an diesem Beispiel, daß es im Grunde um die Frage der Rechtmäßigkeit der Erhebung und damit der Legitimität bischöflicher Amtsführung ging. In diesem Punkt hatte sich eine zunehmende Sensibilität entwickelt, hervorgerufen durch die jahrelangen Aktionen der Päpste und ihrer Legaten. Leicht konnte man unter Verdacht geraten und sein Amt verlieren. Die Kirchen selbst waren darum bemüht, sich dagegen zu schützen. Eine Möglichkeit bestand im Nachweis einer lückenlos untadeligen bischöflichen Amtstradition bis in die Anfänge zurück. Hier wirkte die Kraft der Rechtmäßigkeit gewissermaßen aus sich heraus. Aus der Bischofskirche von Eichstätt ist uns dieser Versuch überliefert. Dort wurde 1071/1072 das ‹Gundekarianum› angefertigt, eine mit bildlichen Darstellungen unterlegte Amtsfolge vom heiligen Willibald bis zum gegenwärtigen Inhaber des Bischofsstuhls. Die Heiligkeit des Bistumsgründers heiligte über die Kette der Amtsträger auch die Amtsführung des gegenwärtigen Bischofs.[14] Das gewährte Schutz. In Mainz konnte man an die Bonifatius-Tradition anknüpfen[15], und in Köln sorgte der Kirchenpatron, der hl. Petrus, ohnehin dafür, daß der Gleichklang mit Rom gewahrt blieb.

Ganz grundsätzlich wird man diese Beobachtung darauf ausdehnen können, daß das Kirchenrecht selbst eine gestiegene Bedeutung erlangte. So gut wie in jeder Bischofskirche befand sich inzwischen ein Exemplar des *Decretum* Bischof Burchards von Worms (1000–1025). Es war die erste umfassende und normativ wirkende Rechtssammlung der Kirche, und ihre Verbreitung schuf den Bischöfen ganz neue Grundlagen. Das Rechtsbewußtsein des Episkopats erreichte einen hohen Stand.[16] Was eine Exkommunikation oder auch eine Suspendierung durch den Papst bedeutete, das war jedem von ihnen geläufig. Aber ihre ‹Absetzung› oder besser: Nichtanerkennung Gregors VII. mußte dagegen vollständig ins Leere laufen, denn ihr fehlte jedes rechtliche Fundament. Außerdem bestand gar keine Möglichkeit, sie zu exekutieren. Die päpstliche Bannsentenz dagegen beruhte auf dem Kirchenrecht. Schlagartig stand jeder einzelne der Reichsbischöfe in Gefahr, seine Legitimation zu verlieren und selbst die Einheit von Kirche und Reich zu zerstören. Eine Problemsituation ersten Ranges für den Episkopat!

Wie sehr diese Frage die Bischöfe umtrieb, zeigt der Fall des Erzbischofs Udo von Trier. Er war 1076 schon bald nach den Ereignissen von Worms nach Rom aufgebrochen, um die Rechtmäßigkeit seines Amtes wiederherzustellen. Als er zurückkehrte, so berichtet Lampert von Hersfeld, verweigerte er jeden Verkehr mit den Erzbischöfen Siegfried von Mainz und Hildolf von Köln und anderen, die noch zum König hielten. Peinlichst befolgte er die Anordnungen aus Rom, um sich nicht nochmals in Gefahr zu bringen. Durch seinen Einfluß sei es allmählich dahin gekommen, daß sich auch andere Bischöfe, deren Sinn zunächst stärker «auf die Würde des Reichs» (*ad dignitatem rei publicae*) gerichtet war, vom Hof entfernten. Einer von diesen war Erzbischof Siegfried von Mainz.[17] Er wurde, wie er selbst schrieb, durch das Beispiel «Besserer» dazu veranlaßt, von der königlichen auf die päpstliche Seite zu wechseln. Noch am 29. Juni hatte er den König in Mainz empfangen. Auf der Fürstenversammlung von Trebur in der zweiten Oktoberhälfte 1076 erschien er dagegen mit seiner Ritterschaft und ließ sich dort von den päpstlichen Gesandten absolvieren. Fortan gehörte er zu den heftigsten Gegnern des Königs.

Bei vielen der geistlichen und weltlichen Fürsten machte sich nun – in Anknüpfung an die Geschehnisse im Sachsenkrieg des vorangegangenen Jahres – Mißbehagen breit. Die Überzeugung wuchs wieder, daß die Sorge um die Würde des Reichs nicht mehr mit der Sorge und der Hilfe für den König zusammenfiel. Es schien eher das Gegenteil zu gelten. Von königlicher Seite aber erhob sich gegen die abtrünnigen Bischöfe der Vorwurf, sie wollten «das Reich umstürzen» und die «königliche Würde zum Einsturz bringen».[18] Ihren Haß gegen den König würden sie durch einen «neuen Begriff von Religion» (*novo religionis vocabulo*) bemänteln.

Der «neue Begriff von *religio*» – das war die Formel, auf die nun, 1076, die Haltung der antisalischen Bischöfe gebracht wurde. Was war damit gemeint? Die Beachtung kirchenrechtlicher Vorgaben gehörte dazu. Die Berücksichtigung von Klerus und Volk bei der Erhebung des Bischofs, freilich noch völlig ohne klare Definition, war Bestandteil der neuen Haltung. Aber mehr noch dürfte damit die priesterliche Verantwortung insgesamt angesprochen gewesen sein, die Verantwortung des Bischofs für seine Kirche und für den Frieden im Reich, letztlich seine Verantwortung für die Heilsvermittlung.[19]

Diese Tendenz kommt vielfältig zum Ausdruck. Vor allem spiegelt sie sich im hierarchischen Umbau der bischöflichen Amtssprengel, der in jener Zeit einsetzte. Auf der Lateransynode von 1059 war, wie wir gesehen haben, erstmals das Verbot formuliert worden, daß kein Kleriker oder Priester seine Kirche durch einen Laien erhalten dürfe. Das laikale Eigenkirchenwesen sollte durch die bischöfliche Amtskompetenz und durch die geistliche Gewalt des Bischofs ersetzt werden. Diese Bestimmung, in der Folge wiederholt und durch das Verbot des Kirchenbesitzes für Laien verschärft, brauchte seine Zeit. Doch ihre Umsetzung lief an. Außerdem setzte in diesen Jahren die Entwicklung ein, die zu einem fundamentalen Umbau im diözesanen Rechts- und Organisationsgefüge führte. Stets war es die Spitzenposition des Bischofs, die dabei gestärkt wurde.

Altmann von Passau versuchte es als erster mit einer Reform seines Klerus. Gebhard von Salzburg forderte erstmals die vollen Zehntzahlungen in allen Gebieten seines Bistums ein. Anno von Köln hatte mit den Reformmönchen, die er in Siegburg und anderen Klöstern einsetzte, eine bischofstreue und auf die Seelsorge orientierte geistliche Gefolgschaft eingepflanzt. Auch die in der Forschung gern als reformfeindlich eingestuften Bischöfe bauten ihre Stellung aus. Dazu zählt in Freising Bischof Ellenhard, der eine Vielzahl von Stiftskirchen errichtete und deren Leitung mit dem Domkapitel, dem Zentrum also der Freisinger Bischofskirche, personell verknüpfte.

Von besonderer Bedeutung war die Entwicklung, bei der die ‹Personalpfarrei› durch die ‹Regionalpfarrei› abgelöst wurde. Die frühere Personalpfarrei war im Prinzip über die Personenverbände von Grundherrschaften definiert gewesen. Seit dem späteren 11. Jahrhundert wurde sie abgelöst durch die Regionalpfarrei. Deren Zuständigkeit wurde nun durch eine fest umrissene Region bestimmt. Überdies begann die Ausbildung eines eigenen «Pfarr-Rechts» (*ius parrochiale*), das dann im 12. Jahrhundert immer umfangreicher wurde. Das der Pfarrkirche zugeordnete Pfarrvolk (*plebs*) wurde der Gerichtsinstanz des Pfarrers unterstellt. Er hatte das Beicht- und Sonntagsgebot zu überwachen und wurde in Ehefragen die unmittelbare Autorität. Diese bis in die Gemeinden hineinreichende ‹Moral- und Sozialdisziplinierung› brachte erhebliche Konsequenzen für die neue Ordnung der Gesellschaft mit sich.

In den Bistümern begannen sich als neue Aufsichtsinstanz die Archidiakonate zu etablieren. Die Archidiakone kontrollierten die Pfarrer ihrer Amtssprengel. Die alten Chorbischöfe dagegen wurden allmählich abgeschafft. Sie hatten für bestimmte Regionen noch die vollbischöfliche Gewalt besessen; jetzt traten die weisungsgebundenen und dem Bischof untergeordneten Archidiakone an ihre Stelle. Im Bistum Salzburg treffen wir auf eine besonders interessante Variante. Hier entstand 1072 mit Gurk sogar ein eigenes Unterbistum. Der Bischof wurde vom Salzburger Erzbischof nicht nur erhoben und geweiht, sondern auch investiert und belehnt. Er war der Hirten- und Jurisdiktionsgewalt und auch der Lehnshoheit des Salzburger Amtsherrn vollständig unterworfen, so daß im Salzburger Bistum eine Hierarchie der Bischöfe entstand.

Diese Beispiele müssen nicht vermehrt werden. Für alle Bistümer könnte man solche bringen. Sie zeigen deutlich den – früher oder später einsetzenden – Zug zur neuartigen Strukturierung der Bistümer. Die Bischofsgewalt wurde dabei kirchenrechtlich und machtpolitisch verstärkt.

Der hierarchische Umbau spiegelt sich auch in der Wahrnehmung der Zeit wider. In den Quellen erscheint er als Hinweis auf eine neuartige Strenge, die von den Bischöfen ausgegangen sei. Man warf ihnen «Überheblichkeit» (*insolentia*) und «übermäßige Härte» (*austeritas*) vor. Erzbischof Anno II. von Köln ist dafür ein gutes Beispiel. Er ließ 1074 für einen Besucher kurzerhand ein Schiff beschlagnahmen, das einem Kölner Händler gehörte. Das führte zu einem Aufstand der Kölner Bürger. Sie fühlten sich ungerecht und hochfahrend behandelt. Nur mit viel Glück konnte sich der Erzbischof damals retten, weil einer der Domherren kurz zuvor bei seinem Haus ein Türchen durch die Stadtmauer hatte brechen lassen. So konnte sich Anno vor der aufgebrachten Menge in Sicherheit bringen und auf bereitgestellten Pferden entkommen. Nachdem er nach wenigen Tagen mit seinen Leuten die Oberhand in der Stadt wiedergewonnen hatte, folgte ein hartes Strafgericht. Damit sollte die «Mißachtung» der Herrschaft, wie es in den Quellen heißt, niedergedrückt werden. Haus und Habe der Handelsherren wurden enteignet, die Anführer geblendet oder gegeißelt. Lampert von Hersfeld schildert die

Stimmung in Köln: «So wurde die Stadt, noch vor kurzem die volkreichste und nächst Mainz der Haupt- und Vorort aller rheinischen Städte, plötzlich fast völlig verödet. Wo bisher die Straßen die dichten Scharen von Fußgängern kaum fassen konnten, zeigt sich jetzt nur selten ein Mensch. Schauriges Schweigen herrscht an all den Stätten der Lust und der Genüsse.»[20] Die hierarchische Ordnung war wiederhergestellt.

Ein weiteres Beispiel bezieht sich auf die Alte Kapelle in Regensburg. Die dortigen Kanoniker hielten um 1080 dem Bamberger Bischof, der einen ihrer Mitbrüder hart zu bestrafen drohte, das Wort der Heiligen Schrift entgegen: «Demjenigen ein Urteil ohne Mitleid, der selbst kein Mitleid kennt!»[21] Auch in der Vita des Erzbischofs Adalbert von Bremen fehlt dieser Vorwurf nicht. Dieser sei allzu streng mit seinem Volk verfahren, das er doch hätte lieben sollen.[22] In Eichstätt schließlich hielt man um 1075 denen, die eine strenge Bestrafung von Übeltätern forderten, die Barmherzigkeit Jesu entgegen: Dieser habe niemals jemandem eine Strafe auferlegt, sondern dem Reuigen verziehen.[23]

Auch die pastorale Strenge gehörte zum «neuen Begriff von *religio*». Wir dürfen ihn nicht auf die religiöse Einstellung verkürzen. Gemeint war vielmehr ein umfassendes Ordnungsprogramm, das die Bischöfe in den Mittelpunkt rückte. Spätestens an diesem Punkt ist zu erkennen, daß dieses Modell des neuen bischöflichen Amtsverständnisses im Prinzip dem Konzept Gregors VII. entsprach. In beiden Fällen ging es um die Optimierung der Heilsvermittlung und um die Intensivierung in der Vermittlung der göttlichen Wahrheit. Der Primat des Papstes spiegelte sich gleichsam in einem Primat der Bischöfe auf einer anderen Ebene. Sich gegen Gregor VII. zu stellen, barg demzufolge die Gefahr in sich, die eigene Amtskonzeption in Frage zu stellen. Mit der Anerkennung des päpstlichen Primats hingegen konnte die bischöfliche Amtsautorität gesteigert werden. In der Tat haben sich die Bischöfe schon bald ihren Vorrang durch die «päpstliche Autorität» (*auctoritate apostolica*) bekräftigen lassen. Die eine Autorität stützte die andere.

Der rasche Umschwung der Bischöfe hatte also seine guten Gründe. Eher wird man in der Januar-Gemeinschaft von Worms eine Ausnahmesituation sehen können. Der Weg zur neuen *religio*, verstanden als eine Gesamtordnung christlicher Gesellschaft unter maßgeblicher Leitung der Bischöfe, war im Reich 1076 längst beschritten. Die Fortsetzung der Hierarchie bis an die Spitze der Kirche, zum Papst in Rom, konnte trotz der vorhergehenden Vorbehalte daher von den Bischöfen dann doch rasch akzeptiert werden. Eben dies hat ihren Wechsel auf die päpstliche Seite entscheidend erleichtert.

Man wird gewiß nicht sagen können, daß es nur die Bischöfe waren, die den König im Herbst 1076 zu einem verlassenen Herrscher werden ließen. Die weltlichen Fürsten hatten keinen geringeren Anteil daran, wie noch zu sehen sein wird. Aber man wird auch davon ausgehen dürfen, daß gegen ein festes Aktionsbündnis von König und Bischöfen, hätte es denn weiterbestanden, wenig auszurichten gewesen wäre. Immerhin standen auch die meisten lombardischen Bischöfe auf Seiten des Königs, denn sie empfanden den neuartigen Zugriff aus Rom als besonders bedrohlich. Erst der ‹Abfall› der Reichsbischöfe vom König innerhalb von wenigen Monaten schuf die Voraussetzung dafür, daß im Oktober 1076 das Tribunal von Trebur zustande kommen konnte. Erst ihr Bekenntnis zur ‹neuen Religion› und zum hierarchisch-papalen Prinzip in der Kirche machte den Weg frei nach ‹Canossa›.

8. *Gute und Böse: Wertewandel, moralischer Zwang und neues Königsideal*

*E*s war ein hektischer Sommer 1076. Zahllose Verhandlungen und Gespräche fanden unter den Fürsten des Reichs statt, man tauschte Boten aus und übermittelte Nachrichten. Die Appelle Heinrichs IV. zur Geschlossenheit und Entschlossenheit[1] verhallten immer mehr. Die Sachsen waren keineswegs gewillt, die Schmach vom vergangenen Jahr duldsam zu ertragen. Sie begannen, sich wieder zu formieren, und forderten, Heinrich IV. sollte ihre Gesetze und Rechte (*leges ac iura sua*) respektieren. Er müsse wissen, daß es einen Unterschied gebe zwischen einem König und einem Tyrannen: Dieser, der Tyrann, «erpresse mit Gewalt und Grausamkeit Gehorsam von Widerwilligen, jener dagegen regiere nach Gesetzen und Brauch der Vorfahren seine Untertanen».[2] Auch die mächtigsten weltlichen Fürsten kamen zusammen und stellten fest, daß sich Heinrich IV. in seinem autokratischen Herrschaftsstil nicht geändert habe. Mitte September 1076 trafen sich die, «die wegen der Notlage des Reichs in Sorge waren», in Ulm, die Herzöge Rudolf von Schwaben, Welf von Bayern und Berthold von Kärnten mit päpstlich gesinnten Bischöfen, Adalbero von Würzburg, Hermann von Metz, Altmann von Passau und anderen. Eindringlich stellte sich ihnen die Frage: Hatte das Reich überhaupt noch einen König, dem Treue zu bewahren war? Otto von Northeim sah sich jedenfalls schon «in keiner Weise mehr an den Eid gebunden, mit dem er ihm Treue geschworen hatte».[3]

In der Tat, Papst Gregor VII. hatte die gesamte Führungselite durch die Bannsentenz vom 22. Februar 1076 von ihrem König getrennt, indem er sie vom Treueid löste: *a vinculo iuramenti absolvo*. Das mußte die Fürsten freilich auch zutiefst beunruhigen. Der Eid war bis dahin die unumstößliche und verpflichtende Klammer der Reichsgemeinschaft gewesen. Ein Eid war nach bisheriger Auffassung nicht einseitig aufhebbar. Der Eidbruch, gleichbedeutend mit einem Meineid, galt als eine der schlimmsten Sünden an der Gemeinschaft. Der Eid war wie ein Sakrament. Konnte es angesichts dessen eine irdische Autorität geben, die über dem Eid stand und darüber verfügen durfte? Und unter welchen Voraussetzungen? Rasch mußte sich hieran eine heftige Diskussion um Grundwerte der gesellschaftlichen Ordnung entzünden.[4]

Einiges deutet darauf hin, daß die Überlegungen um Kraft und Funktion des Eides schon vor 1076 eingesetzt haben. Kaiser Heinrich III. erließ 1047 ein Reichsgebot, nach dem Kleriker und Mönche nicht mehr dazu gezwungen werden durften, vor dem Gericht einen Eid abzulegen.[5] Und Bischof Gerhard I. von Cambrai (1012–1051) machte den Bischöfen zum Vorwurf, ihre Untergebenen dazu zu zwingen, in der Art eines Sakraments (*sub sacramento*) einen Eid abzulegen. Damit würden politische und kirchliche Sphären miteinander vermengt.

Aber diese frühe Diskussion führte nicht dazu, daß sich die Reformkirche vom Eid löste, ganz im Gegenteil. 1059 erhielt Petrus Damiani von Papst Nikolaus II. den Auftrag, in Mailand die Bewegung der Pataria, die selbst eine «Schwureinung» (*coniuratio*) darstellte, auf Rom auszurichten. Diesen Auftrag erfüllte er in bemerkenswerter Weise. Er begab sich nach Mailand und vereinigte dort den von vielen Hunderten Anhängern der Pataria abgelegten Eid mit einem kirchlichen «Gelöbnis» (*sponsio*). Dazu gehörten ein schriftliches Glaubensbekenntnis und eine liturgische Verpflichtung, gewissermaßen ein Gelübde. Der politische Eid der Pataria wurde auf diese Weise mit einem starken geistlich-kirchlichen Anteil durchdrungen.[6] Aber mehr noch: Die Kraft des Eides wurde damit von einem von der Kirche verwalteten und kontrollierten Sakrament abgeleitet.

Das bedeutete einen entscheidenden Schritt. Damit war der Weg bereitet, der darauf zuführte, daß die Kirche über die Gültigkeit des Eides entscheiden konnte. Ein Beispiel für diese Entwicklung zeigt sich schon 1072. In Mailand war damals der patarenische Erzbischof Erlembald gezwungen worden, einen Eid zu leisten, daß er sich künftig vom Bischofsamt völlig fernhalten würde.[7] Doch Papst Alexander II. erklärte diesen Eid für ungültig – er verstoße gegen das kirchliche Recht (*contra ius ecclesiasticum*). Die Kriterien der Kirche wurden also über diejenigen der Politik und der Bindekraft der Rechtstraditionen gestellt. In diesem Sinne auch entband Papst Gregor VII. Ende 1075 die Gläubigen des Bistums Konstanz vom Treueid, den sie ihrem Bischof Otto geleistet hatten.[8] Solange dieser sich Gott und dem Papst widersetze, sei jeder Eid hinfällig.

Die Tragweite dieser Vorgänge wurde von der Gegenseite klar erkannt. Wenrich von Trier (gest. nach 1090) gehörte zu ihr. Er war Scholastikus an der Trierer Domkirche. 1080 verfaßte er einen umfangreichen Traktatbrief an den Bischof Dietrich von Verdun (1046–1089). Darin wird unmittelbar Bezug genommen auf die zweite Bannung Heinrichs IV. vom 7. März 1080. Im 6. Kapitel behandelt Wenrich die damit verbundene erneute Eideslösung. Die heilige, bei allen Völkern unverletzliche Gewissenhaftigkeit des Eides werde zerbrochen infolge der so haltlosen Auflösung durch den Papst. Das leichtfertige Verlesen einer einzigen Urkunde, vorgelegt durch irgendeinen Dienstmann, reiche aus, um etwas so Bedeutendes zu zerstören, was im Hebräerbrief als «Ende eines jeden Konflikts» bezeichnet werde: «Menschen schwören bei dem Höheren; der Eid dient ihnen zur Bekräftigung und schließt jeden weiteren Einwand aus» (Hebr. 6,16). Wenn der Papst verkünde: «Ich löse alle vom Eid, den sie Heinrich geschworen haben», dann würde er den Menschen unerhörten Zwang auferlegen. «Ob wir wollen oder nicht: wir werden einfach gelöst.» Das aber vernichte die Würde und den Rang des Eides überhaupt, denn «etwas, wovon man so leicht dispensiert wird, ist nur von geringem Wert». Überdies dürfe der Papst gar nicht alle vom Eid lösen, denn damit würde er auch diejenigen einbeziehen, die Hörige und Leibeigene seien und dem König nach Erbrecht gehören. Wenn dieser schon nicht König sein dürfe, dann doch zumindest weiterhin Herr über sein Hausgut. Das Private (*privata*) dürfe ihm doch nicht durch eine solche päpstliche Sentenz auch noch weggenommen werden.[9]

Dann kommt Wenrich zum Kern der Sache. Der König, so behaupte Papst Gregor VII., sei böse, gottlos, meineidig und verbrecherisch (*perversus est, impius est, periurus est, scelestus est*).[10] Das möchte Wenrich richtigstellen: Heinrichs IV. Handeln sei in Wirklichkeit nur darauf ausgerichtet, das von seinem Vater und seinem Großvater ererbte Reich zu behalten. Die moralische Beurteilung, so wird damit gesagt, dürfe also nicht über die Legitimität des Herrschers gestellt werden. Deutlich wurde erkannt, daß von päpstlicher Seite her dennoch moralische Ansprüche gegen rechtliche gestellt wurden. Der Böse sollte sein Recht verlieren!

Aber, gibt Wenrich weiterhin zu bedenken, auch wenn Heinrich IV. böse sein sollte, darf man deshalb den Eid, den man ihm geleistet hat, brechen? Dann würde man sich doch selbst meineidig machen. Viele Beispiele aus der Heiligen Schrift würden belegen, daß heilige Väter ihren Eid gegenüber bösen und gottfernen Menschen gehalten hätten. Josua beispielsweise habe gesagt: «Mögen sie Götzendiener sein, wir haben ihnen nicht trügerisch geschworen, sondern beim Namen des Gottes Israels. Möge der Herr befehlen, sie zu verbannen, wir haben bei Gott selbst geschworen, sie zu schonen. Mögen sie uns betrügerisch getäuscht haben, wir verfluchen ihre Lügen, werden aber von der Wahrheit, die wir im Namen Gottes bekräftigt haben, auf keinen Fall abweichen.»[11] Moralisches Handeln, so wird damit gesagt, könne einen selbst zum Sünder und zum Bösen machen!

Auch Bischof Wido von Osnabrück (1093–1101) beschäftigte sich mit dem Thema. Er verfaßte zwischen 1084 und 1085, noch vor seiner Bischofszeit, als Propst der Domkirche von Osnabrück einen Traktat über den Streit zwischen Gregor VII. und Heinrich IV., in dem die Frage der Eideslösung diskutiert wird.[12] Selbst wenn die Exkommunikation des Königs nach Recht und Ordnung erfolgt wäre, dann hätten dennoch nicht ohne die Schande des Meineids die Fürsten vom Eidschwur gelöst werden können; denn sobald das Treueversprechen verletzt werde, folge sofort zwingend der Eidbruch. Eine Lösung vom Eid könne also grundsätzlich nicht ohne die Schuld eines Meineids erfolgen. Vor allem ein Eid, der Königen geleistet worden sei, müsse nach den Vorschriften der seligen Väter gehalten werden. Daher befinde sich der, der den Befehl zur Lösung von einem dem König oder Kaiser geleisteten Eid erteile, im Gegensatz zu den Geboten des Alten und des Neuen Testaments. Im Alten Testament stehe nämlich geschrieben: «Du sollst in meinem Namen nicht falsch schwören» (Lev. 19,12). Aus all dem folge, daß Hildebrand, als er den dem König geleisteten Eid löste, das Gebot Gottes zurückstieß, seine eigenen Lehren aufstellte und den Stand der Kirche schamlos zerrüttete.[13] Damit sei der Meineid in die Gesellschaft eingekehrt und das Band der Eintracht und Einheit im Reich zerrissen.[14] Überall käme es nun zu Spaltungen, zu Mord und Brand, Raub, Frevel und bösen Taten. Das Schwert der Zwietracht sei zwischen *sacerdotium* und *regnum* geschleudert worden. Kraft und Einigkeit der Liebe und Freundschaft seien zerstört, und alles, was für die Seele und den Leib nützlich sei, neige sich zum Untergang.

Ein paar Jahre später, zwischen 1091 und 1093, schrieb ein unbekannter Mönch aus dem Kloster Hersfeld eine umfangreiche Streitschrift mit dem Titel «Über die Bewahrung der Einheit der Kirche» (*Liber de unitate ecclesiae conservanda*).[15] Hier geht es um die Sünde der Spaltung, die durch Hildebrand-Gregor VII. eingezogen sei. Er wird als «Lehrvater» der Zwietracht dargestellt[16]. Auch hier spielt die Frage der Lösung vom Treueid eine zentrale Rolle (Buch I, cap. 14 ff.). Der Eid, so führt der Mönch aus, sei ein Sakrament, und ein Sakrament wiederum sei ein heiliges Zeichen. Infolgedessen sei ein sichtbar geschworener Eid das heilige Zeichen einer unsichtbaren Sache.[17] Gott selbst sei der Herr eines jeden Eides. Eide, abgelegt in Wahrheit, Recht und Gerechtigkeit, seien das Werk seiner Hände (*sunt opera manuum tuarum*).[18] Das Werk Gottes aber dürfe wie seine Schrift und sein Wort von niemandem auf Erden aufgelöst werden[19] (*nec solvi poterit ullo modo scriptura Dei, opus Dei, verbum Dei*).

Die gregorianische Partei blieb von diesen Angriffen natürlich nicht unberührt. Sie legte Gegenargumente vor. Einer, der sich hier zu Wort meldete, war Manegold von Lautenbach. Er zählt zu den großen Wanderlehrern dieser Zeit, ja er darf überhaupt als beispielhaft gelten für die neue theologisch-moralische Bewegung der Zeit.[20]

Magister Manegold, der Theologe und Philosoph, war um 1030/40 im Elsaß geboren worden. In Paris hatte er seine Ausbildung erworben und war bald unter die berühmtesten Gelehrten seiner Zeit aufgestiegen. Der Anonymus von Melk (wahrscheinlich identisch mit dem Bibliothekar Wolfger von Prüfening) nannte ihn später (nach 1165) «Lehrer der modernen Gelehrten» (*modernorum magister magistrorum*). Bischof Otto von Freising erwähnte ihn in einem Zuge mit den herausragenden Gelehrten Berengar von Tours und Anselm von Canterbury.

Kurz nach 1080 trat Manegold in das Stift Lautenbach im Elsaß ein. Von dort wurde er wenig später von Anhängern Kaiser Heinrichs IV. verjagt, als Graf Hugo von Egisheim (gest. 1089) den Schutz für die Reformanhänger nicht mehr aufrechterhalten konnte. Manegolds Flucht führte ihn in das welfische Reformstift Rottenbuch (südlich von Weilheim in Oberbayern). Dort bekleidete er von 1085 bis 1094 das Amt des Dekans.

Mit dem Stift Rottenbuch stoßen wir auf ein Zentrum der Reform in Süddeutschland. Hier war eines der frühesten Reformstifte im Reich entstanden, gegründet um 1073 durch Herzog Welf IV. und seine Gemahlin Judith.[21] Auch Bischof Altmann von Passau war an der Gründung maßgeblich beteiligt. Das Stift wurde mit Vertretern der neuen Kanonikerreform besiedelt. Das war eine ganz junge Reformbewegung von Klerikern, die mit größtem Eifer danach strebten, die Kirche in der Form der Urkirche der Apostel wiederherzustellen. Sie waren überzeugt davon, daß mit ihren Aktionen die Wurzeln der Kirche, so wie Gott sie eingerichtet hatte, wieder freigelegt würden. Ihr Programm entwickelten sie aus den Väterschriften und aus der Apostelgeschichte des Neuen Testaments. Dort wird geschildert, wie sich die Urkirche aus frommen Männern und Frauen zusammensetzte. Es wird beschrieben, wie alle «ein Herz und eine Seele» (*cor unum et anima una*) waren und wie sie allen Eigenbesitz, den sie hatten, unter sich aufteilten.

Damit entstand ein hochidealistischer Entwurf einer ‹kommunischen› Lebensweise (*vita communis*). In ihr sollte es keine Zwietracht geben, weil niemand Eigenbesitz hatte. Alle sollten füreinander sorgen und jeder das erhalten, was er zum Leben braucht. In karitativer Liebe sollten alle miteinander verbunden sein. Dieses ‹Urkirchen-Modell› war 1059 auf der Lateransynode von Hildebrand erstmals als Ziel des Reformpapsttums verkündet worden. In der Folgezeit rückte vor allem das Vorbild des heiligen Augustinus und seiner Klerikergemeinschaft von Hippo in den Vordergrund. Seine Regel wurde bald zur Grundlage dieses Lebens- und Ordnungsentwurfs. Damit entstand ein besonderer Mythos des heiligen Augustinus, der zur Leitfigur dieser geistlich-moralischen Reform wurde. Rasch griff die Überzeugung um sich, daß ein guter Geistlicher nur der sein konnte, der diesem Lebensmodell folgte. Im Reich begannen diese Ideen und Forderungen in den frühen 70er Jahren Fuß zu fassen, und Rottenbuch gehörte zur Speerspitze dieser Bewegung.

In diesem Reformstift nahm Manegold eine maßgebliche Rolle ein. Um ihn herum scharten sich andere Gelehrte, auch Reformer, die aus anderen Orten vertrieben worden waren. Hier standen sie unter dem Schutz des mächtigen Welfenherzogs. Manegold arbeitete in Rottenbuch eine umfassende, schriftliche Lebensordnung für die Mitglieder seiner Kanonikergemeinschaft aus, *Consuetudines* («Gewohnheiten») genannt. Sein Programm war gegen die ‹nichtregulierten›, säkularen Kleriker gerichtet, die einzeln an Kirchen lebten. Noch Jahrzehnte später, 1131, berichtete Gerhoch von Reichersberg in seinem «Brief an Papst Innocenz II.» (*Epistola ad Innocentium papam*) davon, daß die Werke und das Wirken Manegolds in Rottenbuch bei den dortigen Brüdern noch heute hoch in Ehren stünden, ja daß sie seine Schriften geradezu für Offenbarungen des himmlischen Orakels hielten (*quasi responsa celestis oraculi*).[22]

1094 kehrte Manegold ins Elsaß zurück und übernahm die Leitung des neugegründeten Reformstifts Marbach, südwestlich von Colmar gelegen. Von Papst Urban II. (1088–1099) erwirkte er 1096 ein Privileg, mit dem die neue Gründung in den Schutz des apostolischen Stuhls (*sub tuitione apostolicae sedis*) genommen wurde. Das Verlassen des Stifts nach abgelegter Profeß wurde wie bei einem Kloster verboten. Dieselbe Bestimmung hatte Urban II. vier Jahre zuvor schon den Brüdern von Rottenbuch zukommen lassen.

Marbach entwickelte sich in der Folgezeit zu einem Mittelpunkt der Klerusreform im südwestlichen Reich. Die meisten der Reformstifte, die in den Bistümern Basel, Straßburg und Konstanz und darüber hinaus entstanden, bekamen ihre Ausrichtung durch die Marbacher Brüder. Rasch und dynamisch griff die Bewegung um sich. Damit wird deutlich, welchen Rang und Einfluß wir dem Gelehrten Manegold von Lautenbach beimessen müssen.

Dieser verfaßte auch mehrere Traktate gegen Heinrich IV. Einer davon war dem Salzburger Erzbischof Gebhard gewidmet und heißt daher «Buch an Gebhard» (*Liber ad Gebehardum*). Darin nahm Manegold direkt Stellung zur Schrift des Trierer Scholasters Wenrich. In den Kapiteln 48 und 49 geht er auf die Frage der Eideslösung ein.[23] Ein dem König geleisteter Eid, so führt er aus, sei bindend. Doch dies gelte nur so lange, wie der König seine Forderungen im Rahmen von Gerechtigkeit und Frieden stelle. Beginne er dagegen, eine Tyrannei zu errichten, die Gerechtigkeit zu zerstören, den Frieden zunichte zu machen und den Glauben zu verlassen, dann werde der, der den Eid abgelegt habe, von sich aus vom Eid gelöst. Ja mehr noch: Das Volk sei jetzt frei, einen anderen zum König zu erheben. Ansonsten gerate es in Gefahr, selbst vom rechten Glauben abzufallen. Dem Bösen dürfe man gar keinen Eid leisten, andernfalls sei er ungültig, weil er gar nicht in Kraft treten könne. Dazu trägt Manegold ein angebliches Zitat von Augustinus vor: «Meineid bedeutet zu schwören, was man nicht schwören darf, und Meineid bedeutet auch, das zu verletzen, was zu schwören wäre.» (*Periurium est non iuranda iurare et iurata iuranda violare periurium est.*)[24] Das war eine über das Bisherige hinausgehende Position. Sie bedeutete nicht weniger als den Zwang, sich dem Guten zu jeder Zeit durch einen Eid zu verpflichten. Schon eine neutrale Haltung war eine Sünde. Das Gute sollte offensiv vertreten werden.

So wurden in dieser Weise die Argumente gegeneinandergestellt. Es ist zu sehen, daß dabei völlig unterschiedliche Kategorien eingesetzt wurden. Die gregorianische Partei hatte freilich alle Vorteile auf ihrer Seite, denn sie konnte mit dem Seelenheil der Menschen argumentieren. Dieses war stets allen anderen Aspekten vorangestellt. Das Böse und die Sünde aber gefährdeten das Seelenheil. Deshalb mußte zwingend ein Eid gebrochen werden, der weiterhin zur Sünde zwang. Diese Diskussionen, die sich über 20 Jahre hinzogen, sind ein Spiegel dessen, wie stark der Eingriff Gregors VII. in das Ordnungssystem hineinwirkte, als er 1076 die Fürsten und alle Menschen vom Treueid gegenüber Heinrich IV. löste. Noch in der Vita Heinrichs IV., 1106 verfaßt, findet sich an dieser Stelle der Ausruf (cap. 3): «Wo blieb die Treue, die ihr ihm geschworen habt!» Und an die Bischöfe gewandt: «Seht wenigstens ihr zu, daß ihr nicht vom rechten Weg abweicht! Hütet euch, die geschworene Treue zu brechen, denn ihr solltet doch wissen, was euch dann blüht!» Aber der Verfasser wußte auch aus dem Rückblick: «Es ist umsonst! Ich rufe den Esel zur Harfe!»[25]

Gegen die moralisch-theologische Kraft konnte man mit einer solchen Einstellung nichts mehr ausrichten. Der Eid war dem Kriterium der grundsätzlichen Überlegenheit des ‹Guten› unterworfen worden. Was das ‹Gute› war, bestimmten die Reformer, unter denen sich die Reformkanoniker besonders hervortaten. So gesehen, steht ‹Canossa› nicht nur als eine Chiffre für den Konflikt zwischen geistlicher und weltlicher Macht, sondern auch für den Siegeszug einer neuen Moralelite, die in Kirche und Welt zugleich großen Einfluß entwickelte.[26] Sie wurde von ihren Gegnern als anmaßend empfunden, als unbarmherzig und intolerant, als eifernd und radikal. Gewiß wurden im Jahre 1076 die Konflikte noch nicht in dieser Schärfe analysiert, aber der Prozeß war im Gange. Eine Art von ‹Moralisierung› des politischen Handelns griff um sich – und brachte in einer Gegenbewegung die Desakralisierung der Politik hervor. Doch dieser Schritt erfolgte erst mit einer gewissen Verzögerung, wie noch zu sehen sein wird.

Zunächst ging es darum, in einer um die Mitte des Jahres 1076 völlig destabilisierten Lage nach Möglichkeiten zu suchen, die «schweren Mißstände, unter denen das Reich litt», zu lindern.[27] Für den 16. Oktober 1076 vereinbarte man schließlich eine große Zusammenkunft des Reichs in Trebur am Rhein gegenüber von Oppenheim. Die Sachsen kamen mit einem großen Heer, wie es heißt. Auch die schwäbischen Fürsten waren zahlreich vertreten, die meisten «fest entschlossen, König Heinrich abzusetzen und einen anderen zu bestimmen, auf den die gemeinsame Wahl fallen würde» (*obstinatis mentibus ad summovendum a negociis regni regem Heinricum et alium, in quem communis electio consensisset, creandum*).[28] Auch der Erzbischof Siegfried von Mainz, der ehrwürdigste und einflußreichste Repräsentant der Reichskirche, auf den sich Heinrich IV. noch einige Zeit hatte stützen können, war mit seiner Ritterschaft erschienen, um die Versammlung abzusichern.

In Trebur bildete sich ein neuer Kreis der ‹Guten›. Man verstand sich als große Friedensgemeinschaft.[29] Versöhnungsszenen spielten sich ab. Sogar so erbitterte Feinde wie Otto von Northeim und Welf IV. von Bayern schlossen Frieden miteinander. Lange hatten sie um das Herzogsamt von Bayern gestritten, das zuerst Otto innehatte, das dann aber 1070 von Heinrich IV. auf den Welfen übertragen worden war. Die Angelegenheit war noch dadurch verschärft worden, daß Welf IV. damals die Tochter Ottos, mit der er verlobt war, zu ihrem Vater zurückgeschickt hatte. Ein solches Verhalten zog normalerweise ewige Feindschaft nach sich. Aber jetzt, in Trebur, ging es um Größeres. Alles Bemühen war auf «das gemeinsame Wohl» gerichtet. Erst nach der Wahl eines neuen Königs, so vereinbarte man, wolle man die alte Sache gütlich regeln. In aller Öffentlichkeit gaben sie sich nun den Friedenskuß, woraufhin auch alle ihre Vasallen der zweiten und der dritten Ordnung auf beiden Seiten, wie es bei Bruno in seinem ‹Buch vom Sachsenkrieg› heißt[30], den Friedenskuß austauschten und sich unter Tränen vergaben, was sie einander zugefügt hatten. Um die neue Harmonie weithin sichtbar zu machen, schlugen beide Heere die Lager in naher Nachbarschaft auf. Man sollte in den Zelten hören können, was auf der anderen Seite gesprochen wurde – Zeichen des gegenseitigen Vertrauens. Das alles waren Vorgänge und Aktionen, die eine geradezu leidenschaftliche Friedenseinigung demonstrieren sollten – und zwar ohne den König! Die ‹guten› Fürsten nahmen die Friedenssicherung im Reich in die eigene Hand.

König Heinrich IV. befand sich derweil gegenüber von Trebur, auf der anderen Rheinseite, auf der Burg oberhalb von Oppenheim. Zahlreiche Gesandtschaften gingen Ende Oktober zehn Tage lang hin und her. Die päpstlichen Legaten wirkten beschwichtigend auf die Versammlung ein, die anfangs offenbar sofort einen neuen König wählen wollte. Die mannigfachen Vorwürfe gegen Heinrich IV. wurden zusammengetragen, seine Ungerechtigkeiten vor allem gegenüber den Sachsen und dem hohen Adel, der Ausschluß der Fürsten aus seiner Nähe und natürlich sein Ungehorsam gegenüber dem Papst und seine Exkommunikation. Von Oppenheim aus suchte Heinrich IV. durch Signale des Einlenkens und Entgegenkommens zu retten, was zu retten war.

Um den 1. November 1076 kam man zu einem Ergebnis. Die königliche Würde, so stellte man fest, «müsse der geistlichen Exzellenz die schuldige Ehrerbietung erweisen».[31] Heinrich IV. mußte eine schriftliche Erklärung abgeben, nach der er künftig Gregor VII. den schuldigen Gehorsam erweisen, Genugtuung geben und Buße leisten wolle. Außerdem wurde ihm erklärt, daß man ihn nicht mehr zum König haben wolle, wenn er nicht bis zum Jahrestag des päpstlichen Bannspruchs sich vom Fluch lösen könne. Die Entscheidung darüber, ob er dann noch König bleiben könne, sollte auf einer Fürstenversammlung gemeinsam mit dem Papst am 6. Januar 1077 – dann verschoben auf den 2. Februar – getroffen werden. Bis dahin habe er die Abzeichen seiner königlichen Würde abzulegen und als «Privatmann» zu leben (*privatam vitam agere*). Vor allem müsse er alle Exkommunizierten aus seiner Umgebung entlassen, darunter die noch bei ihm verbliebenen Bischöfe von Köln, Bamberg, Straßburg, Basel, Speyer, Lausanne, Zeitz und Osnabrück.

Mit diesem Beschluß hatten sich die Kräfte fest vereint, die bisher zwar in diversen Einzelverbindungen standen, aber im Grundsätzlichen eher noch nebeneinander herliefen: Fürsten, Sachsen, Papst und Kirchenreform. Es waren die Kräfte, von denen jeweils mit sehr grundsätzlicher Zielsetzung die Herrschaftsordnung und Herrschaftsführung Heinrichs IV. in Frage gestellt wurde. Die neue religiöse Moral war die verknüpfende Klammer für die neue Einheit der ‹Guten›.

Daraufhin, so wieder Bruno, hätten sich die Heere in herzlicher Liebe getrennt und seien fröhlich und Gott lobend in ihre Heimat gezogen.[32] Auch im Bericht des Erzbischofs Siegfried von Mainz wird betont, daß er ob des Erfolges voller Freude von Trebur weggegangen sei (*his ita dispositis lęti discessimus*).[33]

Der Papst sollte also ins Reich kommen. Er sollte das Tribunal leiten, das die weltlichen und geistlichen Fürsten über Heinrich IV. veranstalten wollten. Damit ist die Dimension gekennzeichnet, in der die handelnden Personen selbst die Vorgänge einordneten: Die Königsfrage war auch eine Frage der «Weltordnung», über die man ohne den Papst keine Entscheidung fällen wollte.

Für den König hätte die Verwirklichung dieses Beschlusses mit Sicherheit das Ende bedeutet. Das Heft des Handelns wäre ihm aus der Hand genommen worden. Ja mehr noch: Ein günstiges Urteil hätte er nicht zu erwarten gehabt. Das Gericht wäre nichts weiter als ein Forum für die Genugtuung seiner Ankläger gewesen. Nicht nur seine Exkommunikation, sondern auch seine Herrschaftsführung wären Gegenstand der Verhandlungen geworden. Das wiederum hätte bedeutet, daß über die Legitimität seines Königtums unter dem Schutz des Papstes von den Fürsten geurteilt worden wäre – wahrlich ein Novum in der Geschichte! Außerdem hätte schon das Modell an sich die Legitimationsgrundlage des salischen Königtums zersetzt.

Heinrich IV. mußte handeln. Es gab nur den Weg über die Alpen, um den Papst, der sich zügig auf die Reise in den Norden begab, abzufangen und sich von ihm vom Bann befreien zu lassen. «Ein schlauer Plan» (*astutum consilium*) sei es gewesen, so der

Verfasser seiner Vita 1106 (cap. 3). Eine Alternative aber konnte es gar nicht geben. ‹Canossa› war eine zwingende Konsequenz, an deren Ende die Lossprechung vom Bann am 28. Januar 1077 stand.

Mit dieser Absolution durch Gregor VII. in Canossa war für Heinrich IV. sein Königtum wieder vollkommen intakt. Für die Fürsten im Reich dagegen bedeutete freilich ‹Canossa› einen Schock. Für sie war damit nichts geregelt. Sie wollten eine Klärung des Verhältnisses zwischen König und Reich, zwischen Königsautorität und fürstlicher Mitwirkung, zumal ihr Anspruch auf Mitgestaltung der Zukunft seit ‹Trebur› erheblich gestärkt worden war. Doch von ‹Canossa› waren sie enttäuscht. Erzbischof Siegfried von Mainz schrieb, bei aller Ehrfurcht vor dem Papst müsse er doch sagen, daß die Lösung Heinrichs IV. vom Bann nicht nach kirchlichen Regeln abgelaufen sei, weil ihr keine Genugtuung vorausgegangen sei.[34] Eine herbe Kritik an Gregor VII.! Was damit gemeint war, liegt auf der Hand: Nicht nur der König, sondern auch der Papst hatte sich durch sein Verhalten in Canossa hierarchisch-autoritär verhalten. Aus einsamer Höhe herab hatten sie beide ihre Entscheidungen getroffen und ihre Angelegenheit geregelt. Die Fürsten und die Bischöfe und damit das kollegiale Prinzip blieben davon ausgeschlossen. Vor allem, so der Bericht des Mainzer Erzbischofs weiter, sei damit nichts über die Sache der Königsherrschaft entschieden.[35]

Das sind überaus bemerkenswerte Worte. Sie erinnern daran, daß die Ursachen für die Absetzung Heinrichs IV. vom Königsamt im Reich längst vor dem päpstlichen Bannspruch und vor ‹Canossa› ausgebildet waren. Sie zeigen aber auch, daß bereits wenige Monate nach ‹Trebur› und der neuen Einigkeit von Fürsten und Papst das Bündnis schon wieder tiefe Risse bekommen hat. Die Lösung vom Bann in Canossa bewirkte eine Distanzierung. Die Interessen des Papstes und der Fürstenopposition liefen von nun an keineswegs mehr parallel.

Anfang Februar 1077 traf man sich, wieder unter der Führung des Mainzer Erzbischofs, in Ulm, um einen ersten Meinungsaustausch vorzunehmen und «über das Staatswohl zu verhandeln» (*tractare de utilitatibus rei publicae*), wie es Lampert von Hersfeld beschreibt. Anwesend war der Oppositionskern: Erzbischof Siegfried von Mainz, die Bischöfe Adalbero von Würzburg und Hermann von Metz, die drei süddeutschen Herzöge Rudolf von Schwaben, Welf IV. von Bayern und Berthold von Kärnten. Man beratschlagte über die neue Situation und setzte für den 13. März 1077 eine Versammlung in Forchheim an. Auch Papst Gregor VII. und Heinrich IV. und alle übrigen Fürsten wurden dorthin eingeladen.

Die Versammlung in Forchheim entwickelte sich, so wird man sagen können, zu einer Schicksalsveranstaltung des Reichs. Zwar kamen nicht viele Fürsten, denn für die meisten war das Problem der Eideslösung im Augenblick unüberwindbar, doch der harte Kern war anwesend: die drei Erzbischöfe Siegfried von Mainz, Gebhard von Salzburg und Werner von Magdeburg, dann die Bischöfe von Worms, Würzburg, Passau und Halberstadt und erneut die drei süddeutschen Herzöge, außerdem Otto von Northeim. Auch päpstliche Legaten waren gekommen. Sicherheitshalber hatte man schon eine neue Krone mitgebracht[36]. Dann wurden wieder einmal die Vergehen Heinrichs IV. vorgetragen: schlimmste Unrechtstaten und schwerste Schädigungen des Reichs und der Kirchen. Schließlich erklärte man ihn für abgesetzt. Er sei des Königsamtes nicht würdig, denn er sei ein Tyrann, ein böser Herrscher.[37] Zum ersten Mal wurde im ostfränkisch-deutschen Reich ein König von den Fürsten seines Amtes enthoben! Neben ‹Canossa› tritt somit noch ‹Forchheim›, und zwar mit noch gefährlicheren Konsequenzen für Heinrich IV.

Nach der Absetzung schritt man zur Wahl eines neuen Königs. Die päpstlichen Legaten wollten dies verhindern, aber der Entschluß der Versammelten war nicht mehr zu ändern. Die Wahl fiel am 15. März 1077 auf den Herzog von Schwaben, Rudolf von Rheinfelden. Rudolf stammte über einige Generationen hinweg aus dem Haus der Könige von Burgund, ähnlich wie der salische Herrscher Heinrich IV. Man konnte ihm also nicht vorwerfen, seine Wahl treffe jemanden, der nicht standesgemäß sei.[38] Überdies hatte er sich als glänzender Feldherr in den Kriegen der vorangegangenen Jahre ausgezeichnet. Man konnte darauf bauen, daß man mit ihm den Sieg erringen würde. Seine Machtposition und sein Ansehen unter den Fürsten waren herausragend, und sogar der Verfasser der Vita Heinrichs IV., gewiß kein Freund Rudolfs, bescheinigte ihm hohe Qualitäten: «Rudolf, ein erlauchter Herzog, ein Mann von großer Autorität und gutem Ruf im ganzen Reich, treu der Wahrheit und dem Recht, ein tapferer Kriegsmann, ausgezeichnet in jeglicher Tugend» – so einer sei zum Verräter an seinem Herrn geworden (cap. 4).

Mit Papst Gregor VII. stand Rudolf seit 1073 in engerem Kontakt. Damals schrieb er ihm einen (nicht erhaltenen) Brief, woraufhin ihm der Papst am 1. September desselben Jahres antwortete[39]: «Dein Brief zeigt, von welch glühender Zuneigung Du erfüllt bist und wie sehr Du die übrigen Fürsten jenes Landes im Ausmaß dieser Zuneigung übertriffst.» Rudolf habe geschrieben, «daß die geistliche Gewalt und die höchste Herrschaft in einträchtiger Einheit verbunden sein sollten». Dies sei vollkommen richtig, so Gregor VII., wenn man hinzufüge, daß man die beiden mit zwei Augen vergleichen könne, die durch das geistliche Licht gelenkt würden. Über ein Jahr später, am 11. Januar 1075, schrieb der Papst erneut einen Brief an Rudolf sowie an Herzog Berthold von Kärnten.[40] Dieses Mal schärfte er ihnen ein, daran zu denken, daß ‹Gut› und ‹Böse› bei den Untertanen von den Inhabern der Spitzenstellungen in den irdischen Würden oder im geistlichen Lehramt abhängig seien. Sie sollten sich daher von allen Geistlichen fernhalten, die durch Simonie in ihr Amt gelangten oder die in Unzucht lebten, und sollten notfalls mit Gewalt gegen solche einschreiten.

Rudolf gehörte also zu den besonderen Vertrauten des Reformpapstes. Ihm wurde zugetraut, zwischen Gut und Böse unterscheiden zu können. Aber Rudolf war noch mehr, nämlich ein herausragender Exponent des schwäbischen ‹Reformadels›.[41] Intensiv förderte er die Klosterreform. Auf ihn und seine Gemahlin Adelheid von Turin ging die Gründung von St. Blasien im Schwarzwald zurück. Hier richteten die beiden ihr neues Hauskloster ein. Es wurde mit Reformmönchen aus dem oberitalienischen Fruttuaria besiedelt. Diese Mönche gehörten zum Reformmönchtum der Cluniazenser, aber in seiner verschärften Version. Man rechnet sie daher unter die sogenannten ‹jungcluniazensischen Mönche›. Sie brachten die gewünschte spirituell-monastische Strenge mit, wie sie in der Zeit gefordert war.

Auch in anderen schwäbischen Niederlassungen siedelten sich zwischen 1070 und 1080 Mönche der jungcluniazensischen Richtung an. Zentren entstanden vor allem in Hirsau und in Schaffhausen. Rasch verbreiteten sich die Reformmönche über die ganze Region. Wie ein Sturmwind fegten sie über Land und Menschen, predigten unermüdlich gegen die Laxheit der Sitten, gegen die Priesterehe, gegen die Simonie. Sie forderten sogar die Christengemeinden auf, ihre Priester zu verjagen, wenn diese mit einer Frau zusammenlebten. Sie selbst wollten die Regel des Benedikt möglichst streng und genau nachleben. Sie strebten nach Weltverachtung und wollten ein Leben wie die Engel und die Apostel führen. Für sie stand das Petrus-Wort im Mittelpunkt ihres Lebens: «Siehe, wir haben alles verlassen und sind Dir nachgefolgt» (Matth. 19,27). Die Welt faßten sie als Metapher für das stürmisch bewegte Meer, in dem durch persönliche oder kollektive Schuld den Menschen ständig der Schiffbruch drohe. Das Meer galt ihnen als Bild für das Böse, das Normwidrige, das Gesetzlose, aus dem nur das feste Schiff, die Arche der Reformkirche und der Reformmönche, Rettung verhieß.

Von diesen Gedanken, ihren Predigten und der tiefen christlichen Besinnung, die von ihrem Wirken ausging, wurden die Menschen gewaltig erfaßt. Bernold von Konstanz berichtet darüber in seiner Chronik aus dem späteren 11. Jahrhundert. Ganze Dörfer, so lesen wir bei ihm, hätten sich ihnen angeschlossen und sich dem frommen Leben zugewandt. Vor allem der Adel sei davon ergriffen worden. In die Reformklöster hätten sich schon nach kurzer Zeit viele adlige und kluge Männer begeben, die Waffen niedergelegt und sich durch das Gelübde verpflichtet, die evangelische Vollkommenheit unter der Disziplin der Regel anzustreben. In kürzester Zeit seien die Klöster überfüllt gewesen.

Auch dies war Bestandteil der «neuen Religion». Die Wirkung der von ihr ausgehenden neuen Werte auf den Adel kann man sich kaum groß genug vorstellen. Aus ihnen formten sich die neuen Kriterien für gutes und böses Verhalten und Handeln. Nicht unwichtig dabei war, daß diese jungcluniazensischen Klöster nicht mehr auf den König ausgerichtet waren, sondern Schutz beim Adel suchten. Der ‹gute› Adel nahm sie unter seine Fittiche.

Die alten Klöster und manche der traditional ausgerichteten Bischofskirchen wehrten sich allerdings gegen diese Eiferer der neuen Moral. Man beschimpfte sie als Lumpenpack, als Emporkömmlinge, als «Urheber der Spaltungen»[42] und gar als «Hirsefresser»[43] – in einer Verballhornung von «Hirsauer». Überall würden sie predigen und behaupten, daß nur bei ihnen die wahre Kirche, die Gerechtigkeit Gottes und das heilige Priestertum Gottes seien.[44] Dies sei überaus gefährlich, denn durch diejenigen, die behaupten «Wir sind die Gerechten», würden die Spaltungen entstehen; Spaltungen aber seien ein schwereres Verbrechen als Götzendienst.[45] Doch es half alles nichts. Der Zeitgeist wehte mit den Reformern. Sie bestimmten wie der Reformpapst die moralisch korrekte Wahrheit.

So zeigt sich, daß Rudolf von Rheinfelden für den harten Kern der Reformer im Reich der ideale Kandidat für das Königtum war. Er erfüllte in ihren Augen alle ihre Kriterien. *Iustitia* und *pietas* seien die wichtigsten Königstugenden, so lesen wir bei Berthold von Reichenau, der sich dabei auf die Etymologien des Isidor von Sevilla stützte.[46] *Pietas* meinte dabei in umfassender Weise eine christliche Lebensführung, die von Barmherzigkeit und Milde gekennzeichnet war. Der neue König, so faßte es Bernold von Konstanz zusammen[47], sollte als *pater patriae* für das Vaterland, seinen Frieden und seine Einheit sorgen, der Gerechtigkeit dienen (*servantissimus iusticiae*) und ein unermüdlicher Kämpfer für die heilige Kirche sein (*indefessus propugnator sanctae aeclesiae*). All dies erfüllte Rudolf nach Meinung seiner Wähler, so daß er am 26. März 1077 von Erzbischof Siegfried im Mainzer Dom zum König gesalbt und gekrönt werden konnte.

Als ‹Antikönig› erwies sich in den Augen der Fürsten von Forchheim dagegen Heinrich IV. In ihm sah man den Tyrannen, der das Recht nicht schützte, sondern beugte. Für sie hatte er selbst aufgehört, ein König zu sein, so daß man ihm auch die Treue nicht mehr halten mußte. Damit entwickelte man eine eigenständige, vom Papst unabhängige Begründung für die Eideslösung. Im Unterschied zu ‹Canossa› fand Heinrich IV. in Forchheim keine Gnade. Anders als der Papst haben sich die Fürsten nicht umstimmen lassen. Sie verfochten seine Absetzung bis zum Ende.

In Forchheim suchte man anläßlich der Neuwahl auch Kriterien zu entwickeln, nach denen künftig ‹gute› und gerechte Könige bestimmt werden könnten. Künftig sollte niemand mehr zum König erhoben werden, nur weil er ein Erbrecht darauf geltend machen könne. Nicht einmal der Sohn des Königs könne die Nachfolge fordern. Entscheidend sei künftig, daß ein König «geeignet» sei. Auch dies darf man als sensationellen Schritt bezeichnen. Er leitete den Übergang zum Wahlkönigtum im Reich ein – während sich in Frankreich im Gegensatz dazu die Erbmonarchie auszubilden begann. Er trug vor allem dazu bei, daß sich das Reich als Interessens- und Handlungsgemeinschaft der Fürsten zu verstehen lernte und sich dadurch innerlich festigte. Die Verantwortung der Fürsten für das Reich wuchs heran. Sie wollten künftig gemeinschaftlich entscheiden, wer für das Königsamt in Frage käme.

So gab es nun im Reich seit dem März 1077 zwei Könige, Heinrich IV. und Rudolf von Rheinfelden. Canossa hatte keine Klärung gebracht. Das Reich stand nun erst recht vor einer Zerreißprobe größten Ausmaßes. Sowohl in Kriegen wie in propagandistischen Auseinandersetzungen wurden die Anfeindungen immer noch mehr gesteigert. Der Bürgerkrieg trat in seine zweite Phase. Der Kampf zwischen den ‹Guten› und den ‹Bösen› – stets vermengt mit handfesten Machtinteressen – nahm apokalyptische Dimensionen an.

9. Der Kampf der Könige und das Ende Papst Gregors VII.

Der Bürgerkrieg, der jetzt begann, war nicht länger auf Sachsen beschränkt. Noch mehr konzentrierte sich der Salier, der aus Italien zurückkehrte, auf Schwaben. Dort saßen seine Hauptgegner. Gegen sie führte er den ersten Schlag. Ein Hoftag in Ulm im Mai 1077 verurteilte Rudolf von Rheinfelden, Welf IV. von Bayern und Berthold von Kärnten als Hochverräter. Ihre Herzogtümer und Lehen wurden ihnen aberkannt. Das Herzogtum Bertholds, Kärnten, erhielt Liutold aus der Familie der Eppensteiner. Bayern, das sich überwiegend treu zu ihm verhalten hatte, behielt Heinrich IV. selbst in der Hand.

Für Schwaben jedoch mußte er sich die Vergabe sorgfältig überlegen. Hier benötigte er einen besonders zuverlässigen Partner. Schwere Kämpfe zogen ins Land. Endlich, im März 1079, faßte Heinrich IV. einen folgenreichen Entschluß: Er bestimmte für das Herzogtum Schwaben den Staufer Friedrich.[1]

Dieser verfügte über Besitzungen und Stützpunkte im nördlichen Schwaben um den Hohenstaufen. Nicht weniger begütert war er – wohl über seine Mutter, Hildegard von Schlettstadt – auch im Elsaß. Damit konnte der Herrschaftsschwerpunkt des salischen Königs um Speyer in den Süden verlängert werden. Der rebellische schwäbische Adel war vom Norden und vom Westen her umstellt. Daß sich Friedrich als treuer und fähiger Kriegsführer auf der Seite Heinrichs IV. bewährt hatte, darf als Voraussetzung gelten. Ihn wollte der König möglichst dauerhaft an sich binden und setzte dafür sein höchstes Pfand ein: Zusätzlich zur Belehnung mit dem Herzogtum Schwaben verlobte er ihn 1079 mit seiner sechs- oder siebenjährigen Tochter Agnes, was für den Staufer den höchstmöglichen gesellschaftlichen Aufstieg bedeutete. Der König konnte darauf bauen, eine Koalition fürs Leben geschmiedet zu haben. Überdies konnte seine Tochter Agnes in ihrer Person den salischen Anspruch in Schwaben repräsentieren.

Damit waren Zeichen gesetzt worden, auf die man auf der anderen Seite reagieren mußte. König Rudolf mußte nachziehen. Mit Unterstützung Welfs IV. wurde sein jugendlicher Sohn Berthold zum neuen Herzog von Schwaben erhoben. Wie schon bei der Königserhebung von Forchheim 1077 demonstrierte man auch bei dieser Erhebung von 1079 das konsensuale Prinzip: Wie den König wählte man auch den Herzog in «freier Wahl». Sogar die staufisch-salische Ehebindung wurde imitiert. Eine der Töchter Rudolfs von Rheinfelden, ebenfalls mit Namen Agnes, wurde 1079 mit dem Zähringer Berthold verheiratet. Dieser sollte später, 1092, im schwäbischen Herzogsamt nachfolgen. Neben den Staufern setzten damit auch die Zähringer zu ihrem großen Aufstieg an.[2] Nach der Doppelung des Königtums gab es jetzt auch eine Doppelung im Herzogsamt. «Oh erbärmliches Aussehen des Reichs!», so klagte der Augsburger Annalist über diese Zustände seit 1079. «So, wie bei einem Komödiendichter zu lesen ist: ‹Alle sind wir gedoppelt›, gibt es doppelte Päpste, doppelte Bischöfe, doppelte Könige, doppelte Herzöge.»[3]

So wurde die Einheit des Reichs immer mehr zerrissen. Um die Herzöge scharten sich die jeweiligen Anhänger. Die Kämpfe, Verwüstungen und Morde hörten nicht auf. Für die Menschen folgten Jahre des Leids. Auch die seelische Pein darf man nicht geringschätzen, denn die Frage, von welcher Seite das ‹Gute› vertreten wurde, war immer schwieriger zu entscheiden. Die Anhänger Rudolfs freilich waren von der Heilsgewißheit ihres Handelns uneingeschränkt erfüllt. Doch auch Heinrich IV. wird man die religiöse Komponente seines Handelns nicht absprechen dürfen.

Wie verhielt sich Papst Gregor VII. in dieser Lage? Er wartete ab. Heinrich IV. war von ihm wieder in die Kirche aufgenommen worden, dieser war in seinen Augen ein rechtmäßiger König. Konnte daran überhaupt gezweifelt werden? Konnte der Papst, durch den doch der hl. Petrus, ja Christus selbst sprach, sich bei der Aufhebung des Bannes in Canossa geirrt haben? Zweifellos ein gewaltiges Dilemma, vor das sich Gregor plötzlich gestellt sah. Die Wahl Rudolfs, die von seinen Legaten nicht verhindert werden konnte, war nicht in seinem Sinne gewesen. Sie war gewissermaßen ‹von unten› her legitimiert, erfolgte aus einer kollegialen und konsensualen Übereinkunft der aufständischen Fürsten. Das entsprach nicht dem hierarchischen Prinzip des Papstes. Geradezu auffällig hielt er sich nun zurück. Schlagartig verebbte die Zahl seiner Briefe und Verlautbarungen an die Fürsten des Reichs. Verwundert stellte Bruno in seinem ‹Buch vom Sachsenkrieg› fest: «Inzwischen vergaß der Papst – ich weiß nicht warum – seinen apostolischen Eifer!»[4]

Aber auf Dauer konnte sich Gregor VII. nicht neutral verhalten. Der Zustand war für die Kirche und das Seelenheil der Menschen im Reich fatal. «Sowohl dem zeitlichen wie auch dem ewigen Tod werden sie überantwortet», so klagte Gregor VII. selbst[5]. Auf der Fastensynode vom 27. Februar bis zum 3. März 1078 beschlossen etwa 100 anwesende Bischöfe schließlich gemeinsam mit Gregor VII., daß man im «deutschen Reich» (*Teutonicum regnum*) nun endlich für Frieden sorgen müsse.[6] Legaten sollten entsandt werden, um dort eine große Versammlung zu veranstalten und mit ihr die Spaltung zu beenden. Um eine unanfechtbare Entscheidung herbeizuführen, sollte «wahrheitsgemäß» (*veraciter*) herausgefunden werden, auf welcher Seite sich das Recht befinde. Wer dies zu verhindern suche, verfalle der Exkommunikation. An alle Erzbischöfe, Bischöfe, Geistlichen, Herzöge, Fürsten, Markgrafen und alle hoch und niedrig Gestellten im «Königreich der Deutschen» (*regnum Teutonicorum*) erging am 9. März 1078 darüber ein päpstlicher Brief.[7] Das war der päpstliche Weg: Die «Wahrheit» sollte entscheiden, das Prinzip, das auch den päpstlichen Primat begründete.

Aber es kam nicht zur Ausführung des Beschlusses. Die rudolfinische Partei hielt eine derartige Prüfung prinzipiell für überflüssig. Jeder konnte doch sehen, auf wessen Seite sich die Wahrheit Gottes befand. Man warf Gregor VII. daher vor, er begünstige Heinrich IV. Seine Gesandten empfange er bei Tage, diejenigen

Rudolfs dagegen nur des Nachts und heimlich. Man sah sich benachteiligt, obwohl doch Rudolf beständig Gehorsam versprach und seinen Sohn als Geisel anbot.

In der Folgezeit suchten sich beide Parteien darin zu übertreffen, ihre Gehorsamsbereitschaft gegenüber dem Papst unter Beweis zu stellen. Auf der römischen Lateransynode im Februar 1079 erschienen daher Gesandte beider Parteien und überbrachten die Ehrerbietung ihrer Könige. Von beiden Seiten wurden Gehorsamseide geleistet. Außerdem verpflichteten sie sich, die von Gregor gewünschte Großversammlung in Anwesenheit päpstlicher Legaten zu fördern.[8]

Rudolfs Boten, so ist im Papstregister vermerkt, gingen aber noch einen Schritt weiter. Sie bemühten sich mit allen Mitteln, Gregor VII. dazu zu bringen, Heinrich zu exkommunizieren. Bitter hätten sie sich darüber beklagt, der Salier würde die Religion nördlich der Alpen zuschanden machen und mit Füßen treten. Niemandem würde er die geschuldete Ehre oder Würde schützen. Nicht nur Geistliche, sondern sogar Bischöfe und Erzbischöfe würde er wie geringe Knechte gefangensetzen, in Fesseln legen und sogar niedermetzeln. Dieses Agitieren blieb nicht ohne Erfolg. Viele auf dem Konzil hätten daher die Meinung vertreten, gegen diese Tyrannei müsse endlich das apostolische Schwert gezogen werden.[9] Doch auch jetzt noch wollte der Papst abwarten.

Die folgenden Monate brachten den Umschwung. Bei Gregor VII. verdichtete sich der Verdacht, daß Heinrich IV. gegen ihn arbeite. Der König stand in engem Kontakt mit den norditalischen Gegnern des Papstes, unter ihnen Erzbischof Wibert von Ravenna und Erzbischof Tedald von Mailand. Sie waren von Gregor VII. schon im November 1078 «als faule Glieder aus dem Leib Christi herausgeschnitten» worden.[10] Auch Roland, der 1076 als Bote die Gehorsamsaufkündigung nach Rom gebracht und den Heinrich IV. mit dem Bistum Piacenza belohnt hatte, zählte zu dieser Gruppe, die einen offen gegen Rom gerichteten Kurs fuhr. Diese, so war Gregor VII. überzeugt, «haben sich verschworen, um mich zu stürzen und sich die Kirche zu unterwerfen» (*annitens me deiciendo eam sibi subiugare*).[11] Auf der Fastensynode vom 7. März 1080 sah sich Gregor VII. endlich zum Handeln genötigt. Er setzte die genannten Bischöfe ab und sprach erneut den Bann über Heinrich IV. aus. Um dem Vorwurf entgegenzutreten, angesichts von ‹Canossa› handle er wankelmütig, betonte er nun ausdrücklich: «Damals habe ich ihn nicht wieder in sein Königtum eingesetzt!»[12]

Aber diese Beteuerungen waren nicht mehr überzeugend. Im Grunde konnte er den Eindruck, entweder in Canossa 1077 falsch gehandelt zu haben oder für den neuerlichen Bann keinen recht einsichtigen Grund vorzulegen, nicht verwischen. Der Bannspruch von 1080 selbst spiegelt diese Lage wider. Seine Begründung war viel umständlicher als vier Jahre zuvor. Wieder sollte die Einkleidung seines Bannspruchs in ein Gebet die Autorität der Entscheidung stärken. Neben Petrus bemühte Gregor VII. dieses Mal aber auch Paulus zum Zeugen. Beide seien sie Jünger der Wahrheit und sollten ihm in seiner Wahrheit beistehen. Er habe Rudolf nicht zum König haben wollen, so versichert Gregor VII. nochmals. Heinrich IV. hätte sogar durchaus seine Sympathie gehabt. Aber er habe das vom Konzil angeordnete Colloquium verhindert und Ungehorsam gezeigt. Dies sei dem Verbrechen des Götzendienstes gleichzustellen. Heinrich IV. habe sich daher selbst in die Exkommunikation verstrickt: *se ipsum anathematis vinculo alligavit.*[13] Deshalb, so Gregor weiter, spreche er den Bann über ihn aus. «Ein zweites Mal verbiete ich ihm das Königtum der Deutschen und Italiens im Namen des allmächtigen Gottes und Eurem und nehme ihm jede königliche Gewalt und Würde und verbiete, daß irgendein Christ ihm als König gehorcht.» Dagegen «gewähre und gestatte» er (*dono, largior et concedo*), daß Rudolf von nun an das deutsche Reich regiere und verteidige (*regnum Teutonicum regat et defendat*).[14] Am Ende steigerte er sich zu der Formulierung: «Alle Könige und alle Fürsten dieser Welt sollen lernen, wie groß ihr (Apostelfürsten) seid, was ihr vermögt, und sie sollen fürchten, den Befehl eurer Kirche geringzuachten.»[15]

Zum ersten Mal in der Geschichte des Reichs «gestattete» ein Papst, wer «deutscher König» sein darf! Solche Worte waren zuvor im Umfeld von ‹Canossa› noch nicht gefallen. Die neuen Formulierungen von 1080 lassen erkennen, daß die religiöse Ebene von der politischen überlagert wurde. Jetzt ging es um das Königtum, weniger um das Seelenheil des Königs.

Heinrich IV. war also erneut gebannt – aber die Wirkkraft der Exkommunikation war dahin. Er und seine Helfer konnten weiterhin ganz offen operieren und bemühten sich, eine umfassende Front gegen Gregor VII. aufzubauen. Die gegen den Papst eingestellten lombardischen Bischöfe wurden sofort miteinbezogen. Diesmal wollte man sie nicht mehr im Stich lassen wie 1076. Für beide Reichsteile, nördlich und südlich der Alpen, günstig gelegen, wählte man Brixen als Ort einer gemeinsamen Bischofsversammlung. Dort hielt man um den 25. Juni 1080 eine Synode ab, auf der vor allem lombardische Bischöfe anwesend waren.

Eine führende Rolle spielte, wie schon im Januar 1076 in Worms, Kardinal Hugo Candidus. Er brachte erneut die wüstesten Anschuldigungen gegen Gregor VII. vor, diesmal auch die Behauptung, der Papst habe meuchlerisch den Tod von vier seiner Vorgänger herbeigeführt. Auch die Umstände von Gregors Erhebung wurden wieder aufgetischt und diesmal in noch absurderen Versionen von Gewalt, Betrug und Bestechung verpackt als 1076. Im gegenseitigen Schlagabtausch nahm – für unser heutiges Empfinden – die Groteske überhand. An allen Ecken, so möchte man fast sagen, tauchte der Antichrist auf. Bischof Benzo von Alba (gest. 1089/90) mag als Beispiel dienen. Er verfaßte im Vorfeld der Brixener Synode ein Gedicht, in dem die Gegenwart trübe geschildert wird. Es sei die letzte Zeit vor dem Ende: «Die Welt ist friedhofsreif!» (*silicernius est mundus*). Der Antichrist und die Bösen allerorten, angeführt vom «Kuttenträger» Gregor VII. alias dem «Mönch Prandellus», trieben ihr Unwesen.[16]

Natürlich wurde die Forderung erhoben, Gregor VII. abzusetzen. Aber diesmal war man vorsichtig. Gregors VII. Absetzung sollte in einem korrekten kanonischen Verfahren erfolgen. «Hildebrand», so lautet das Dekret von Brixen deshalb, «soll unserem Urteil nach in kanonischer Weise abgesetzt und vertrieben und, wenn er nach Mitteilung dieses Beschlusses nicht von diesem Stuhl heruntersteigt, auf ewig verdammt werden.»[17] Immerhin nahm man schon einen neuen Papst in Aussicht. Es war Wibert, der Erzbischof von Ravenna, nominiert von Heinrich IV. am 25. Juni 1080. Er galt in seiner Legitimation als untadelig, war von Gregor VII. lange Jahre hindurch als Metropolit anerkannt gewesen und verkörperte die richtigen kirchenpolitischen Anschauungen. Nun war er zum künftigen Papst designiert, wenn auch noch nicht formell gewählt worden.[18]

In diesen aufgewühlten Zeiten wurde die Hilfe der Heiligen immer wichtiger. Gregor VII. konnte seine Apostelfürsten einsetzen. Sie möchten doch möglichst rasch das Urteil an Heinrich IV. vollziehen: Diese Bitte richtete er schon am 7. März 1080 an Petrus und Paulus, als er den in ein Gebet an die beiden Apostelfürsten gekleideten Bannspruch verkündete.[19] Einen Monat später, am Ostermontag (13. April) 1080, feierte er in der Peterskirche die Messe, bestieg die Kanzel und rief den versammelten Kardinälen, Bischöfen, Klerikern und Senatoren zu: «Ihr sollt alle wissen: Wenn er (Heinrich) bis zum Fest des hl. Petrus (29. Juni) nicht zur Buße kommt, dann wird er tot sein oder er wird abgedankt haben. Wenn das nicht so eintritt, dann muß man mir nichts mehr glauben!»[20] An seiner Prophezeiung wollte er gemessen werden – und, so kann man hinzufügen, damit auch Druck auf den hl. Petrus ausüben. Doch nach dem 29. Juni 1080 war Heinrich IV. noch am Leben. Auch an Buße oder Resignation dachte dieser nicht im entferntesten. Dennoch, so Bonizo von Sutri, sei er gestorben: Er habe nämlich am 25. Juni 1080 in dem von ihm nominierten neuen Papst ein Götzenbild verehrt. Damit sei er der ewigen Seelenstrafe verfallen, denn: «Die Seele, die sündigt, sie stirbt.»[21]

Welcher Heilige aber stand dem König zur Seite? Es war die heilige Maria, die in diesen Jahren wieder einmal zur besonderen Beschützerin des salischen Königtums wurde. Sie hatte schon die Anfänge der salischen Dynastie gefördert. Damals, 1024, hatte Konrad II. eine Schenkung für die ihr geweihte Domkirche in Speyer gelobt für den Fall, daß er König werden würde. Maria hat geholfen, und so erfüllte Konrad II. nach seiner Wahl auch sein Versprechen. Er und sein Nachfolger bauten den Dom ganz neu und in immer größeren Dimensionen. Im Schutz der hl. Maria errichteten sie schließlich auch ihre Grablege.

Daran knüpfte Heinrich IV. an. Um die Gunst der hl. Maria zu gewinnen, machte er ihr am 14. Oktober 1080 eine bemerkenswerte Schenkung. Die Kirche von Speyer erhielt die Güter Winterbach und Waiblingen. In Waiblingen, einem alten karolingischen Königshof in Schwaben, besaß das salische Haus einen wichtigen Mittelpunkt. Der Chronist Otto von Freising, Enkel Heinrichs IV. und somit selbst Familienmitglied, sollte später in seinen Gesta Friderici die salische Dynastie sogar die «Heinriche von Waiblingen» nennen.

In Heinrichs IV. Schenkungsurkunde vom 14. Oktober 1080[22] heißt es in der Begründung: «Obwohl wir die Verdienste aller Heiligen verehren, so müssen wir doch ganz besonders den Schutz jener ewigen Jungfrau Maria erflehen, durch die allein der einzige Herr aller sich der ganzen Gläubigen erbarmt hat. Bei ihrer Barmherzigkeit haben unsere Väter Zuflucht gesucht. Unter ihren Schutz flüchten auch wir uns zur Kirche von Speyer, die im Namen ihres Sohnes speziell mit ihrem Namen bezeichnet ist. Dieser Kirche haben wir zum Seelenheil unseres Vaters und Großvaters, der Kaiser Konrad und Heinrich, und der Kaiserin Gisela, die dort ruhen, und unserer Mutter, der Kaiserin Agnes, und auch zu unserem Seelenheil» die Schenkung gemacht. Der Dom zu Speyer mit der hl. Maria erscheint als Schutzhort des salischen Herrscherhauses!

Und nun wieder eine große Schenkung: Was war die Ursache? Der 14. Oktober 1080, so die Antwort, war der Tag unmittelbar vor der Entscheidungsschlacht gegen König Rudolf. So weit hatten sich die Dinge inzwischen entwickelt, daß man nun die Entscheidung mit den Waffen suchte. Heinrich IV. brauchte die himmlische Hilfe dringend, denn zwei vorangegangene Kämpfe hatte er nicht als Sieger beenden können. Nun stand der dritte Waffengang bevor. Er sollte über die Zukunft entscheiden. An der Weißen Elster in Thüringen hatten sich die beiden Heere aufgestellt, Rudolfs Heer in «unzählbarer Größe». Bruno berichtet in seinem ‹Buch vom Sachsenkrieg› ausführlich darüber (cap. 122–124). Beim Voranstürmen gegen den Feind hätten die Krieger Rudolfs den 83. Psalm skandiert: «Gott, bleib nicht still, bleib nicht stumm! Sieh doch, deine Feinde toben, die dich hassen, sie erheben ihr Haupt. Gegen dein Volk ersinnen sie listige Pläne und halten Rat gegen die, die sich bei dir bergen. Sie sagen: ‹Wir wollen sie ausrotten als Volk. An den Namen Israels soll niemand mehr denken›. Ja, sie halten einmütig Rat und schließen ein Bündnis gegen dich (...) Mach es mit ihnen wie mit Midian und Sisera, wie mit Habin am Bach Kischon, die du bei en-Dór vernichtet hast: Sie wurden zu Dünger für die Äcker (...) Mein Gott, lass' sie dahinwirbeln wie Staub, wie Spreu vor dem Wind! Wie das Feuer, das ganze Wälder verbrennt, wie die Flamme, die Berge versengt, so jage sie davon mit deinem Sturm und schrecke sie mit deinem Wetter!» Die ‹Guten› waren sich ihrer Sache sicher. Sie hielten sich für die Auserwählten des Herrn.

Endlich stießen sie aufeinander und, wie Bruno es formuliert, «es begann das schreckliche Morden». Die Krieger Heinrichs IV. seien überraschend tapfer gewesen, hätten gar erste Erfolge er-

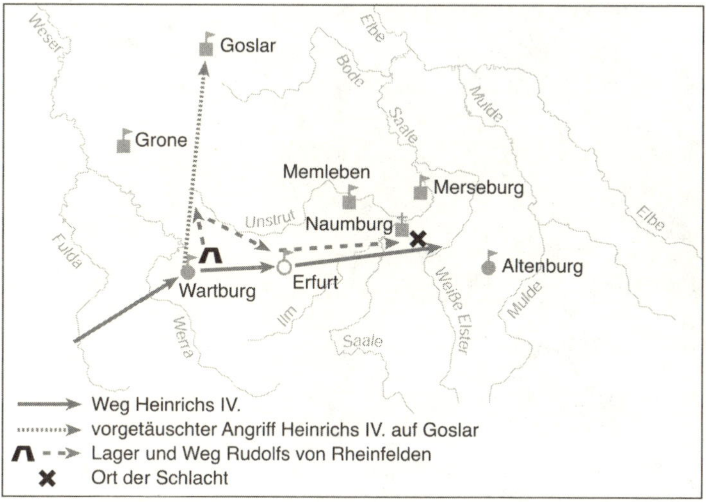

Abb. 12 Die Schlacht an der Weißen Elster am 15. Oktober 1080

Abb. 13 Bronzene Grabplatte Rudolfs von Rheinfelden im Dom von Merseburg

rungen und schon erste Gesänge angestimmt: «Gott, wir loben dich.» Der Kampf wogte hin und her. Auf Rudolfs Seite tat sich besonders Otto von Northeim hervor. Er und sein Fußvolk besiegten mehrere Einheiten der Gegner. Als diese flüchteten, wurden sie von den sächsischen Bauern mit Äxten und Knüppeln erschlagen. Nun schien das Ende der Heinrizianer zu kommen. Der Sieg für die Rudolfiner war greifbar nahe. Da kam die Hiobsbotschaft. König Rudolf, der Tapfere selbst, war tödlich verwundet worden. Ein Hieb hatte ihn im Unterleib getroffen, mit einem anderen war ihm die rechte Hand abgeschlagen worden. Einen Tag später, am 16. Oktober 1080, war er tot.

Es konnte kein Zweifel bestehen: Die heilige Maria hatte Heinrich IV. geholfen. Ja mehr noch, Rudolf war an der Hand bestraft worden, mit der er einst Heinrich IV. die Treue geschworen hatte. Jetzt war er als Meineidiger entlarvt – ein Gottesurteil! Für die Anhänger Rudolfs indes war es ein ganz anderes Zeichen Gottes: Er hatte ihrem König das Martyrium geschenkt. Daher bestatteten sie ihn im Chor des Domes von Merseburg, wo eigentlich nur Heilige ruhen durften. Die künstlerisch großartige, noch heute erhaltene Bronzeplatte trägt die Inschrift: «König Rudolf, der für das Recht der Väter hinweggerafft wurde und der es verdient, beweint zu werden, liegt in diesem Grab. Kein König wäre ihm vergleichbar in Rat und Tat seit Karl (dem Großen), wenn er in Frieden hätte regieren können. Da, wo die Seinen siegten, sank er hin als heiliges Opfer des Krieges. Der Tod ward für ihn das Leben. Er fiel für die Kirche.»[23]

Rudolf, so sagen diese Worte, war nicht nur als Rivale des Saliers im Kampf um das Königtum gefallen, vielmehr verlor er sein Leben in einem Kampf, den er für Gott geführt hatte. Erneut werden die Dimensionen dieser Auseinandersetzungen deutlich. Sie wurden geführt um die rechte Ordnung im Reich und waren eng verwoben mit der religiösen Idee des guten, ja des auserwählten Christen. Die Guten standen erneut gegen die Bösen.

Natürlich galt den salierfeindlichen Fürsten ihr Konzept als gottgefällig. Ihre Ordnungsvorstellung war darauf ausgerichtet, das Element des gemeinschaftlichen Handelns in den Mittelpunkt zu rücken. Daran hielten sie auch nach dem Desaster von 1080 fest. Als es 1081 in Kaufungen zu Verhandlungen zwischen den Parteien kam, wollten die Vertreter Heinrichs IV. nur mit den Fürsten der anderen Seite sprechen. Doch diese setzten durch, daß alle Anwesenden, «Vornehme ebenso wie Geringe», die Verhandlungen hören durften.[24] Das war das Ordnungsmodell, das die Mitsprache aller in der Gemeinschaft vorsah,[25] ganz so, wie es bei der Wahl Rudolfs 1077 formuliert wurde: Er sollte nicht ein König aller einzelnen (*singulorum*) sein, sondern aller in Gemeinschaft (*universorum*).[26]

Das Gottesurteil an Rudolfs Schwurhand förderte freilich eher das moralisch-religiöse Selbstwertgefühl Heinrichs IV. und seiner Gruppe. Er hatte sich durchgesetzt. Nun wollte er aller Welt zeigen, wie mächtig die hl. Maria ist. Zu diesem Zweck ließ er in großartiger Manier den Dom zu Speyer umbauen und ausbauen. Von 1080/81 bis 1102/1106, also in über 20-jähriger Bauzeit, wurde der Dom prachtvoll umgestaltet. Die Bauleitung hatte zuerst Bischof Benno II. von Osnabrück (1068–1088) inne, dann der königliche Kapellan Otto, der später, 1102–1139, Bischof von Bamberg wurde. Der gesamte obere Teil der Speyerer Kirche wurde neu gebaut. Auch fast alle anderen Partien wurden verändert mit dem Ziel, die Mauern in einer bis dahin nicht dagewesenen Kunstfertigkeit zu durchgliedern, alle Räume mit Wölbungen zu versehen, die Horizontalen mit ornamentierten Gesimsen zu verzieren und die Masse der Wände durch Bogengänge in der Mauerstärke aufzufangen. Die Zwerggalerie, ein für die Zukunft wichtiges Stilelement, wurde zwar nicht in Speyer neu entwickelt, aber hier offenbar zum ersten Mal in neuartiger Weise eingesetzt: Sie wurde um die gesamte Kirche geführt, um den Riesenbau optisch zusammenzufügen.

Dieses einzigartige Bauprogramm, das die Bewunderung der ganzen Welt auf sich gezogen hat, signalisiert neben der Verherrlichung Marias aber noch eine zweite Idee. Von Anfang an war eine ‹Kaiserkirche› geplant. Der neue Dom sollte auch die römisch-kaiserliche Komponente der salischen Herrschaft vor Augen führen. Heinrich IV. war zwar noch nicht Kaiser, aber er

Abb. 14 Der Dom zu Speyer

sah sich längst in diesem Rang. In seinem Umfeld entwickelte sich eine Art von «Romideologie», die zur Aufnahme antiker Herrscherepitheta führte. Sogar die Bezeichnungen «göttlich» (*divus*) und «allerheiligst» (*sacratissimus*) fanden Anwendung.[27]

Im Frühjahr 1081 brach Heinrich IV. nach Italien auf. Wollte er nun den Papst endgültig in die Knie zwingen, wie seine Gegner vermuteten? Es wird wohl auch der römische Erneuerungsgedanke gewesen sein, der ihn antrieb. Unmittelbar vor Pfingsten (21. Mai) 1081 stand er vor den Toren Roms. Eine groß inszenierte Festkrönung in zwei römischen Kirchen war für Pfingsten geplant gewesen. Doch der Zugang zur Stadt wurde ihm verwehrt. Papst Gregor VII. hatte sich auf der Engelsburg verschanzt, und die Römer waren abweisend, weil sie nicht zu den Überlegungen über den künftigen Papst hinzugezogen worden waren. So erblickte Heinrich IV., wie Bonizo, der Parteigänger Gregors, spöttisch vermerkte, «Lanzen statt Wachslichter, Bewaffnete statt der Chöre der Geistlichen» und vernahm «Schmähungen statt der Lobgesänge, ja wildes Geschrei statt der Ehrbekundungen».[28]

Da inszenierte der König eine bemerkenswerte Aktion.[29] «Auf der Wiese des Nero» am Fuße des Vatikans ließ er aus Zelten ein «neues Rom» (*nova Roma*) errichten. Auch eine päpstliche Kurie setzte er symbolisch ein, ebenso wurden neue Zenturionen, Tribunen und Senatoren ernannt, ein Praefekt, ein Nomenkulator und andere Würdenträger nach altrömischem Brauch. Zwei Hütten stellten zwei Kirchen dar. In der einen ‹Hüttenkirche› ließ er sich die Krone auf sein Haupt setzen, in der anderen wurde dann die Messe gelesen. Nicht in der Stadt, sondern auf freiem Feld also fand die Krönung statt, eine «neue Art der Krönung» (*novum genus coronandi*), wie es bei Benzo von Alba heißt.[30] Eine Kaiserkrönung konnte damit zwar nicht imitiert werden, und auch die königliche Festkrönung mußte mit einem einfachen Ambiente auskommen. Doch entscheidend war das neue Selbstbewußtsein: Wo wir auch sind, der Heilige Geist ist mit uns! Dies sollte «zur Schande und Schmach» (*dedecus atque iniuria*) der Gregorianer demonstriert werden.

Mit der Kaiserkrönung mußte Heinrich IV. dann doch noch warten. In den folgenden Monaten und Jahren überzog er die päpstlichen Anhänger mit Krieg. Mathilde von Tuszien wurde in einer Gerichtssitzung in Lucca mit der Reichsacht belegt und ihrer Lehen verlustig erklärt. Bistümer wurden neu vergeben. Die Normannen waren diesmal mit anderen politischen Zielen beschäftigt und kamen Gregor VII. nicht zu Hilfe. 1082 und 1083 wiederholten sich die Belagerungen Roms. Ob der Entbehrungen regte sich in der Stadt allmählich Unmut gegen den Papst. 13 Kardinäle fielen von ihm ab.

Schon der Bann gegen Heinrich IV. von 1080 hatte bei einigen Kardinälen Protest ausgelöst. 1082 traf sich eine Gruppe hoher Geistlicher, die sich gegen die Verpfändung von Kirchengut für den Kampf gegen Wibert aussprach. Die Opposition begann sich zu formieren. Gerüchte wurden gegen Gregor VII. gestreut: Dieser habe ein heimliches Gottesgericht zwischen seiner Sache und der des Königs veranlaßt, eine Wasserprobe. Sie sei zu seinen Ungunsten ausgefallen. Gott selbst also habe den Papst schon aufgegeben.

Schließlich kam es im Frühjahr 1084 zu Verhandlungen zwischen der königlichen Partei und Vertretern der beiden unteren «Ränge» (*ordines*) des Kardinalskollegiums, also der Kardinalpriester und der Kardinaldiakone. Die Kardinalpriester waren offenbar die treibende Kraft. Ein wesentlicher Punkt der Unterredung betraf die Wahl eines neuen Papstes. Rasch wurde Einigkeit in der Frage erzielt, daß künftig alle drei *ordines* der Kardinäle bei der Papstwahl die gleichen Rechte haben sollten – in der Papstwahlordnung von 1059 waren die Kardinalbischöfe noch privilegiert. Außerdem ging es um die Rechte des künftigen Kaisers in Rom und um die Frage, welche Rolle der Patricius-Titel dabei spielen sollte.

Damit war der Weg frei. Am 21. März 1084 zogen Heinrich und Wibert feierlich in Rom ein. Papst Gregor VII. verschanzte sich erneut auf der Engelsburg und mußte mitansehen, wie das Gerichtsverfahren einer Synode gegen ihn anlief. Heinrich IV. selbst erhob den Vorwurf des Majestätsverbrechens. Der im römischen Recht geschulte Petrus Crassus stellte ihm die römisch-rechtlichen Grundlagen dafür zusammen. Die Verhandlung endete mit Gregors VII. Absetzung und Exkommunikation. Dann wurde mit Wibert von Ravenna der neue Papst ordentlich gewählt und inthronisiert. Er nannte sich Clemens III. und stellte damit die Verbindung zu 1046 her. Damals hatte Kaiser Heinrich III. mit Clemens II. einen neuen Papst bestimmt. War das Rad damit wieder zurückgedreht worden? Am Ostersonntag, dem 31. März, konnte Heinrich IV. von Clemens III. jedenfalls die Kaiserkrone empfangen.

Von nun an war Gregor VII. aus der Kirchenpolitik weitgehend ausgeschaltet. Auch die Hilfe der Normannen, die im Mai 1084 doch noch mit einem Heer unter der Führung von Robert Guiskard dem Lehensherrn zu Hilfe eilten, so daß Heinrich IV. schmählich flüchten mußte, änderte daran nichts. Deren Plünderungen und Verwüstungen erbitterten die römische Bevölkerung derart, daß sich der Papst nicht mehr in Rom halten konnte. Im Juni 1084 schloß er sich dem Rückzug der Normannen an und ging nach Salerno in Süditalien ins Exil. Zwar erneuerte er dort noch einmal den Bann gegen den Salier, aber niemand kümmerte sich darum. Dennoch: Unerschütterlich vertrat er den Anspruch, als Stellvertreter der Apostelfürsten für die gesamte Christenheit verantwortlich zu sein. Die heilige römische Kirche sei die Mutter und Lehrmeisterin aller Kirchen, so schrieb er auch von Salerno aus an die Christenheit.

Am 25. Mai 1085 ist Gregor VII. in Salerno gestorben, wo sich noch heute sein Schrein befindet. Seine letzten Worte sollen gelautet haben: «Ich habe die Gerechtigkeit geliebt und das Unrecht gehaßt. Deshalb sterbe ich in der Verbannung.»[31] Sie stellen eine Anlehnung an Psalm 45,8 dar: «Du liebst das Recht und haßt das Unrecht; darum hat Gott dich gesalbt mit dem Öl der Freude wie keinen deiner Gefährten.» Die Worte, möglicherweise authentisch[32], belegen Gregors Zuversicht auch in der Todesstunde: Die Wahrheit Gottes habe seine gerechten Entscheidungen gelenkt.

Gregor VII. war tot. Eine Zeitlang schien es, als würde sich kaum mehr jemand um ihn kümmern. Aber seine Gedanken, seine Forderungen und seine Ansprüche sollten ihre volle Wirkungsmacht erst noch entfalten. In den theoretischen Schriften begann man in den folgenden Jahren, die aufgeworfenen Fragen erst richtig zu diskutieren. Eine dieser Fragen betraf nach wie vor das Verhältnis von Königtum und Priestertum, von *regnum* und *sacerdotium*.[33] Heinrich IV. und seine Anhänger kämpften von nun an nicht mehr gegen eine Person, sondern gegen die Idee.

Abb. 15 Grablege Gregors VII. im Dom von Salerno

Daß das Königtum dem Priestertum untergeordnet sei, war für die Reformer ein feststehender Grundgedanke. Manegold von Lautenbach entwickelte sogar die Vorstellung, daß die königliche Gewalt nur für den Schutz der Kirche da sei.[34] Die Könige sollten «Beschützer und Verteidiger der Kirche» (*tutores et defensores ecclesiae*) sein. Dem Königtum käme nur eine dienende Funktion zu. Dort, wo es keine Übeltäter gebe, brauche man auch keine Könige. Ein schlechter König könne verjagt werden wie ein Schweinehirt, der seine Aufgaben nicht ordentlich wahrnehme.

Denn die Herrschaft des Königs sei nur ein vom Volk zugestandenes, zeitlich begrenztes Amt. Damit war nicht eine Volkssouveränität gemeint, denn die Meßlatte für den König wurde auch hier von den Bedürfnissen der Kirche vorgegeben. Daß die priesterliche Gewalt den Vorrang vor der königlichen habe, ergab sich aus der Höherwertigkeit des Himmlischen vor dem Irdischen. Auch die Seele stand – das war für jeden einsichtig – über dem Körper, das Göttliche über dem Menschlichen.

Sich gegen diese Argumente zu wehren, war schwer für die Seite des salischen Königtums. Hier hatte man nur die Möglichkeit, am Gedanken der Gleichwertigkeit der Gewalten festzuhalten. Die beiden Schwerter, von denen in der Bibel die Rede ist, symbolisierten demnach die Gewalten, die beide unmittelbar von Gott stammen. Als die Jünger in der Stunde der Entscheidung Jesus zwei Schwerter zeigten, sagte dieser: «Das ist genug!» (Lukas 22,38). Frühzeitig, schon unter Papst Gelasius I. (492–496), wurden in der Kirche damit die weltliche und die geistliche Gewalt in Verbindung gebracht. Beide waren im traditionellen Verständnis aufeinander angewiesen. Die christlichen Herrscher bedurften in Fragen des Seelenheils der Bischöfe, die Bischöfe ihrerseits waren für die Regelung weltlicher Angelegenheiten auf die irdischen Machthaber angewiesen. Durch diese Form der Arbeitsteilung sollte gewährleistet sein, daß sich keine Gewalt über die andere erhebe.

Der königliche Notar Gottschalk von Aachen verwendete in der Hofkanzlei erstmals dieses Bild der beiden Schwerter: Durch das geistliche Schwert werde das Priestertum symbolisiert, das die Untertanen zum Gehorsam gegenüber dem an Gottes Statt regierenden König anhalten sollte. Mit dem weltlichen Schwert wird die königliche Gewalt gleichgesetzt, von der die Kirche nach innen und außen geschützt werden müsse.[35] Den vom Papsttum ausgehenden hierokratischen Bestrebungen wurde also von königlicher Seite der Anspruch auf uneingeschränkte Autonomie im irdisch-staatlichen Bereich entgegengestellt.

Einen anderen biblischen Anknüpfungspunkt für die Verteidigung der königlichen Unabhängigkeit bot der Römerbrief

13,1–2: «Jeder leiste den Trägern der staatlichen Gewalt den schuldigen Gehorsam. Denn es gibt keine staatliche Gewalt, die nicht von Gott stammt. Jede ist von Gott eingesetzt. Wer sich daher der staatlichen Gewalt widersetzt, stellt sich gegen die Ordnung Gottes, und wer sich ihm entgegenstellt, wird dem Gericht verfallen sein.» So konnte Heinrich IV. immer wieder betonen, er habe sein Königtum nicht vom Papst, sondern von Gott. Noch dazu habe er die Salbung erhalten und sei deshalb für jede andere Instanz außer Gott unangreifbar.

Neben diesen biblisch begründeten Argumenten wurden auch ganz neue Legitimationsfelder aufgetan. Dazu gehörte vor allem das römische Erbrecht. Der italienische Rechtsgelehrte Petrus Crassus führte diese Richtung an.[36] Er verfaßte eine «Verteidigungsschrift für Heinrich IV.» (*Defensio Heinrici IV.*). Darin bezieht er sich auf die ‹Institutionen› Justinians. Die kaiserliche Macht müsse demnach nicht nur auf Waffengewalt, sondern auch auf eine durch Gesetze abgesicherte Rechtsordnung gegründet sein. Gemäß dem römischen Sachen- und Familienrecht sei Heinrich IV. im juristischen Sinne rechtmäßiger Inhaber des Königtums. Was jedem Privatmann zustehe, so heißt es in Kapitel 6, dürfe einem König nicht vorenthalten werden. Wer das tue, handle gegen das Völkerrecht, gegen das Zivilrecht, gegen die guten Sitten, gegen jede Billigkeit des menschlichen Lebens. Dies müsse auch der Papst anerkennen.

Ebenfalls dem römischen Recht verpflichtet war die Argumentation in den sogenannten ‹falschen Investiturprivilegien›. Hier bezog man sich auf die römische *Lex regia*. Das war die Lehre von der Machtübertragung des Reichs (*imperium*) an den König (*princeps*). Das Volk habe zwar das Recht, sich einen König zu wählen. Aber ein einmal vom Volk ernannter Herrscher könne nicht mehr abgesetzt werden.[37]

Diese Hinweise mögen genügen. Die königliche Partei geriet auch nach Gregor VII. immer wieder in die argumentative Defensive. Gegen die ekklesiologische Argumentation der Reformer konnte man sich kaum behaupten. Die Betonung des sakralen Charakters des Königtums barg sogar die Gefahr in sich, eine

Stärkung des Einflusses durch die Kirche hervorzurufen. Der Versuch wiederum, das Königtum auf den weltlichen Herrschaftsbereich zu beschränken, bedeutete die Preisgabe der sakralen Legitimierung des Herrschers, auf dem sein Vorrang in der Welt begründet war. Der Rückgriff auf das römische Recht bot vielleicht einen Ausweg, aber er wurde doch erst in Ansätzen nutzbar gemacht. Immerhin war der Weg gewiesen: der Ausbau des Staatswesens zu einer rechtlich abgeschlossenen Körperschaft auf der Grundlage einer allgemein verbindlichen *lex*, eben des römischen Rechts. Doch bis dahin war es noch ein weiter Weg. An seinen Anfängen freilich stand auch hier ‹Canossa›.

10. *Das Investiturproblem und die Stationen seiner Entwicklung*

Wer darf Geistliche in ihr Amt einsetzen? Im Hinblick auf die Priester an den Pfarrkirchen hatte sich in der Reformbewegung diese Frage schon früh gestellt. Die Aufgabe, die heiligen Sakramente zu verwalten, erforderte den makellosen Geistlichen, und die Entscheidung darüber durfte die Kirche nicht aus der Hand geben. Schon 1059 sprach die Lateransynode das grundsätzliche Verbot der ‹Laieninvestitur› aus. Aber wie stand es mit der Investitur der Bischöfe? Und wie hängen ‹Canossa› und ‹Investiturstreit› miteinander zusammen?

Wie ein Bischof kurz nach der Mitte des 11. Jahrhunderts in sein Amt gelangte, beschrieb Bischof Gundekar von Eichstätt (1057–1075) 1071/1072.[1] Es ging um seine eigene Bischofserhebung. Am 20. August 1057 habe ihn die Kaiserin Agnes am Königshof in Trebur in Anwesenheit hoher Geistlicher mit dem Ring investiert (*est anulo investitus*). Am 5. Oktober desselben Jahres, einem Sonntag, sei ihm von der Kaiserin und erneut in Anwesenheit zahlreicher Großer des Reichs der Bischofsstab (*virga pastoralis*) in Speyer übergeben worden. Am 17. Oktober 1057 erfolgte die Inthronisation in Eichstätt. Den Abschluß bildete schließlich am 27. Dezember in Anwesenheit der Kaiserin und des jungen Königs, Heinrichs IV., die Bischofsweihe am Königshof Pöhlde. Damit war der in mehreren Stufen aufgebaute Gesamtakt der Bischofseinsetzung beendet. Man wird davon ausgehen dürfen, daß auch andere Bischofserhebungen dieser Zeit so abgelaufen sind.[2]

Dieser Vorgang einer Gesamtinvestitur spiegelt die Stellung des Herrschers im Gefüge der Einheit von Kirche und Königtum wider. Die einzelnen Stationen auf dem Weg in das Bischofsamt wurden immer wieder öffentlich inszeniert. Damit sollte zum Ausdruck gebracht werden, daß ein Bischof in das Gesamtgebäude der kirchlichen und weltlichen Ordnung eingeführt wurde. Der König, als Stellvertreter des himmlischen Königs auf Erden verantwortlich für die Kirche, investierte ihn mit dem Amt als Ganzem. In diesem Rahmen machte die Investitur Unsichtbares mit Sinnen erfahrbar: die theokratische Legitimation des Königs. Er trug mit Christus den Königsnamen und in ihm war die Herrschaft Gottes vergegenwärtigt. Ihm waren auch die Bischöfe anvertraut und unterstellt. Sie waren seine wichtigsten Helfer und Mitglieder eines Systems, das den Herrscher an die Spitze einer nach den Gesetzen Gottes ausgerichteten Gesellschafts- und Herrschaftsordnung stellte.[3]

Die Investitur der Bischöfe durch den König, so wird damit deutlich, war Ausdruck eines einheitsorientierten Ordnungskonzepts. Auch die verwendeten Zeichen wurden in diesem Sinne aufgefaßt. In den Symbolen Ring und Stab waren sowohl die geistliche als auch die weltliche Amtsherrschaft der Bischöfe vereint. Beide Symbole wurden ihnen vom Herrscher – oder, im Falle Gundekars, von der Kaiserin – überreicht. Bei ihnen, bei den Symbolen, setzte die Kritik zuerst ein.

Humbert von Silva Candida war es, der als erster in seinem Reformtraktat «Drei Bücher gegen die Simonisten» (*Libri tres adversus simoniacos*) 1057 eine neue Deutung entwickelte. Er erklärte die Investitursymbole folgendermaßen: «Mit den Krummstäben (...) wird das Priesteramt, das mit ihnen übertragen wird, bezeichnet. (...) Der Ring bedeutet das Zeichen für die Geheimnisse des Himmels und erinnert die Prediger daran, daß sie die geheime Weisheit Gottes mit dem Apostel enthüllen und unter den Vollkommenen verbreiten sollen.»[4] Dieser Auffassung nach waren die Symbole Ring und Stab allein auf das geistliche Amt bezogen. Das bischöfliche Priesteramt wurde damit in den Vordergrund gerückt und gegenüber der weltlichen Gewalt des Bischofs aufgewertet. Humbert von Silva Candida führte auf diese Weise den ersten grundsätzlichen Angriff gegen das Zeremoniell der Investitur im bisherigen Verständnis. Seine grundsätzlichen Erörterungen zielten mit suggestiver Kraft auf eine «Spiritualisierung der Investitursymbole» Ring und Stab.[5]

Gleichzeitig betonte Humbert von Silva Candida, daß für ihn auch Könige als Laien zu gelten hätten. Die Vergabe der Bischofssitze durch die Könige verkürzte sich so zur Aktion der Macht. Nicht die Wahl durch den Klerus, nicht das Verlangen des Volkes, nicht die Handlungen des Erzbischofs bestimmten seinem Urteil nach in seiner Zeit die Bischofserhebungen, sondern «die weltliche Macht» (*saecularis potestas*). Dies drücke sich eben darin aus, daß die Symbole Ring und Stab bei der Investitur durch die Hand der weltlichen Gewalt vergeben würden[6]. Laien würden auf diese Weise über sakramental-geistliche Funktionen verfügen. Das könne nur vehement abgelehnt werden.

Diese scharfe Position Humberts, schon früh geäußert, hat sich in der Politik der Päpste lange nicht durchgesetzt. Ganz im Gegenteil. Auch noch Gregor VII. hat sich in den Anfangsjahren keineswegs an der üblichen Bischofsinvestitur gestoßen. Erst 1075 findet sich von ihm eine erste Stellungnahme gegen die Investitur durch den König. Über die römische Fastensynode, die vom 24. bis zum 28. Februar 1075 stattfand, wird von einem gut unterrichteten Chronisten[7] gemeldet: «Der Papst verbot dem König öffentlich, irgendein Recht in der Vergabe der Bistümer zu haben. Alle Laien schloß er von der Investitur der Kirchen aus. Darüber hinaus sprach er über alle Räte des Königs den Bann aus und drohte ihn auch dem König an, falls dieser nicht demnächst diesem Beschluß gehorche.»[8]

War damit das erste Investiturverbot durch den Papst angeordnet worden? Die Forschung hat das lange so gesehen. Dabei konnte man auf die Äußerungen Humberts verweisen und darauf, daß das geistige Klima für ein Investiturverbot im Umkreis des Papstes längst ausgebildet war. Aber es scheint doch so zu sein, daß das Verbot der Fastensynode und die darüber geführten Diskussionen sich nur auf die Besetzung des Mailänder Erzbischofsstuhls bezogen haben – auch wenn der Mailänder Chronist von «Bistümern» und «Kirchen» spricht. Außerdem scheint die Feststellung auf der Synode nur mündlich vorgetragen worden zu sein, denn sie erscheint nicht im Register Gregors VII. Alles deutet auf eine situationsbezogene Feststellung hin, die aus dem

Mailänder Fall erwuchs: In Mailand habe Heinrich IV. nicht willkürlich über die Vergabe des Bistums zu befinden. Besonders der Hinweis auf die «Räte» Heinrichs IV. bestärkt diese Zuordnung. Auch wenn man den Quellenwert dieser Nachricht hoch veranschlagen muß, so wird man doch kein grundsätzliches Investiturverbot für den König daraus ableiten dürfen. Aber die Entwicklung schritt unaufhaltsam in diese Richtung.

Ende des Jahres 1075, am 8. Dezember, schrieb Gregor VII. an Heinrich IV. und verwarnte ihn wegen der Besetzungen der Bistümer Fermo und Spoleto.[9] In diesem Zusammenhang äußerte er erstmals ganz prinzipielle Bedenken gegen die traditionellen Bistumsbesetzungen durch den König. Dieser habe «entgegen den Statuten des apostolischen Stuhls» die beiden Bistümer – «falls von einem Menschen überhaupt eine Kirche übertragen oder geschenkt werden kann» (*si tamen ab homine tradi ecclesia aut donari potest*) – an Personen gegeben, die dem Papst ganz unbekannt seien.

Damit war das Zeichen gegeben. Der Papst begann die Frage grundsätzlich zu erörtern, von wem ein Bischof eingesetzt werden dürfe. Durfte dies überhaupt durch einen «Menschen» (*ab homine*) geschehen? Das schien doch sehr fraglich zu sein! Und dennoch: Der König war immer noch nicht direkt angesprochen. Aber natürlich war die Verknüpfung im Zweifel längst hergestellt – der König war ein «gewöhnlicher Mensch» wie jeder andere! Es schien eine Frage der Zeit, wann an einen Heinrich IV. ein grundsätzliches Verbot ergehen würde.

Aber es kam zunächst ganz anders. ‹Canossa› hat von dieser Frage im Grunde abgelenkt. Es ging 1077 um ganz andere Dimensionen, um Gehorsam gegenüber dem Papst und um die damit verknüpfte Frage der neuen Rangordnung in der Welt. ‹Canossa› hat, so überraschend dies klingen mag, den ‹Investiturstreit› in Deutschland zunächst in den Hintergrund gedrängt. Die nun folgenden Etappen in der Entwicklung des Investiturverbots für Laien bei der Bischofserhebung spielten sich daher gar nicht im Reich und auch nicht in Italien ab, sondern in Frankreich.[10]

In Frankreich, das war schon angeklungen, waren die Konflikte mit dem König schon länger angelaufen. Schon in seinen ersten Jahren hatte Papst Gregor VII. mehrmals heftige Invektiven gegen König Philipp I. unternommen. Eigens wurde daher für Frankreich am 23. März 1074 ein «ständiger Legat» ernannt, Bischof Hugo von Die (1073–1081), der spätere Erzbischof von Lyon (1081–1106). Er darf als einer der größten Eiferer für die gregorianischen Belange gelten und bekämpfte kompromißlos jeden weltlichen Einfluß im kirchlichen Bereich.[11] In Frankreich und Burgund sollte er nun die Interessen der römischen Kirche vertreten und durchsetzen. Diesem Auftrag ist Hugo mit vollem Einsatz nachgekommen. Die neu erhobenen Bischöfe von Le Puy, Clermont und von Chartres verfolgte er mit aller Energie. Auf einer Synode in Clermont im Sommer 1076 erklärte er sie für abgesetzt, weil sie sich Rom gegenüber als nicht genügend gehorsam zeigten. Auch in anderen Fällen handelte er ähnlich.

Im Frühjahr 1077 nahm sich auch Gregor VII. verstärkt der französischen Angelegenheiten an. Für das Bistum Dol hatte er schon Ende des vorangegangenen Jahres einen neuen Bischof in Rom geweiht. Dagegen legte der Erzbischof von Tours, zu dessen Kirchenmetropole das Bistum Dol gehörte, Beschwerde ein. Anfang 1077 beklagte er sich darüber, sein Recht der Weihe eines Suffraganbischofs sei durch das Handeln des Papstes verletzt worden. So sah sich Gregor VII. wiederum veranlaßt, sich in einem Brief vom 1. März 1077 zu rechtfertigten.

In diesem Brief findet sich nun eine bemerkenswerte Stelle. Darin heißt es, die bretonischen Fürsten hätten sich von einer alten und schlechten Gewohnheit losgesagt. Sie möchten nämlich künftig auf simonistische Praktiken und auf das «Herrschaftsrecht der Investitur» (*dominium investiturę*) bei der Bischofserhebung verzichten. Vielmehr sollte die apostolische Autorität bei der Ordinierung der Bischöfe verehrt werden. Daher hätten diese Fürsten an den apostolischen Stuhl eine Gesandtschaft geschickt mit der Bitte, für den Bischofssitz von Dol möge gemäß den Statuten der heiligen Väter ein rechtmäßiger Bischof geweiht werden. Aus diesem Grund, so Gregor VII., «haben wir beschlossen, uns über ihre Demut sehr zu freuen und ihren Bitten nachzukommen».[12]

Hier ist also vom *dominium investiturę* die Rede, vom «Herrschaftsrecht der Investitur». Dieser Herrschaftsakt sei nun von einer ganzen Gruppe bretonischer Fürsten aufgegeben worden. Die Einschränkung der von Laien vorgenommenen Bischofsinvestitur erhielt damit erstmals eine kollektive Note.

Möglicherweise war in dieser Sache auch Einfluß von Bischof Anselm II. von Lucca (1073–1086) ausgegangen. Mit ihm war Gregor VII. um die Jahreswende 1076/1077 zusammengetroffen. Anselm II. hatte sogleich nach seinem Amtsantritt in Lucca damit begonnen, in seinem Bistum die Kanonikerreform entscheidend voranzutreiben. Außerdem war er im kanonischen Recht überaus beschlagen. In den 80er Jahren sollte er eine Sammlung des Kirchenrechts (*Collectio canonum*) anlegen, die durch die ausgezeichnete Auswahl und Systematisierung der kirchenrechtlichen Materie große Wirkung erzielte.[13]

Als erster Kanonist hat Anselm II. auch die Frage der Investitur behandelt. Er vertrat dabei den Standpunkt, daß ein bereits investierter Bischof gar nicht mehr geweiht werden dürfe. Mit der Investitur sei ein Bischof bereits vollständig in sein Amt eingesetzt – allerdings von einem Laien und damit kirchenrechtswidrig. Ein solcher Bischof sei eigentlich gar nicht mehr zu retten, auch nicht durch eine nachträgliche ordentliche Bischofsweihe.

Man darf also mit guten Gründen annehmen, daß die beiden Männer bei ihrem Zusammentreffen um die Jahreswende 1076/1077 auch über solche Themen gesprochen haben. Vor diesem Hintergrund ist Gregors VII. Einstellung in seinem Brief vom 1. März 1077 an den Erzbischof von Tours besser zu erklären. Man wird dann auch nicht unbedingt davon ausgehen müssen, daß es wirklich einen ausdrücklichen Verzicht der bretonischen Fürsten gegeben hat. Eher wird man daran denken können, daß Gregor VII. das Ansuchen der Dolenser Gesandtschaft in diesem Sinne deutete. Aber wie auch immer: Gegenüber seinen Äußerungen von 1075 hatte der Papst in der Frage der Bischofseinsetzung durch Laien 1077 nun bereits eine weitergehende Position entwickelt.

Der dritte Schritt in der Entwicklung hin zum Investiturverbot wurde schließlich am 12. Mai 1077 eingeleitet. An diesem Tag erteilte Gregor VII. seinem Legaten Hugo den Auftrag, die Angelegenheit des Bischofs von Cambrai zu klären. Dort war Bischof Gerhard II. (1076–1092) im Juni 1076 von Heinrich IV. investiert und deshalb vom Papst zur Verantwortung gezogen worden. Gerhard gab die Investitur zu. Doch entschuldigte er sich damit, er habe damals nichts gewußt – weder von der Exkommunikation des Königs noch davon, daß die Investitur durch einen Laien verboten sei, habe er Sicheres erfahren.[14] Hugo von Die, so ordnete Gregor VII. daraufhin an, sollte zur künftigen Klarstellung in der Kirchenprovinz Reims ein Konzil abhalten. Dort sollte nicht nur der Fall des Bischofs von Cambrai geklärt werden, sondern Hugo sollte auch sicherstellen, daß künftig jeder von diesem Verbot Kenntnis habe. Deshalb sollte er allen versammelten Bischöfen mitteilen, daß ein Bischof kanonisch gewählt werden müsse und daß niemandem, der von einem Laien (*laica persona*) ein Bistum als Gabe (*donum episcopatus*) erhalten habe, die Bischofsweihe erteilt werden dürfe. Auch dürfe niemand mehr ein Bistum auf diese Weise vergeben oder empfangen, sonst ereile ihn der Kirchenbann.[15] Damit war das Verbot der Laieninvestitur der Bischöfe endlich ganz grundsätzlich ausgesprochen. Das weltliche «Herrschaftsrecht» (*dominium*) auf Bischofsinvestitur dagegen und jede weltliche Einflußnahme auf die Bischofserhebung wurden ausgeschaltet.

Hatte es also, so könnte man diesem Brief entnehmen, nicht doch schon längst ein allgemeines päpstliches Investiturverbot für die Bischofserhebung gegeben? Von dem aber andererseits offenbar noch niemand etwas Sicheres wußte, denn Hugo von Die sollte dieses ja den Bischöfen erst zur Kenntnis bringen. Überliefert ist keines, und bis zu diesem Tag, dem 12. Mai 1077, ist auch in den päpstlichen Briefen kein Bezug darauf zu erkennen. Wie konnte dann der Papst zu den Aussagen in seinem Brief vom 12. Mai 1077 kommen? Hatte man mündlich ein solches

Verbot in den Untersuchungen gegen die simonistischen oder ungehorsamen Bischöfe schon formuliert, so daß Gregor VII. am Ende selbst davon überzeugt war, ein solches Verbot bereits ausgesprochen zu haben? Oder interpretierte er seinen Spruch von der Fastensynode des Jahres 1075, der sich auf Mailand bezog, zu einer Grundsatzentscheidung um?

Die Frage ist schwer zu beantworten. Der Vorgang scheint ein eindrucksvolles Beispiel dafür zu sein, daß sich in Situationen raschen Wertewandels bei den Menschen schon die Wahrnehmung der unmittelbaren Vergangenheit ihren aktuellen Überzeugungen anpassen kann. Das Investiturverbot war jedenfalls gedanklich lange vorbereitet, aber in die konkrete Umsetzung sickerte es nur langsam ein. Es war keineswegs so, daß das Reformpapsttum gleichsam von heute auf morgen ein solches Verbot verhängt hätte. Die traditionelle Ordnung besaß noch Kraft genug, um anfangs Gregor VII. selbst noch in seiner Einstellung zu bestimmen. Aber im Mai 1077 war der Punkt des Umschwungs erreicht. Von nun an war der Papst in seinem Denken und Handeln unmißverständlich davon geleitet, daß eine Investitur durch einen Laien, und sei es auch der König, grundsätzlich nicht erlaubt sei. Überdies, so wird man hinzufügen dürfen, war Gregor VII. offenbar auch davon überzeugt, daß er diese Haltung schon seit längerem vertreten habe.

Im September 1077 brachte Hugo die Kirchenversammlung gegen diverse Widerstände endlich zustande. Sie fand in Autun in Burgund statt. Zwar gibt es nur indirekte Überlieferungen zu dieser Synode, aber es scheint gesichert, daß Hugo von Die sich an die Anweisungen seines Papstes gehalten hat. Damit, so kann man erschließen, dürften erstmals die reformpäpstlichen Entscheidungen, die auf ein Investiturverbot durch weltliche Machthaber zielten, durch ein Konzil verkündet worden sein.

Das erste im vollen Wortlaut überlieferte – und damit quellenmäßig gesicherte – Investiturverbot stammt freilich erst aus einer Bischofsversammlung, die Hugo von Die am 15. Januar 1078 in Poitiers abhielt. Dort wurde unter anderem folgendes verkündet: «Die heilige Synode hat beschlossen, daß kein Bischof, Abt, Priester oder irgendeine Person vom Klerus aus der Hand des Königs oder eines Grafen oder sonst irgendeines Laien die Gabe des Bistums oder der Abtei oder der Kirche oder kirchlicher Dinge entgegennimmt, sondern der Bischof empfängt dies von seinem Metropoliten, ein Abt, ein Priester oder die übrigen niederen Personen von ihrem jeweiligen Bischof.»[16] Dieser Text bezeichnet nunmehr präzise, welche Personen und welche Ämter gemeint waren. Alle Kirchen und kirchlichen Institutionen werden angesprochen, Hoch- und Niederkirchen, Klöster und Kirchengut. Damit war in Frankreich der Kampf gegen die Laieninvestitur entscheidend vorangebracht worden.

Beide Investiturverbote, das von Autun von September 1077 und das von Poitiers von Januar 1078, wurden vom päpstlichen Legaten verkündet. Sie waren auf die Verhältnisse in Frankreich bezogen. Der in Poitiers genannte «König» war derjenige von Frankreich. So könnte man sagen, daß auch diese neuen Kirchengesetze noch nicht den Charakter von päpstlichen Grundsatzentscheidungen trugen. Nun kam es darauf an, daß Gregor VII. diese Legatenverlautbarungen auf einem Ökumenischen Konzil für die gesamte Kirche verkünden würde. Auf der Fastensynode von 1078, die um die Wende vom Februar zum März in Rom stattfand, wäre Gelegenheit gewesen, diesen Akt zu vollziehen. In den Annalen des Berthold von Reichenau finden wir auch eine entsprechende Nachricht.[17] Aber er steht damit allein. Es scheint eher so zu sein, daß Gregor VII. in dieser Situation, in der er zwischen Heinrich IV. und Rudolf von Rheinfelden zu entscheiden hatte, die Lage nicht verschärfen wollte.

Erst auf einer zweiten Synode dieses Jahres, abgehalten am 20. November 1078 im Lateran, wurde der letzte Schritt vollzogen. Von dieser Synode ist ein Investiturverbot erhalten, das Grundsatzcharakter für die gesamte Kirche trägt: «Da wir wissen, daß in vielen Gegenden die Investituren der Kirchen gegen die Statuten der heiligen Väter von Laien vorgenommen werden, woraus in der Kirche häufig Verwirrungen entstehen und deshalb die christliche Religion mit Füßen getreten wird, beschließen wir, daß keiner der Kleriker die Investitur eines Bistums oder einer Abtei oder einer Kirche aus der Hand des Kaisers oder des Königs oder sonst eines Laien, eines Mannes oder einer Frau, empfängt. Wenn er dies zu tun wagt, so wisse er, daß jene Investitur durch die päpstliche Autorität ungültig ist und daß er bis zu einer würdigen Wiedergutmachung exkommuniziert ist.»[18] Damit war endlich auch der päpstlich-offizielle Grundsatzentscheid gefallen und verkündet worden. Nicht zu Unrecht hat später Petrus Diaconus, der Geschichtsschreiber in Monte Cassino (gest. nach 1159), in seiner Chronik vermerkt, daß auf der römischen Novembersynode von 1078 die Laieninvestitur verboten wurde.[19]

Doch die politische Lage im Reich mit den beiden Königen, zwischen denen die Entscheidung immer noch offen war, hielt Gregor VII. davon ab, das Investiturverbot dort offensiv zu betreiben. Seine Legaten sollten gegenüber den von Heinrich IV. investierten Bischöfen zurückhaltend vorgehen.[20] Erst, als sich der Papst offen für Rudolf entschieden hatte, wiederholte und verschärfte er das Verbot auf der Fastensynode des Jahres 1080.[21] Damit war das ‹neue Gesetz› erlassen und fest etabliert.

Doch was waren die Folgen? Der Tod Rudolfs und die Bedrohungen durch Heinrich IV. seit 1081 verhinderten, daß Gregor VII. sich weiter damit beschäftigte. Er hatte ganz andere, existenzielle Sorgen. Der Nachfolger Rudolfs von Rheinfelden, Hermann von Salm (1081–1088), den 1081 einige der Fürsten eher halbherzig als neuen Gegenkönig erhoben hatten, war ohne Chancen, sich durchzusetzen. Zwar hatte Gregor VII. gefordert, dieser solle ihm den Lehnseid leisten[22], aber von ihm konnte er dennoch keine Hilfe erwarten. Das Investiturverbot, so kann man für diese Phase sagen, war zwar in der Welt, aber es entwickelte keine besondere Wirkung. Die «kanonische» Wahl war im Bewußtsein bestimmter Reformkreise im Reich durchaus präsent. Doch die Investitur der Bischöfe durch den König blieb weiterhin der Normalfall.

Dies änderte sich auch für die Zeit der Nachfolger Gregors VII. zunächst nicht entscheidend. In Rom war nur noch ein kleiner Rest ehemaliger Anhänger Gregors VII. entschlossen genug, gegen den kaiserlichen Papst, Clemens III. (1084–1100), einen eigenen Papst zu erheben.[23] Erst nach einem Jahr gelang die Wahl des Abtes von Monte Cassino, Desiderius, der sich Viktor III. (1086–1087) nannte. Schon nach vier Tagen mußte er Rom verlassen und hielt sich dann meist in seinem alten Kloster auf. Nach seinem Tod am 16. September 1087 verging wieder ein halbes Jahr, bevor der ‹harte Kern› der Gregorianer am 12. März 1088 in Terracina den Fähigsten aus ihrem Kreis zum Nachfolger wählte: Odo von Châtillon, den ehemaligen Prior von Cluny und Kardinalbischof von Ostia. Er nahm den Papstnamen Urban II. (1088–1099) an[24] – und entwickelte mit Diplomatie und großer Umsicht einen der wichtigsten Pontifikate dieser Zeit.

Aber zunächst war auch er kaum in der Lage, sich in Rom zu behaupten oder gar im Reich nennenswerte Erfolge zu erzielen. Dem kaiserlichen Papst, Clemens III. (1084–1100), hing die Mehrheit der Kardinäle an, auch der stadtrömische Adel stand weitgehend auf seiner Seite. Er, der die Reformbemühungen gegen Simonie und Priesterehe fortführte und auch die Kanonikerreform förderte, wurde in seiner persönlichen Integrität von Freund und Feind anerkannt und erlangte hohes Ansehen. Auch im Reich gerieten die ‹Gregorianer› unter den Bischöfen in arge Bedrängnis. Adalbero von Würzburg, Adalbert von Worms und Wigold von Augsburg wurden vertrieben. Allein Gebhard III. (1084–1110) konnte sich in Konstanz halten. Die meisten der geistlichen und weltlichen Fürsten bemühten sich um eine Verständigung mit Heinrich IV. Nur Herzog Welf IV. und der Zähringer Berthold II. hielten die Verbindung mit Urban II. aufrecht.

Papst Urban II. mußte in dieser Situation mit großem diplomatischem Geschick vorgehen. Die Investiturfrage ließ er für das Reich völlig in den Hintergrund treten. Sein ganzes Bemühen war darauf gerichtet, in einer überaus flexiblen Politik die deutschen Bischöfe von Clemens III. wegzulocken und sie seiner eigenen Obödienz anzuschließen. Daher ging er möglichst großzügig mit denjenigen um, die der König investiert hatte. Mit eher gütigen Worten tröstete er seine Anhänger, wenn sie mit Bischöfen, die der König investiert hatte und damit dem Bann verfallen waren, verkehrten.

Eine wichtige Stütze verblieb ihm in der Person der Markgräfin Mathilde von Tuszien. Um ihre Lage zu verbessern, vermittelte Urban II. schon kurz nach seiner Erhebung ihre Vermählung mit Welf V. 1089 ehelichte in der Tat der 15- oder 16-jährige Sohn des Bayernherzogs Welf IV. die damals etwa 43-jährige Mathilde. Das Ziel lag auf der Hand: Damit sollten die Machtkomplexe der beiden nördlich und südlich der Alpen zu einem unüberwindbaren Block verschmolzen werden. Die absolute Kontrolle über die wichtigen Alpenpässe wäre gewiß gewesen. Die Idee war gut, aber die Ehe hielt nur wenige Jahre.[25]

Urbans treuester Vertrauensmann im Reich war Bischof Gebhard III. von Konstanz (1084–1110). Ihn förderte er, so gut er konnte, und in diesem sah er «nach Gott» (*post Dominum*) das Werk seiner Hände.[26] Er ernannte ihn zu seinem ständigen Vikar für ganz Deutschland. Am 18. April 1089 übersandte er ihm die Instruktionen für dieses Amt.[27] «König» Heinrich, so heißt es darin – die Kaiserkrönung erachtete er als ungültig –, und seine Anhänger seien als Urheber des Schismas allesamt exkommuniziert. Wer mit ihnen kommuniziere, müsse Buße leisten. Wer von Bischöfen dieses Lagers geweiht sei, dürfe zwar im Amt bleiben, aber nur, wenn sein tadelloser Lebenswandel sich bei einer Prüfung beweise. Insgesamt empfahl der Papst erneut ein möglichst großzügiges Vorgehen. Die Situation verlangte die Abkehr von der radikalen Auffassung eines Gregors VII. Das war um so leichter, als viele der Anhänger Heinrichs IV. sich in ihrer pastoralgeistlichen Tätigkeit vollkommen den Idealen der Reform anschlossen und nur die politischen Konsequenzen ablehnten.

Doch es häuften sich die Fälle, in denen man von Urban II. zu simonistischen Bischöfen ein Urteil erwartete. Auf dem Konzil in Piacenza am 1. März 1095 wurde dieser Punkt schließlich intensiv erörtert. Hier verfiel man darauf, zwischen simonistischen und schismatischen Bischofsweihen zu unterscheiden. Nur die Bischofsweihen, die von erklärten Anhängern Papst Clemens' III. vorgenommen worden waren, galten demnach als ungültig. Sie wurden als schismatisch bezeichnet. Dagegen war eine Weihe gültig, wenn sie zwar von einem simonistischen Bischof erfolgt war, aber über den simonistischen Charakter keine rechte Klarheit herrschte. Diese Entscheidung fand große Aufmerksamkeit in der Kirche. Man wird sagen können, daß sich in dieser Zeit Urban II. weitgehend gegen Clemens III. durchsetzen und in weiten Teilen der Kirche nun seinerseits Anerkennung finden konnte.

Den Markstein im Pontifikat Urbans II. schlechthin bildete das Konzil von Clermont am 18. November 1095. Hier nahm Urban II. erstmals seit langem wieder unmittelbar und grundsätzlich Stellung zur Frage der Laieninvestitur. Der Eheprozeß König Philipps I. von Frankreich (1060–1108) und dessen Verhalten in der Bischofseinsetzung hatten dazu geführt, daß man sich über die Langmut des Papstes zu wundern begann. Urban II. wollte jetzt eine härtere Gangart einschlagen. Förderlich dafür war es, daß er sich seit 1094 mit Hilfe der mächtigen Pierleoni in Rom endlich etablieren konnte. Der Lateran war von nun an fest in seiner Hand, und jetzt konnte der Schritt gegen den König von Frankreich vollzogen werden: Philipp wurde exkommuniziert.

Gleichzeitig erließ Urban II. in Clermont ein umfangreiches Reformdekret, das eine neue Phase im Investiturstreit einläutete. Zunächst wurden nur die Investiturverbote erneuert. Doch daran wurde ein aufsehenerregender Beschluß angehängt: «Kein Bischof oder Priester darf dem König oder irgendeinem Laien in die Hände den Lehnseid (*ligiam fidelitatem*) leisten.»[28] Dieser Satz besagt nicht weniger, als daß damit der Lehnseid des Bischofs, der bisher bei der Investitur die Regel war, verboten wurde. Kein Bischof sollte fürderhin im Belehnungsritual seine Hände in diejenigen eines Königs oder eines weltlichen Herrn legen und sich ihm als Lehnsmann in einer persönlichen Verpflichtung unterstellen.[29]

Dieses Verbot ist in höchstem Maße bemerkenswert. Es zeigt, daß die Kirche in ihrem Verhältnis zur ‹Welt› in eine neue Phase eingetreten war. Für Gregor VII. war der Lehnseid noch gar kein Thema gewesen, solange eine Bischofserhebung in Gehorsam vor dem Papst erfolgte. Welt und Kirche blieben bei ihm verknüpft, sofern der Kirche der Vorrang zuerkannt wurde. Darum ging es in Canossa. Unter Urban II. aber erfolgte ein entscheidender weiterer Schritt: Die Bischöfe sollten aus allen lehnsmäßigen Bindungen an den König vollständig herausgelöst werden. Jetzt ging es nicht mehr – wie noch unter Gregor VII. – darum, daß die Kirche den Vorrang in einer Gesamtordnung anstrebte, sondern um das Abstreifen aller Bestandteile weltlicher Herrschaft. Das Kampfmotto «Freiheit der Kirche» (*libertas ecclesiae*) wurde damit ganz anders verstanden als noch unter Gregor VII. Dieses neue Verständnis von «Freiheit» ließ Urban II. auf dem Konzil von Clermont eigens formulieren: «Die Kirche sei rechtgläubig, rein und frei», und zwar «frei von jeder weltlichen Gewalt» (*libera ab omni saeculari potestate*).[30] Eine solche Bestimmung hatte nichts mehr zu tun mit dem Kampf zwischen ‹Guten› und ‹Bösen›. Nun ging es um rechtliche Zuordnungen oder Abhängigkeiten. Das Bischofsamt sollte fortan kein «Amt des Reichs» (*honor regni*) mehr sein, sondern ein rein «kirchliches Amt» (*honor ecclesiasticus*). Gedanklich war damit die entscheidende Stufe in der Trennung von Kirche und Welt im Sinne von weltlicher Herrschaft erreicht.

Freilich, diese Beschlüsse von Clermont blieben zunächst weitgehend unbeachtet. Der französische König war weiterhin mit seinem Eheproblem beschäftigt. Vor allem aber wurde auf dem Konzil von Clermont der Erste Kreuzzug verkündet. Die Idee des Kreuzzugs erfaßte die Großen Frankreichs wie eine gewaltige Woge und lenkte ihre Aufmerksamkeit in ganz andere Bahnen.

Dennoch ging die Investiturfrage in Frankreich keineswegs unter. Eine entscheidende Rolle für den weiteren Verlauf spielte dabei Bischof Ivo von Chartres (1090–1116). Er darf als einer der herausragendsten Rechtsgelehrten dieser Zeit gelten. Berühmt ist der ‹Prolog› zu seiner kirchenrechtlichen Sammlung. Darin legte er die Prinzipien seiner Rechtsvorstellungen dar.[31] Dabei wurde er von dem Grundsatz geleitet, daß das kanonische Recht nicht im Sinne strenger Gerechtigkeit angewendet werden dürfe;

vielmehr müsse man mit Mäßigung (*moderatio*) und Gnade (*misericordia*) arbeiten. Kirchliche Vorschriften seien nach den Grundsätzen der Liebe (*caritas*) auszulegen. Außerdem gebe es neben den ewigen göttlichen und unveränderlichen Gesetzen auch diejenigen, die von den Konzilien, den Päpsten und den Kirchenvätern vorgegeben worden seien. Diese seien durchaus veränderbar, denn sie könnten durch eine Einzelfallanordnung (*dispensatio*) außer Kraft gesetzt werden. Das war ein wichtiger Schritt im Rechtsdenken, denn damit wurde das Kirchenrecht flexibler anwendbar.

Auch das päpstliche Investiturverbot konnte auf dieser Grundlage differenzierter angegangen werden. Das versuchte Ivo in einem Brief darzulegen, den er 1097 an Hugo von Die schrieb, der seit 1081 Erzbischof von Lyon war.[32] Hugo hatte weiterhin unbeirrt jeden weltlichen Einfluß im kirchlichen Bereich bekämpft. Nun versuchte Ivo, ihn zu besänftigen und ihm zu erklären, daß die Geltung des päpstlichen Investiturverbots mit Augenmaß anzuwenden sei. Die königliche Investitur, so führte er aus, beziehe sich nur auf den Landbesitz und andere weltliche Güter der Kirche, also auf die «Temporalien» (das Weltliche). Der geistliche Bereich, die «Spiritualien», seien davon ganz unberührt. Die Eigentumsrechte am Besitz seien aber an die weltliche Rechtsordnung gebunden. Innerhalb dieser Rechtsordnung sei ein Rechtsakt des Königs völlig legitim. Welche Symbole dabei Verwendung fänden, sei unbedeutend. Sie hätten von vornherein keinen sakramentalen Charakter. Das Investiturverbot gehöre außerdem nicht zu den ewigen Gesetzen. Deshalb könne es im Einzelfall durch einen Dispens aufgehoben werden.[33]

Bei Hugo hatte Ivo von Chartres keinen Erfolg. Auch Papst Urban II., vor den die ganze Sache gebracht wurde, hat Ivos Investiturthesen nicht weiter kommentiert, so daß der Eindruck eines Mißerfolgs entstehen könnte. Aber man kann auch sehen, daß Ivo mit seinen Überlegungen offenbar die Entwicklung der Investiturpraxis in Frankreich im ausgehenden 11. Jahrhundert widerspiegelt. In den Quellen dieser Zeit kommt die Investitur in der Verbindung «mit Ring und Stab» gar nicht mehr vor. Offenbar verzichtete König Philipp I. darauf. Und es scheint auch so zu sein, daß er den Lehnseid von den Bischöfen nicht mehr forderte, sondern daß die französischen Bischöfe nur mehr den Treueid leisteten. Vom bischöflichen Lehnseid ist in Frankreich jedenfalls seit 1095 keine Rede mehr. Die Investitur mit dem Bischofsstab hat Philipp I. in einigen Fällen noch vorgenommen, aber auch sie ging nun zu Ende. Das alles deutet darauf hin, daß man sich in Frankreich am Ende des Pontifikats Urbans II. bereits in einer Phase des Übergangs befand.

Die Früchte konnte Urbans Nachfolger, Papst Paschalis II. (1099–1118), ernten. Im Jahre 1107 traf er sich mit König Philipp und dessen Sohn Ludwig VI. in Saint-Denis. Philipp hatte sich 1104 endlich von seiner zweiten Frau Bertrada getrennt und war daher wieder in die Gemeinschaft der Kirche aufgenommen worden. Das Kloster Saint-Denis hatte längst den Rang eines besonderen Zentrums der französischen Herrschaftslegitimation erlangt. Dort fand nun vom 30. April bis zum 3. Mai 1107 in feierlichstem Zeremoniell die wahrlich schicksalhafte Unterredung mit dem Papst statt.[34] Es ging um den «Zustand der Kirche» (*status ecclesiae*), die «Deutschlandpolitik» des Papstes und die Investitur der Bischöfe.

Ein förmliches Konkordat wurde dabei nicht abgeschlossen. Aber alles deutet darauf hin, daß sich die Beteiligten darin einig waren, daß die Investitur mit Ring und Stab in Frankreich praktisch nicht mehr vorkäme. Der König begnügte sich ganz offiziell mit der «Gewährung» (*concessio*) der Besitzungen an einen neuen Bischof und verlangte nur mehr einen Treueid. Auf dieser Grundlage schloß man ein Freundschaftsbündnis, eine Bundesgenossenschaft zwischen dem Papst und dem Königshaus der Kapetinger. Die beiden Könige versprachen, «den heiligen Petrus und seinen jeweiligen Nachfolger zu unterstützen, die Kirche zu beschützen und so, wie es die Sitte der früheren fränkischen Könige, Karls des Großen und anderer war, den Tyrannen und Feinden der Kirche und ganz besonders dem Kaiser Heinrich tapfer Widerstand zu leisten».[35] Darauf legten Philipp I. und Ludwig VI. den Eid ab.

Dieser Akt von Saint-Denis 1107 war der Auftakt für eine Entwicklung, in der sich das Ordnungsgefüge im christlichen Europa in hohem Maße veränderte. «Ganz besonders gegen Heinrich» schloß man sich zusammen, das heißt, gegen Heinrich V., den Nachfolger Heinrichs IV. Der deutsche König war zum Hauptfeind der Kirche geworden. Der König von Frankreich dagegen hatte sich für die ‹gute› Kirche entschieden. Die «Ehre der Kirche» ging hier Hand in Hand mit der «Ehre des Reichs», sie wurden eins. Frankreich übernahm als Bundesgenosse des Papsttums und der Kirche von nun an «eine wahrhaft europäische Aufgabe».[36]

Auf diese Weise war der ‹Investiturstreit› in Frankreich ohne großes Aufheben zu Ende gegangen. Auch mit England war zur selben Zeit eine Einigung erzielt worden. Dort hatte das Königtum im 11. Jahrhundert eine starke Stellung gegenüber den Bischöfen aufgebaut, gleichsam eine ‹Staatskirche›. Die Könige Wilhelm II. Rufus (1087–1100) und Heinrich I. (1100–1135) bestanden darauf, die Einkünfte verstorbener Bischöfe rigoros zu nutzen, was die Wiederbesetzung von Bistümern mitunter sehr verzögerte. Das Erzbistum Canterbury blieb auf diese Weise vier Jahre lang ohne Erzbischof. Erst 1093 wurde Anselm, der frühscholastische Theologe aus dem Aosta-Tal, als neuer Oberhirte und damit Primas der anglonormannischen Kirche vom König eingesetzt – mit Ring und Stab! Zwischen ihm und dem König kam es aber rasch zu Spannungen, die so weit gingen, daß Wilhelm II. dem Erzbischof verbot, sich in Rom das Pallium, die päpstliche Bestätigung seiner Würde, zu holen.[37]

Papst Urban II. reagierte auch in diesem Fall mit einer pragmatischen Politik. Ihm ging es – wie bei den Reichsbischöfen – vor allem um seine eigene Anerkennung. Dafür machte er 1095 König Wilhelm II. erstaunliche Zugeständnisse: Ein Legat überstellte dem Erzbischof von Canterbury das Pallium nach England, und, noch bemerkenswerter, Anselm fügte in seinen kirchlichen Amtseid die Worte ein: «unter Vorbehalt der Treue gegenüber dem König» (*salva fidelitate domini sui regis*). Der Eid gegenüber dem Papst war also durch einen Treuevorbehalt gegenüber dem König eingeschränkt! Urban II. nahm dies hin, um Anselm von Canterbury zu retten. Auch den Peterspfennig von England konnte er nun wieder entgegennehmen. Aber entschieden war nichts. Vor allem das Verbot des Lehnseides von 1095 verschärfte die Situation in England erneut.

Erst Papst Paschalis II. führte hier eine Lösung herbei. Am 21. Juli 1105 wurde in L'Aigle in der Normandie ein Kompromiß erreicht, der dem englischen König «einige ererbte Gebräuche» bei der Bischofserhebung einräumte. Die Investitur sollte allerdings ausgeschlossen sein. In den weiteren Verhandlungen ließ sich der König von England tatsächlich darauf ein, auf das Investiturrecht zu verzichten. Dafür machte ihm Paschalis II. das Zugeständnis, daß der König von den Bischöfen den Lehnseid fordern dürfe. Das Entgegenkommen fiel Paschalis II. schwer. Er konnte nur alle Hoffnung darauf setzen, daß dereinst «mit Hilfe des allmächtigen Gottes das Herz des Königs zum Verzicht auf die Huldigung erweicht wird». Im August 1107 stimmte der Hof in London dieser Lösung zu. Auch der englische ‹Investiturstreit› war damit beendet.

Nur der deutsche ‹Investiturstreit› harrte noch der Lösung. Hier aber hatte ‹Canossa› noch so große Nachwirkungen, daß der Kampf zwischen König und Papst sich in gewisser Weise nochmals wiederholte.

11. *Der Verrat Heinrichs V.: Die ‹Einheit der Welt› zerbricht erneut*

*D*as Ende von ‹Canossa›, so wird man sagen müssen, war im Reich auch beim Tod Papst Urbans II. 1099 noch nicht erreicht. Dieser Papst hatte in den letzten Jahren seiner Amtszeit in geschickter Politik eine Annäherung an Kaiser Heinrich IV. gesucht und vor allem versucht, die Position seiner Anhänger im Reich zu stärken. Aber die Investiturfrage war hier einfach ausgeklammert worden. Noch 1107 konnte ein profilierter Reformbischof wie Reinhard von Halberstadt (1107–1123), der vom König mit Ring und Stab investiert worden war, zu seiner Verteidigung vorbringen, er habe von einem Investiturverbot für Laien nie etwas gehört.[1] Aber das sollte sich jetzt ändern. Diese letzte Phase eines Prozesses, der mit ‹Canossa› seinen Auftakt genommen hatte, ist eng verknüpft mit Papst Paschalis II. (1099–1118).[2]

Nach dem Tod Urbans II. war die Neuwahl verhältnismäßig rasch erfolgt. Schon am 13. August 1099 einigte man sich auf Rainer, den Kardinalpriester von San Clemente, als neuen Papst. Dieser war einstmals Mönch eines unbekannten Klosters in den Abruzzen gewesen und unter Papst Gregor VII. zum Abt von San Lorenzo fuori le mura aufgestiegen, bevor er nach 1078 zum Kardinalpriester von San Clemente ernannt wurde. Unter Papst Urban II. war er als Legat in wichtigen Missionen in Frankreich und Spanien unterwegs (1089–1090). Wie sein Vorgänger fand er in Rom vor allem bei der mächtigen Familie der Pierleoni Unterstützung.

Die Quellen betonen die Einmütigkeit der Wahl. Die Entscheidung für den Namen Paschalis kann sich nur auf das Vorbild Paschalis' I. (817–824) bezogen haben. Dieser hatte vormals den Pakt mit Kaiser Ludwig dem Frommen geschlossen, das *Pactum Ludovicianum* von 817. Darin wurde dem Papst die völlige Eigenständigkeit in seinem Herrschaftsbereich (*Patrimonium*) sowie der Schutz der römischen Kirche durch den Kaiser zugesichert. Verträge mit Herrschern zu schließen: Dies kann als Programm auch für Paschalis II. stehen.

Die Politik Paschalis' II. war darauf ausgerichtet, die päpstliche Herrschaft in Rom und in Italien voranzutreiben. Am 17. November 1102 gelang es ihm, durch seinen Kardinallegaten Bernard die Markgräfin Mathilde von Tuszien dazu zu bewegen, die Schenkung ihrer Güter an die römische Kirche zu bestätigen. Der Text wurde in eine Marmorplatte eingemeißelt und diese am Eingang von St. Peter angebracht.[3] Freilich gibt die mathildische Schenkung manche Rätsel auf.[4] Im Mai 1111 übertrug die Markgräfin ihre Güter offenbar ein weiteres Mal, diesmal an den mit ihr verwandten Kaiser Heinrich V., ohne daß von seiten des Papstes dagegen Protest erhoben worden wäre.

Kennzeichnend freilich für seine Amtszeit wurde es, daß Paschalis II. in der Frage der Bischofsinvestitur mit Macht auf eine Entscheidung drängte. Die Lösungen, die er mit den Königen von Frankreich und von England herbeiführte, zeugen davon, daß er dabei auch zu erheblichen Zugeständnissen bereit war. Im Fall Frankreichs schien er am erfolgreichsten zu sein. Bei genauerem Hinsehen zeigt sich freilich, daß auch die neue Regelung dem französischen König, was seinen Einfluß auf die Bischofserhebung betraf, kaum Einbußen brachte.[5] Allerdings baute seine Stellung auf einer anderen Rechtsbasis auf.

Der bisherigen Tradition entsprach es zunächst noch, daß er in das Verfahren von Anfang an einbezogen wurde. War ein Bischof gestorben, so holte eine Delegation der entsprechenden Kirche nicht nur beim zuständigen Metropoliten, sondern auch beim König eine Wahlgenehmigung (*licentia eligendi*) ein. Sie galt als ein vom König verliehenes Privileg. War ein neuer Bischof nach den Vorgaben der ‹kanonischen Wahl› gewählt worden, so mußte er dem König zuerst präsentiert und die Wahl vom König bestätigt werden.

Das entscheidende Instrument aber, das ihm nun an die Hand gegeben wurde, war das «Konzessionsrecht» (*concessio*). Der König «konzedierte» dem neugewählten Bischof die Güter und Rechte seines Bistums. Der Übertragungsakt wurde nicht mehr in den Formen einer Lehnsbindung vorgenommen, sondern als Vertrag aufgefaßt. Sowohl der Bischof wie auch der König hatten bestimmte, deutlich umrissene und festgelegte Leistungen zu erbringen. Das persönliche Verhältnis reduzierte sich auf den Treueid. Somit wurde die Zuordnung von König und Bischof, jedenfalls in einem ersten Schritt, von persönlichen Bindungen gelöst und ein Stück weit auf eine vertragliche Ebene gehoben. Man könnte sagen, daß sich hier ein erster Schritt zu einer ‹Verstaatlichung› im Verhältnis von König und Kirche anbahnte.

Von solchen Entwicklungen war man im Reich weit entfernt. Hier ging die Entwicklung zunächst in eine ganz andere Richtung, nämlich zurück zur alten Einheitsidee von ‹Priestertum› (*sacerdotium*) und Königsherrschaft (*regnum*).[6] Daß die Entwicklung im Reich so anders verlief, hatte gewiß verschiedene Ursachen. Aber eine, nicht die unwichtigste, lag darin begründet, daß mit dem ‹deutsch-römischen Königtum› das Kaisertum verbunden war. Die Vorstellung, daß der Kaiser für den Frieden der Kirche und ihre Entfaltung zum Wohl und Seelenheil der Menschen besondere Verantwortung trage, war mit ‹Canossa› keineswegs untergegangen. Mit dem Wiedererstarken der Reformpartei in Rom seit den letzten Jahren Urbans II. und mit seinem steigenden Ansehen wuchs jedoch auch die Überzeugung in der Christenheit, daß die vom Kaiser geförderten ‹Gegenpäpste› Statthalter des Bösen sein müßten. Das Reich, das den Kaiser stellte, war von dieser Problematik zwangsläufig viel stärker betroffen als die anderen Reiche. Hier mußte die Sorge darüber, ob nicht doch Heinrich IV. der Urheber des Schismas sei und damit die Kirche in den Abgrund führe, besonders stark wirken. Die ‹Guten› in der Reichskirche begannen sich um 1100 wieder zu sammeln.

Doch es kam noch ein zweiter Aspekt hinzu. Schon fast ein halbes Jahrhundert hatte Heinrich IV. das Reich regiert. Viele der Menschen kannten nur ihn als König und Kaiser. Fast alle konnten sich an kaum etwas anderes erinnern als an den ständigen

Bürgerkrieg. Schon Jahrzehnte dauerte der Kampf oder doch zumindest die Feindseligkeit zwischen den Anhängern des Königs und denen der Reformpäpste an, ein Kampf, in den gewiß noch manch andere Interessen und Gegensätze einflossen. Auch dieser Schrecken des Lebens und all das Unglück mußten am Ende einen Schuldigen finden, und das konnte nur der Kaiser sein. Er war offenkundig nicht in der Lage, für Frieden zu sorgen.

Heinrich IV. erkannte diese Gefahr in seinen letzten Jahren. Er versuchte einen Ausgleich mit den Fürsten und der Reformkirche im Reich herbeizuführen. 1098 kam es zum Friedensschluß zwischen den streitenden Parteien: Die Staufer erlangten von allen Seiten die Anerkennung als Herzöge von Schwaben. Der Zähringer Berthold II., der seit 1092 ebenfalls als Herzog von Schwaben aufgetreten war, erhielt eine durchaus gleichwertige Entschädigung: Aus Reichsgut und Zähringer Herrschaften wurde am Oberrhein von Freiburg bis Zürich ein eigenes Herzogtum geschaffen. Es war nicht mehr auf den ‹Stamm› der Schwaben bezogen, sondern auf konkrete Herrschaftstitel. Die künftige Fürstenherrschaft kündigte sich an. Auch die Welfen durften wieder offiziell das Herzogtum Bayern übernehmen, das bis dahin Heinrich IV. in eigenen Händen gehalten hatte. Die Fürstenelite sollte auf diese Weise besänftigt und mit dem Kaiser versöhnt werden.

Gemeinsam mit ihnen suchte Heinrich IV. auch den Frieden für das gesamte Reich wiederzugewinnen. 1103 beschloß man daher in Mainz einen «Reichsfrieden»: «Kaiser Heinrich setzte mit eigener Hand den Frieden ein und bekräftigte ihn, und die Erzbischöfe und Bischöfe bestätigten ihn mit ihren Händen. Der Sohn des Königs beschwor ihn und die Fürsten des ganzen Reichs, die Herzöge, Markgrafen, Grafen und viele andere.» Kirchen, Priester und Mönche, Kaufleute, Frauen und Juden sollten besonders geschützt sein.[7]

Auch mit dem neuen Papst, Paschalis II., strebte Heinrich IV. Friedensverhandlungen an. Nach dem Tod Papst Clemens' III. am 8. September 1100 bestanden dafür gute Voraussetzungen. Für Weihnachten 1100 lud der Kaiser die Fürsten nach Mainz, um «die Einheit der Kirche wiederherzustellen» (*reformande unitatis ecclesiastice ratio*).[8] Auch nach Rom sandte er Signale. Er trachte nach der «Einheit von Königtum und Priestertum» (*inter regnum et sacerdotium unitas*)[9], so ließ er mitteilen. Er war offenkundig bereit, das Schisma durch die Anerkennung Paschalis' II. zu beenden.

Aber war damit das eigentliche Problem zu lösen? Paschalis II. erachtete alle diese Bekundungen für wertlos, solange Heinrich IV. nicht die Bischofsinvestitur mit Ring und Stab aufzugeben bereit war. Aber hier gab es kein Nachgeben am Kaiserhof. Bischof um Bischof wurde nach alter Art investiert. Nach wie vor beanspruchte der alte Kaiser – wie einst sein Vater Heinrich III. – die sakrale Autorität gegenüber der Reichskirche. Und die Bischöfe erblickten darin nichts Böses. An diesem Punkt ist gut zu erkennen, daß all die Diskussionen um die Laieninvestitur, wie man sie in Frankreich geführt hatte, am Reich völlig vorbeigegangen waren. Man hatte den Anschluß an die verschiedenen Entwürfe und Lösungsvorschläge verloren. Auch ein Ivo von Chartres hat für die Beendigung des deutschen Investiturstreits nichts beitragen können.

Für Paschalis II. war das Verhalten Heinrichs IV. Grund genug, um in ihm weiterhin das «Haupt der Ketzer» (*caput haereticorum*) zu sehen.[10] Dieser habe nichts anderes vor, als «die Herrschaft über die Kirche Gottes aufzurichten und an heiligem Ort das Götzenbild des Simon zu verehren».[11] Der Papst seinerseits erneuerte auf der Lateransynode vom März 1102 ausdrücklich das Verbot der Laieninvestitur und des Lehnseids der Kleriker, also die Beschlüsse des Konzils von Clermont von 1095.[12] Zum ersten Mal wurde hier für den Lehnseid der lehnrechtlich spezifische Begriff *hominium* verwendet, eine Präzisierung der Sprache. Es war ein programmatischer Akt, und er war vor allem gegen Heinrich IV. gerichtet. Wenige Tage später, am 3. April 1102, verhängte Paschalis II. über ihn den Kirchenbann.

Heinrich IV. war endgültig zum Symbol einer überwundenen Weltordnung geworden. Er stand für das hartnäckig Böse in der Welt, das die Herrschaft über die Kirche nicht loslassen wollte. Er war es, der die Kirche daran hinderte, ihrem Auftrag zur

Heilsvermittlung nachzukommen, der sich in Canossa offenkundig nur zum Schein dem Papst unterworfen hatte und nicht anerkennen wollte, daß dessen Autorität nun über ihm stand. Das moralische Urteil über ihn war gesprochen. Mit ihm war kein Pakt mehr zu schließen.

So forderte Paschalis II. die Fürsten in Briefen auf, sich von dem «bösen Haupt» (*perverso capiti*) abzuwenden und sich in den Schoß der rechtgläubigen Kirche zu retten. Und in der Tat: Der Gedanke, das alte Übel in der Person des alten Kaisers zu überwinden, fand Widerhall. Eine junge Generation reformerisch eingestellter Fürsten war inzwischen herangewachsen, die bereit war, den Wechsel zu erzwingen. Der Weg führte über den jungen Königssohn, Heinrich V.[13]

Dieser, am 11. August 1086 geboren, war von seinem Vater schon 1099 zum Mitkönig erhoben worden. Ursprünglich war sein älterer Bruder, Konrad, zum Nachfolger im Königtum bestimmt gewesen.[14] Aber dieser war zur Partei der Kirchenreformer übergelaufen. Er hatte sich mit Papst Urban II. verbündet und war daher 1098 von Heinrich IV. abgesetzt worden. Am 27. Juli 1101 starb er einsam und verlassen in Italien. Auf Heinrich V. lag nun die ganze Hoffnung des salischen Hauses.

Aber war in dieser Zeit die Designation und Legitimation durch den Vater, das «Haupt der Ketzer», überhaupt noch gültig? Waren nicht schon in Forchheim 1077, bei der Wahl Rudolfs von Rheinfelden, ganz andere Kriterien entwickelt worden? Die Zeit, so könnte man sagen, verlangte nach einer anderen Begründung für das Königsamt. Der 18-jährige Königssohn ließ sich von solchen Überlegungen rasch überzeugen: Der alte Vater gefährde das Königtum des Sohnes und damit den Fortbestand der salischen Dynastie. Er müsse gestürzt werden. Mit diesem Ziel vereinigte sich Heinrich V. Ende 1104 mit einer Gruppe junger, mächtiger Adliger. Diese stammten in der Hauptsache aus dem Raum nördlich von Regensburg, nämlich aus dem Haus der Vohburger, der Sulzbacher und der Kastler.[15] Heinrich V. scheint vornehmlich in Regensburg aufgewachsen zu sein, so daß die Verbindungen aus dieser Zeit stammen dürften.

Eine junge Generation schloß sich damit gegen die ‹Ordnung der Alten› zusammen. Sie empörten sich gegen den autokratischen Herrschaftsstil Heinrichs IV., der in ihren Augen die aufsteigende Schicht der Dienstmannen (Ministerialen) über Gebühr förderte – zum Nachteil des Adels. Doch es ist auch deutlich zu erkennen, daß diese Gruppe der Jungen vom Gedankengut der Reformkirche erfüllt war. Überliefert ist ein Brief des Pfalzgrafen Friedrich von Sachsen an den Grafen Berengar von Sulzbach, ein führendes Mitglied der jungen Empörer. Darin wird um die Jahreswende 1104/1105 das gemeinsame Vorgehen begründet. Man müsse so handeln, ist da zu lesen, denn niemand werde Rettung finden in der Sintflut außer in der Arche, welche die Gestalt der Kirche trage.[16] Intensiven Kontakt pflegte man zudem mit dem ständigen päpstlichen Stellvertreter im Reich, Bischof Gebhard III. von Konstanz (1084–1110). Er, der Bruder des Zähringer-Herzogs Berthold II., war zur Schlüsselfigur der päpstlichen Interessen im Reich geworden. Von Paschalis II. wurde er «das Auge der Kirche» genannt[17], wachsam um das Seelenheil der Menschen bemüht.

Wie ein Steppenbrand griff nun der Abfall vom alten Kaiser um sich. Der Bürgerkrieg begann von neuem. Wieder kämpften ‹Gute› gegen ‹Böse›, die Anhänger des Sohnes gegen die des Vaters.[18] Ende 1105 gelang Heinrich V. schließlich ein großer Erfolg. Er lockte seinen Vater in eine Falle, indem er Versöhnungsbereitschaft vorspielte. In Koblenz warf er sich ihm zu Füßen und erbat die väterliche Gnade. Der Vater war gerührt. Man umarmte sich. Beide vergossen Tränen und versicherten sich gegenseitig, künftig immer zusammenbleiben zu wollen. Gemeinsam begaben sie sich auf den Weg nach Mainz, wo für die Weihnachtszeit ein großer Hoftag anberaumt war. In Bingen, kurz vor Mainz, jedoch überredete der Sohn den Vater, zu seiner Sicherheit sich auf die Burg Böckelheim an der Nahe zu begeben. Dort eingetroffen, wurde Heinrich IV. in den Kerker geworfen. Burg Böckelheim gehörte dem Bischof Gebhard von Speyer, dem ehemaligen Abt von Hirsau und erbitterten Feind des Kaisers. Dieser sorgte für strengste Kerkerwacht an den

Abb. 16 Übergabe der Reichsinsignien von Heinrich IV. auf Heinrich V., Staatsbibliothek Berlin, Stiftung Preußischer Kulturbesitz, Cod. lat. 295, fol. 99 r

Weihnachtstagen 1105. Heinrich IV. war erneut verlassen, noch einsamer als 1076.

Um die Jahreswende wurde er dann in die Pfalz Ingelheim unweit von Mainz gebracht. Die Drohungen und der Druck, der auf ihn ausgeübt wurde, waren so stark, daß er schließlich in seine Abdankung einwilligte. Reichskreuz, heilige Lanze und die übrigen Reichsinsignien lieferte er aus. Rasch wurde dieses Ergebnis nach Mainz gemeldet, wo sich das Reich versammelt hatte. Der ganze Hoftag, so wird bei Ekkehard von Aura geschildert, «brach über diesen Erfolg in Jubel aus». Den meisten Großen im Reich schien dies wie das Ende eines Alptraums. Beglückt wählte man nun am 5. Januar 1106 den jungen Salier zum König, und zwar, wie ausdrücklich erwähnt wird, «zum zweitenmal»[19], diesmal nicht auf Weisung des Vaters, sondern auf der Grundlage einer freien Wahl, so wie 1077 bei Rudolf von Rheinfelden. Nun schien man einen guten König zu haben. Er stammte zwar auch aus dem Haus der Salier, aber man hatte ihn in gemeinsamer Wahl als geeignet befunden. Auf ihm ruhten nun die Hoffnungen des Reichs. Mit ihm sollte die neue Einheit und der Friede in Kirche und Reich einkehren.

Man muß sich die gewaltige Euphorie dieser Situation vor Augen führen. Der Mönch Ekkehard schrieb damals, unter diesem Eindruck stehend, an den neuen König: «In deinen goldenen Zeiten, mein König – oh mögest du in Ewigkeit leben! – sehe ich, Ekkehard, ein unbedeutender und kleiner Mensch, nach jahrelanger Not wieder Erträge. (...) Du bist ja, Herr der Völker, das Oberhaupt, das die Trauernden endlich vom Vater des Lebens erlangten. Deshalb folgt dir mit großer Zuneigung jedes katholische und rechtgläubige Glied der Kirche. Sich aus dem Staub erhebend, wünscht dir der römische Erdkreis von Meer zu Meer, ja die ganze Welt vom Aufgang der Sonne bis zum Untergang, in unsagbarem Jubel Glück!»[20] Hier war sie wieder, die Idee einer christlichen Welt, die Idee des «römischen Erdkreises von Meer zu Meer» (*Romanus orbis a mari usque ad mare*), der den Geboten des Papstes gehorchte. Das war die Sprache Gregors VII., die sich inzwischen durchgesetzt hatte. Aber auch die alte Idee vom

König als dem Haupt, auf das sich «jedes rechtgläubige Glied der Kirche» richte, klingt wieder an, das traditionelle Bild der Einheit in der Weltordnung.

Der Kaiser, Heinrich IV., war ins Mark getroffen. Sein eigener Sohn hatte ihn listig getäuscht. Er schrie seine Empörung in alle Welt. In Briefen prangerte er «das Ungeheuerliche des unerhörten Verrats» an. «Nur mit Schmerz und in völliger Fassungslosigkeit können wir zu Gott rufen mit den Worten des königlichen Psalmisten, als dieser dem ähnlich geratenen Sohn entfloh: ‹Herr, wie sind derer so viele geworden, die mich bedrängen›!»[21]

In der modernen Geschichtsschreibung wird der junge Salier gerne als herzlos und grausam beurteilt. Ein Verrat am eigenen Vater! Zudem hatte er einst seinem Vater einen Eid geleistet, sich niemals gegen ihn zu erheben. War nun auch er, wie einst die Bischöfe und Fürsten 1076, meineidig geworden? Rasch sandte er eine Gesandtschaft an den Papst, um sich mit apostolischer Autorität von diesem Eid befreien zu lassen. Die Eideslösung durch den Papst für die Sache des ‹Guten› war also inzwischen anerkannt. Der Jubel, der das ganze Reich erfaßt haben soll, zeugt ebenfalls davon, daß man die Tat Heinrichs V. moralisch billigte. Unter den Teilnehmern der Mainzer Versammlung befanden sich die höchsten Würdenträger des Reichs, unter ihnen Erzbischof Ruthard von Mainz (1089–1109) und der päpstliche Legat, Bischof Gebhard III. von Konstanz. Daß sie in den Jubel miteingestimmt haben, davon darf man ausgehen.

Es ging um den Sieg der «Heerschar der Rechtgläubigen» (*exercitum orthodoxum*)[22], der «rechtgläubigen Gemeinschaft» (*communio catholica*), der ‹Guten›. Von ihnen, so die Worte Ekkehards von Aura, «die dem hl. Petrus und seinen Nachfolgern Treue und Gehorsam nach christlichem Gesetz bewahren», wurde Heinrich IV. endlich niedergeworfen, er, «der Erzpirat, der Fürst der Häretiker, der Abtrünnige und Verfolger der Seelen und Leiber».[23]

Hatte sich nicht nun das eigentliche ‹Canossa› für Heinrich IV. ereignet, so wird man fragen können. War er nicht jetzt doch noch von der Ordnungsidee Gregors VII. und all dem, was dadurch ausgelöst worden war, ereilt worden? Die Werteordnung hatte sich jedenfalls so sehr verändert, daß ihr der alte Kaiser das Feld räumen mußte. Den Schlag von Canossa hatte er überstanden. Denjenigen, der ihm durch den Aufbruch der neuen Generation zu Beginn des 12. Jahrhunderts zugefügt wurde, konnte er nicht mehr abwehren. Es gelang ihm zwar, aus der Haft in Ingelheim zu entfliehen, und er konnte auch noch damit beginnen, den militärischen Widerstand zu organisieren. Aber seine Kraft war gebrochen. Am 7. August 1106 starb er in Lüttich, von der Kirche verdammt und ausgeschlossen. Mehrere Jahre mußte sein Leichnam in ungeweihter Erde liegen, bevor sein Sohn die Lösung vom Bann erreichte und ihn 1111 im Dom zu Speyer in der salischen Grablege beisetzen konnte.

Das Reich aber schien gerettet. Man sammelte sich um den jungen König, das Haupt der neuen Gemeinschaft von Kirche und Königsherrschaft.[24] Gemeinschaftlich wollte man künftig für Glauben, Frieden und Einheit wirken. Das Reich schwelgte geradezu in der Hochstimmung der neuen Einheit von König, Bischöfen und Fürsten. Und doch wird man hinzufügen müssen, daß gerade hierin die Ursache begründet lag für einen neuerlichen Kampf zwischen König und Papst, der nun zum eigentlichen ‹Investiturstreit› im Reich wurde.[25] Die Reichsbischöfe nämlich waren derart erfüllt von ihrer neuen Handlungsgemeinschaft mit dem König, daß sie selbst nun die Investitur mit Ring und Stab in den Verhandlungen mit den päpstlichen Vertretern vehement als «Reichsrecht» zu verteidigen begannen.

Die Position, die von den «Rechtgläubigen» im Reich vertreten wurde, reichte sogar über die Konzeption Heinrichs IV. hinaus. Dieser und seine Helfer hatten die gleichrangige Eigenständigkeit von kirchlicher und weltlicher Gewalt vertreten. Die Zweigewaltenlehre war dafür der gedankliche Ansatzpunkt. Nun aber wurde das Ordnungsmodell aus der Mitte des 11. Jahrhunderts wiederbelebt. Der Stellvertreter des himmlischen Königs stand an der Spitze des ihm anvertrauten Reichs, in das sich die Kirche völlig integriert sah.[26] Es war wie das letzte Aufleuchten einer versunkenen Idee, könnte man sagen, denn schon kurze Zeit später war alles verändert.

Heinrich V., noch immer erfüllt von seinem Auftrag durch Bischöfe und Fürsten, bereitete 1109 und 1110 seinen Romzug vor. Der rechtgläubige Herrscher mit seinem neu geeinten Reich konnte berechtigten Anspruch auf die Kaiserkrönung vortragen. Gesandtschaften gingen hin und her, denn die Investiturfrage mußte vorher geklärt sein. Doch Paschalis II. sah sich angesichts der engen Verbindung von Kirche und Königtum im Reich einer schier unüberwindbaren Barriere gegenüber. Auch die meisten der deutschen Bischöfe hingen zwar der Reform an, aber sie vertraten ein ganz anderes Modell einer reformkirchlichen Heilsgemeinschaft als der Papst. Wie konnte sich Paschalis II. hier behaupten?

Der einzige Ausweg, der ihm blieb, bestand darin, die blockartige Aktionsgemeinschaft von König und Bischöfen zu zerbrechen. Paschalis II. erkannte, daß ein Verzicht des Königs auf die Bischofsinvestitur nur dann zu erreichen war, wenn dieser enge Zusammenschluß von König und Bischöfen im Reich aufgelöst würde. Der Papst mußte versuchen, die neue Einheit im Reich zu sprengen.

Heinrich V. war inzwischen Ende August 1110 mit einem gewaltigen Heer nach Rom zur Kaiserkrönung aufgebrochen. Es sollte ein großartig inszenierter Beginn einer neuen Kaiserherrschaft werden. In der Kirche Santa Maria in Turri in der Leostadt von Rom trafen die Delegationen am 4. Februar 1111 aufeinander, um den Durchbruch in der Investiturfrage zu erzielen. Und in der Tat: Der Vorschlag, der von päpstlicher Seite vorgelegt wurde, war ebenso sensationell wie verlockend. Vor der Kaiserkrönung, so das Angebot, würde der Papst allen Bischöfen den Befehl erteilen, die Güter und Rechte, die sie vom König und vom Reich erhalten hatten, also die ‹Regalien›, an Heinrich zurückzugeben. Grafschaften und Vogteien, Zölle und Märkte, Städte und Dörfer, alles sollte den Bischöfen entzogen werden. Der König, so der weitere Vorschlag, könne dann seinerseits auf die Investitur der Bischöfe vollkommen verzichten. Von einem armen Bischof brauche er weder einen Lehnseid noch einen Treueid einzufordern. Die engsten Berater des Saliers, zum großen Teil die Gefährten der ersten Stunde, gingen auf das Angebot ein.

Es war das vollständige Gegenmodell zum bisherigen Einheitskonzept der Reformgemeinschaft. Es war vor allem gegen die Idee einer gemeinschaftlichen religiösen ‹Heilsgemeinschaft› selbst gerichtet, denn der König seinerseits sollte mit dem Vorschlag vom 4. Februar aus den kirchlich-sakralen Belangen völlig ausgeschieden werden. Sein Anliegen wurde auf rein materielle Dinge, die ‹Regalien›, reduziert. Jetzt sollte er wirklich ‹entsakralisiert› werden.

Am 12. Februar 1111 begannen die Feierlichkeiten zur Kaiserkrönung in der Peterskirche in Rom. Heinrich V. küßte dabei die Füße des Papstes, ein Ritual, das hier erstmals bei einer Kaiserkrönung überliefert ist. Allen Beteiligten sollte die neue Harmonie und die Ehrerbietung des künftigen Kaisers vor Augen gestellt werden. Doch dann kam es zum Eklat. Als Paschalis II. vereinbarungsgemäß unmittelbar vor dem geplanten Krönungsakt an die Bischöfe den Befehl ausgab, von nun an auf die Regalien zu verzichten, schlugen die Wellen der Empörung hoch. Angeleitet von der hohen Geistlichkeit kam es zu heftigen Tumulten. Niemals, so schrien die Bischöfe durcheinander, wollten sie die Kaiserkrone mit der Vernichtung ihrer Kirchen bezahlen. Der ganze feierliche Akt brach im Chaos zusammen.

In dieser vollkommen verworrenen Situation ließ Heinrich V. den Papst und die Kardinäle in Gewahrsam nehmen, um wenigstens den Status quo zu retten – und machte damit den Fehler seines Lebens. Er vergriff sich am heiligen Amt des Papstes, an der göttlichen Einrichtung des Papsttums! Als er dann Paschalis II. noch dazu zwang, ihn am 13. April 1111 zum Kaiser zu krönen und am Tag zuvor auf eine Abmachung einzugehen, nach der Heinrich V. auch weiterhin Bischöfe mit Ring und Stab investieren dürfe, stand das Urteil für immer fest. Von nun an galt der Salier als grausamer Gewaltmensch. Als Tyrann und Verfolger der Kirche war er auf ewig gebrandmarkt. Zorn, Empörung und Verachtung konzentrierten sich auf ihn. ‹Canossa› hatte auch den Sohn erreicht.

Die Hochstimmung der Anfangsjahre hatte damit völlig umgeschlagen. Für die Bischöfe war nicht der Papst, sondern der König der Verräter. Er hatte es zulassen wollen, daß sie, die Bischöfe, aus der gemeinsamen Verantwortung für die neue Einheit von Kirche und Welt ausgeschlossen werden sollten. Das bedeutete die schlimmste Kampfansage, die für sie denkbar war. Nun begannen sie, sich wieder vom König zu trennen und gegen ihn zu agitieren. Nun unterstützten sie mit großem Nachdruck die Forderung des Papstes, der Kaiser habe auf die Investitur der Bischöfe vollkommen zu verzichten. Vor allem der zunächst engste Vertraute, Erzbischof Adalbert von Mainz (1109–1137), wurde zu Heinrichs erbittertem Feind. Aber auch andere Bischöfe wie Erzbischof Konrad I. von Salzburg (1106–1147) oder Friedrich I. von Köln (1100–1131) rückten ganz vom Hof ab und organisierten den Widerstand und, soweit dies in diesen Jahren möglich war, den Aufbau ihrer Amtsherrschaften. Nicht mehr der König, sondern nur noch sie selbst sollten darin die oberste Autorität darstellen. Entsprechende Privilegien stellten sie ihren Klöstern und Kirchen aus. Auch das Bürgerprivileg für Mainz von 1119 ist das erste, das im Reich von einem Bischof und nicht vom König gewährt wurde. Es ist heute noch zu sehen, eingraviert in die Bronzetüren des Mainzer Doms.

Aber noch stand der letzte Akt aus. Noch immer war die Investiturfrage im Reich ungelöst. Die Bischöfe, aber auch andere Fürsten, setzten den Kaiser unter Druck und stellten ihn im Herbst 1121 in Würzburg vor ein Ultimatum. Das ‹Reich›, so beschieden sie ihn, habe sich gegen ihn zusammengeschlossen und würde ihn notfalls zu einem Ausgleich mit dem Papst zwingen. Das ‹Reich› begann sich vom König zu trennen. Erstmals wurde es im Verständnis der Fürsten von ihnen repräsentiert, nicht mehr vom König. Vom Chronisten Ekkehard von Aura wurden sie gar als «die Häupter des Reichs» bezeichnet.[27] Sogar in der Position des weltlichen Oberhauptes machten sie dem Herrscher den Rang streitig. Welch ein Abstieg des Königs, der sich vor ‹Canossa› noch als das Haupt des «Leibes Jesu», der Gemeinschaft von Kirche und ‹Welt›, gesehen hatte!

Damit wurden die Verhandlungen eingeleitet, die zum Wormser Konkordat von 1122 führten. Auf dem Papstthron saß inzwischen Calixt II. (1119–1124). Mit ihm schlossen die Reformbischöfe eine enge Interessengemeinschaft gegen den Kaiser, der längst vom Kirchenbann getroffen war. Aber die Anhänger Heinrichs V. verteidigten immer noch zäh die alten Rechte. Die Gespräche verliefen, wie den späteren Reaktionen zu entnehmen ist, äußerst kontrovers. Dies spiegelt sich auch im Wormser Konkordat selbst. Es wurde am 23. September 1122 zwischen den päpstlichen Legaten, Heinrich V. und den Fürsten auf den Lobwiesen vor der Stadt Worms geschlossen[28] und brachte einen Ausgleich. Doch in einem entscheidenden Punkt blieb es völlig unpräzise.

Eindeutig waren die Versicherungen des Kaisers, er verzichte künftig auf die Investitur mit Ring und Stab (*per anulum et baculum*) und gewähre freie kanonische Wahl und Weihe. Auch die Zusicherung der Besitzungen und Regalien an den hl. Petrus und die Wiedergutmachungen für die Bischöfe und Fürsten des Reichs waren unmißverständlich. Aber die Formulierungen zur Bischofserhebung zeigen, daß hier bis zuletzt gerungen wurde. Nur bei den Bischofswahlen im «deutschen Reich» (*Teutonicum regnum*) dürfe der König anwesend sein, nicht aber bei denen in Italien oder Burgund. Vor allem die Einweisung des neuen Bischofs in die Besitzungen seines Bistums war eine heikle Angelegenheit. Sie sollte im «deutschen Reich» nach der freien Wahl vom König durch das «Szepter» (*per sceptrum*) vorgenommen werden. Dann sollte der Neugewählte «das, was er infolgedessen Dir (dem König) dem Rechte nach schuldet, leisten»: *et quae ex his iure tibi debet faciat*! Man spürt richtiggehend, daß auf jede Weise vermieden werden sollte, das Ungeheuerliche auszusprechen: den Lehnseid! Seit 1095 durfte dieser gar nicht mehr sein! Die Formulierung im Wormser Konkordat ließ zudem offen, ob nicht möglicherweise ein Treueid reichen würde. Noch jahrelang hat der harte Kern der Reformer im Reich, allen voran Erzbischof Konrad I. von Salzburg, gegen den Lehnseid angekämpft – am Ende vergebens.

Diese Regelung des Investiturproblems im Reich war ein später Kompromiß, bei dem sich weder Kaiser noch Papst als Sieger sehen konnten. Die geistlichen Symbole Ring und Bischofs-Stab waren dem König von nun an verwehrt. Das war der Erfolg der Kirchenreform. Damit war erreicht, daß die geistliche Sphäre des Bischofsamtes – und damit überhaupt der innerkirchliche Bereich – nicht mehr in die Kompetenz des Königs fiel. Die Trennung des ‹Weltlichen› (Temporalien) vom ‹Geistlichen› (Spiritualien) war durchgesetzt.

Mit dem Recht der Einsetzung der Bischöfe in die Temporalien – in Italien und Burgund allerdings erst nach der Weihe – behielt der König jedoch ein starkes Instrument der Einflußnahme. Daß diese Investitur in die weltlichen Güter rein lehnrechtlich ausgestaltet wurde und damit eine Parallele zur Vereinbarung mit dem englischen König von 1107 entstand, sollte sich bald zeigen. Erzbischof Adalbert von Mainz erkannte diese Konsequenz sofort und sah unmittelbar nach dem Abschluß des Konkordats darin eine schmerzvolle Niederlage der Reformpartei.[29]

Die großen Gewinner des Wormser Konkordats aber waren die Bischöfe. Ihre Stellung im Reich war nun abgesichert. Nie wieder, davon konnten sie nun ausgehen, sollte ihnen etwas Ähnliches widerfahren wie am 12. Februar 1111 in Rom. Nie wieder sollte von ihnen gefordert werden, auf alle Rechte und Besitzungen zu verzichten. Sie waren nun – rechtlich von Papst und Kaiser abgesichert – auf dem Weg zu geistlichen Reichsfürsten. Durch ihre lehnrechtliche Bindung an den König begann sich allmählich die gesamte Reichsstruktur zu ändern hin zu einer lehnrechtlichen Ordnung. Auch bei den weltlichen Fürsten schälte sich im späteren 12. Jahrhundert eine Spitzengruppe heraus, die sich lehnrechtlich definierte und abgrenzte. Das Reich begann sich – abgeleitet vom Wort *feudum* für Lehen – zu ‹feudalisieren›.

Schlußbemerkung

Wo liegt das Ende von ‹Canossa›? Gewiß nicht beim Wormser Konkordat, obwohl damit immerhin ein Punkt gekennzeichnet wird, an dem nun auch im deutschen Reich ein erster Schritt in der Trennung von Kirche und ‹Welt› abgeschlossen war. Aber ‹Worms› 1122 bildet nur eine Momentaufnahme in einem sich weiter vollziehenden Umbau der Ordnung im Reich und im Europa der westlichen Christenheit. Deshalb hat das Wormser Konkordat in den politischen Diskursen schon bald keine Rolle mehr gespielt.[1] Immer wieder gab es auch retardierende Phasen, so wie unter Friedrich I. Barbarossa (1152–1190). Er war der letzte Kaiser, der ‹Gegenpäpste› aufstellte und sich als Hüter der universalen Kirche verstand. Doch auch er mußte sich 1177 in Venedig schließlich der geistlichen Autorität des Papstes beugen und sich Alexander III., den er viele Jahre lang bekämpft hatte, unterwerfen.[2] 100 Jahre nach Canossa dauerte sein Bußzeremoniell nicht drei Tage, sondern drei Wochen.

‹Canossa› war ein Ereignis, aber es steht auch als historische Chiffre. Diese bezeichnet den Beginn und den Weg einer «Entzauberung der Welt». So hat Max Weber den Rationalisierungsprozeß umschrieben, bei dem die Einheit von religiöser und «staatlicher» Ordnung sich auflöst.[3] Dieser Vorgang birgt zwangsläufig neue regulative Ideen in sich, die den Wertekodex einer Gesellschaft zutiefst beeinflussen. Die Wahrheit und die Gerechtigkeit stechen im Umfeld von ‹Canossa› als ‹Leitideen› heraus. Sie förderten eine zunehmende Strenge in der Anwendung von Normen und Regeln. Gesetze und Vorschriften erhielten eine andere Verbindlichkeit als zuvor. Und es zeigen sich auch erste Ansätze dazu, den «staatlichen» Bereich durch eigene Gesetze zu regeln, etwa durch den zaghaften Rückgriff auf römisches Recht.

Der neue Wertekodex war, um seine Durchsetzungskraft zu

erhöhen, stark auf moralisches Urteilen ausgerichtet.[4] Verhalten und Handeln, das sich nicht einpaßte, wurde als böse diffamiert. Die extrem hervorstechende Polarisierung zwischen ‹Guten› und ‹Bösen› gehört daher zu ‹Canossa› und zu seinem Wandlungsprozeß. Die Personen, die an der Spitze dieser neuen Ordnung standen, verinnerlichten den Wertekodex. Deshalb hatte er Bestand, obwohl ein Gregor VII. persönlich scheiterte.

Nun ist es keineswegs so, daß sich die Kirche im Mittelalter – auch wenn dies von radikalen Reformern wie dem Gelehrten und Theologen Gerhoch von Reichersberg (gest. 1169) noch lange gefordert wurde[5] – wirklich aus der ‹Welt› zurückgezogen hätte. Ganz im Gegenteil dazu hat das Papsttum für geraume Zeit sogar eine Schiedsrichterrolle über die europäischen Völker und Reiche errichten können, und die Verflechtungen kirchlicher und weltlicher Interessen bestimmten das Leben der Menschen in hohem Maße. Aber letztlich war mit ‹Canossa› doch eine Entwicklung eröffnet worden, die den Keim in sich trug, daß die ‹Welt› ihren eigenen Gesetzen folgen und ihre eigenen Werte entwickeln konnte. Der Prozeß der ‹Rationalisierung›, den der gelehrte Erzbischof Anselm von Canterbury am Ende des 11. Jahrhunderts in die Formel der Erkenntnis «allein durch die Vernunft» (*sola ratione*) kleidete[6], war auf den Weg gebracht, auch wenn es bis zu seiner vollen Entfaltung noch vieler Jahrhunderte weiterer Ausformung bedurfte. Seine tiefsten Wurzeln reichen in die Tage von ‹Canossa›. Von hier gingen die ersten Impulse dafür aus, weltliche Lebensordnungen zu konzipieren, die Kirche als eigene Institution zu definieren und wissenschaftliche Methoden der Wahrheitssuche zu entwickeln. Erstaunlich rasch brachte es das «Licht der Vernunft» so weit, daß man an der Pariser Universität schon im 13. Jahrhundert wagte, Gottes Existenz zu leugnen.[7] Man konnte sich die Welt bereits gottlos vorstellen[8], auch wenn diese Auffassung auf Betreiben der Amtskirche sogleich wieder mit Nachdruck ausgelöscht wurde. Doch der Stein war ins Rollen gebracht und zog seine Bahn über manche Unebenheiten bis hin zur Aufklärung. Für die «Entzauberung der Welt» benötigte man einen langen Atem. Ihr Ausgangspunkt aber lag in ‹Canossa›.

Anmerkungen

Einleitung

1 Otto von Freising, Chronik, Buch VI, Kap. 35, S. 490: *Lego et relego Romanorum regum sive imperatorum gesta et nusquam invenio quemquam eorum ante hunc a Romano pontifice excommunicatum vel regno privatum.*

2 Ebd., S. 492/93.

1. Canossa – ein Ereignis, das die Welt erschüttert

1 Holder-Egger, Fragment eines Manifestes, S. 193.

2 Zum Datum der Exkommunikation Heinrichs IV. siehe Schmale in: Quellen zum Investiturstreit. Erster Teil, S. 206 f., Anm. 1.

3 Anders Kohnle, Abt Hugo von Cluny, S. 110–112.

4 Vgl. Hoffmann, Von Cluny zum Investiturstreit.

5 E. Goez, Der Thronerbe.

6 MGH D Heinrichs IV., Nr. 156.

7 Lampert von Hersfeld, Annalen, zu 1069.

8 Tilman Struve, War Heinrich IV. ein Wüstling?

9 Brunos Buch vom Sachsenkrieg, cap. 7.

10 Lampert von Hersfeld, Annalen, zu 1077.

11 Ebd., S. 396/7.

12 W. Goez, Markgräfin Mathilde von Canossa; E. Goez, Welf V. und Mathilde von Canossa; Laudage, Macht und Ohnmacht; Golinelli, Mathilde und der Gang nach Canossa.

13 Donizo von Canossa, Vita Mathildis; außerdem die grundlegende Urkundenedition: Die Urkunden und Briefe der Markgräfin Mathilde von Tuszien.

14 Oexle, Canossa.

15 Meyer von Knonau, Jahrbücher, Bd. 2, S. 757, Anm. 21.

16 Register (= Das Register Gregors VII.) IV, 12, S. 312 f.

17 Althoff, Spielregeln der Politik; Kamp, Friedensstifter.

18 Reuter, Unruhestiftung, S. 323.

19 R. Schieffer, Von Mailand nach Canossa; W. Goez, Canossa als *deditio*?

20 MGH Constitutiones 1, Nr. 66, S. 115.

21 Register VII, 14 a, S. 484, Anm. 5.

22 Register V, 7.

23 W. Goez, «… iuravit in anima regis».

24 Schubert, Königsabsetzung, S. 145 ff. sieht 1076 keine Absetzung des Königs. Anders Althoff, Heinrich IV.

25 Register VII, 10a, S. 270.
26 Cowdrey, Epistolae vagantes, Nr. 14, S. 38: *sed ab omni honore regni absque spe recuperationis debere destitui.*
27 Berthold von Reichenau, Chronik, S. 128/9.
28 Register VII, 14b, S. 484.
29 Beumann, Tribur, Rom und Canossa, S. 51.
30 Althoff, Spielregeln, S. 244.
31 Zimmermann, Der Canossagang, S. 3 ff.
32 Heinrich Heine, Sämtliche Gedichte, S. 410 f.
33 Grundlegend Zimmermann, Der Canossagang.

2. *Die ‹Einheit der Welt› unter Kaiser Heinrich III.*

1 Register IV,3, S. 298.
2 Register I,19, S. 32.
3 Weinfurter, Das Jahrhundert der Salier; Weinfurter, Ordnungskonfigurationen; Weinfurter, Investitur und Gnade.
4 Fried, Tugend und Heiligkeit.
5 Althoff, Der König weint.
6 Keller, Die Investitur.
7 Struve, Die Entwicklung der organologischen Staatsauffassung.
8 Abt Ekbert von Tegernsee an Heinrich III., Tegernseer Briefsammlung Nr. 125, S. 142, Z. 9.
9 Fried, Tugend und Heiligkeit.
10 Black-Veldtrup, Kaiserin Agnes (1043–1077).
11 Wipo, Proverbia, S. 67–69.
12 Weinfurter, Die Geschichte der Eichstätter Bischöfe, cap. 34.
13 Othloh von St. Emmeram, Liber visionum, S. 86: *Videtur mihi nulla maior culpa regum vel aliorum principum culpa, quam quod pauperum querelam student contemnere.*
14 Martin, Der salische Herrscher als Patricius Romanorum.
15 Petrus Damiani, Disceptatio synodalis.
16 Frauenknecht, Der Traktat «De ordinando pontifice»; Laudage, Priesterbild und Reformpapsttum.
17 Anselmi Gesta episcoporum Leodicensium, cap. 66, S. 230.
18 Ebd.: *‹Ego vero›, inquit, ‹similiter sacro oleo data mihi prae caeteris imperandi potestate sum peruntus›. Quem econtra antistes veritatis zelo iusticiaeque fervore vehementer accensus, talibus breviter instruendum esse censuit: ‹Alia›, inquiens, ‹est et longe a sacerdotali differens vestra haec quam asseritis unctio, quia per eam vos ad mortificandum, nos auctore deo ad vivificandum ornati sumus; unde quantum vita morte praestantior, tantum nostra vestra unctione sine dubio est excellentior›.*

3. Die Einheit zerbricht: Heinrich IV. und der Bürgerkrieg

1 Weinfurter, Funktionalisierung und Distanz; Keller, 1100; Boshof, Heinrich IV.; Zimmermann, Heinrich IV; Epperlein, Heinrich IV.; Schnith, Kaiser Heinrich IV.; Becher, Heinrich IV.; Nitschke, Die Ziele Heinrichs IV.
2 Hierzu jetzt Althoff, Heinrich IV.
3 MGH Libelli de lite 1, S. 362 f.
4 Annales sancti Disibodi, zu 1093, S. 14: *Nam in custodiam posuit eam, et concessit, ut plerique vim ei inferrent. Dicitur etiam talem incidisse dementiam, ut praedictum filium suum hortaretur, quatinus ad eam ingrederetur. Quo recusante patris polluere stratum, eum adhortando rex non suum, sed peregrini filium esse affirmavit, cuiusdam videlicet principis de Suevia, cuius etiam faciem praedictus Cuonradus plurimum assimilavit.*
5 Vita Heinrici IV., S. 415.
6 Kubach/Haas, Der Dom zu Speyer. Textband, S. 1061–1065.
7 Tellenbach, Der Charakter Kaiser Heinrichs IV.
8 Ebbo, Vita Ottonis episcopi Bambergensis, S. 826: *Erat enim imperator litteris usque adeo imbutus, ut cartas, a quibuslibet sibi directas, per semet ipsum legere et intelligere praevaleret.*
9 Lampert von Hersfeld, Annalen, zu 1074, S. 175: *magis eligens vitam honeste quam regnum per dedecus amittere.*
10 Ebd., zu 1075, S. 241.
11 Fenske, Adelsopposition; Giese, Der Stamm der Sachsen.
12 Lampert von Hersfeld, Annalen zu 1075, S. 282/3.
13 Ebd., S. 284/5.
14 Ebd., S. 288/9.
15 Ebd., S. 292/3.
16 Ebd., S. 294/5.
17 Weidemann, Burg, Pfalz und Stadt.
18 Schulze, Adelsherrschaft, S. 95 ff.
19 Vita Bennonis, cap. 9, S. 388/9 ff.
20 Groten, Die Stunde der Burgherren.
21 Lampert von Hersfeld, Annalen zu 1072, S. 159.
22 Krabusch, Untersuchungen zur Geschichte des Königsgutes.
23 Bruno, Buch vom Sachsenkrieg, cap. 33, S. 236/7.
24 Ebd., cap. 43, S. 250 f.

4. Wandlungen in der Gesellschafts- und Herrschaftsordnung

1 Ebd., cap. 54, S. 266/7.
2 Ebd., cap. 56, S. 270.
3 Wipo, Tetralogus, S. 83.
4 MGH D Heinrichs IV., Nr. 222.
5 Struve, Die Wende des 11. Jahrhunderts; Groten, Die Arengen.
6 Register II, 68.
7 Register I, 19, S. 31: *Nam sicut duobus oculis humanum corpus temporali*

lumine regitur, ita his duabus dignitatibus in pura religione concordantibus corpus ecclesię spirituali lumine regi et illuminari probatur.

8 Dollinger, Der Aufschwung der oberrheinischen Bischofsstädte; Dilcher, Stadtherrschaft oder kommunale Freiheit; Erkens, Sozialstruktur und Verfassungsentwicklung; Hirschmann, Der Ausbau.

9 Rösener, Bauern in der Salierzeit.

10 Zotz, Die Formierung der Ministerialität.

11 Oexle, Die funktionale Dreigliederung; Oexle, Deutungsschemata.

12 Weinfurter, Funktionalisierung und Gemeinschaftsmodell.

5. Rom und das Papsttum vor Gregor VII.

1 W. Goez, Papst Leo IX.; R. Schieffer, Motu proprio; Schmieder, Peripherie und Zentrum.

2 Legl, Grafen von Dagsburg-Egisheim; Blumenthal, Leo IX.

3 Vita Leonis IX, hg. von M. Parisse.

4 Vita Leonis IX. II, 2, S. 150: *si audiret totius cleri ac Romani populi communem esse sine dubio consensum.*

5 Hoffmann, Von Cluny zum Investiturstreit.

6 Santifaller, Über die Neugestaltung; Dahlhaus, Aufkommen und Bedeutung der Rota in den Urkunden des Papstes Leo IX.; Dahlhaus, Aufkommen und Bedeutung der Rota in den Papsturkunden.

7 Johrendt, Die Reisen der frühen Reformpäpste.

8 Migne, Patrologia Latina, Bd. 143, Sp. 797: … *qui non eo contentus in propria sede urbis Romae uni populo consulere, aut solam frugum fertilem Italiam imbre caelestis verbi irrigare, verum etiam Cisalpinas Ecclesias synodali scrutinio circuit et lustrat, et si quid incultum, et a norma rectitudinis distortum invexit, mox ecclesiastica censura corripit ac regula iustitiae emendat et corrigit.*

9 Laudage, Priesterbild und Reformpapsttum, S. 158; Wolter, Die Synoden, S. 406.

10 Weinfurter, Geschichte der Eichstätter Bischöfe, S. 64.

11 Kempf, Die Eingliederung; Michel, Humbert und Kerullarios; Bayer, Spaltung der Christenheit.

12 Briefe des Petrus Damiani, Bd. 2, Nr. 88, S. 521: *Praeterea si eos sacri canones hereticos notant, qui cum Romana aecclesia non concordant …*

13 Chronik von Montecassino, S. 356.

14 Schieffer, Die Entstehung des päpstlichen Investiturverbots, S. 212 ff.; Laudage, Priesterbild und Reformpapsttum.

15 Werminghoff, Die Beschlüsse des Aachener Concils.

16 Dressler, Petrus Damiani.

17 MGH Libelli de lite 1, S. 95–253.

18 Deér, Papsttum und Normannen.

19 Annales Altahenses, S. 61.

20 Schmidt, Alexander II. (1061–1073).

21 Jaffé/Löwenfeld, Regesta Pontificum Romanorum, Nr. 4516; Migne, Patrologia Latina, Bd. 146, Sp. 1295.

22 Berthold von Reichenau, Chronik, zu 1061, S. 52: *Huius autem constitutionis maxime auctor fuit Hildebrandus tunc Romanae aecclesiae archidiaconus, hereticis maxime infestus.*
23 Chronik von Montecassino III 24, S. 390 f.
24 Rangerius von Lucca, Vita Anselmi I, v. 133, S. 1160.
25 Schulz, «Denn sie lieben die Freiheit so sehr ...», S. 21–47.
26 W. Goez, Bischof Dionysius von Piacenza, S. 192.

6. Papst Gregor VII. und sein Anspruch auf Gehorsam «im gesamten römischen Erdkreis»

1 R. Schieffer, Gregor VII. – Ein Versuch; R. Schieffer, Die Entstehung des päpstlichen Investiturverbots; Englberger, Gregor VII. und die Investiturfrage; Benz, Kirche und Gehorsam; Cowdrey, Pope Gregory VII; Blumenthal, Gregor VII.; La Riforma gregoriana e l'Europa; Zey, Der sogenannte Investiturstreit; Landau, Schwerpunkte und Entwicklung.
2 Briefe des Petrus Damiani, Bd. 3, Nr. 107, S. 187: ... *alter velut furens aquilo violentis impetus sui flabris exufflat.*
3 Ebd., Bd. 2, Nr. 57, S. 163.
4 Dressler, Petrus Damiani, S. 156 ff.
5 Briefe des Petrus Damiani, Bd. 2, Nr. 75, S. 375 f.
6 Fornaciari/Mallegni, Il regime di vita.
7 Fichtenau, Der Mönch Hildebrand; Blumenthal, Gregor VII., S. 24.
8 R. Schieffer, War Gregor VII. Mönch?
9 Blumenthal, Gregor VII., S. 24 und 39.
10 Italia Pontificia, Bd. 4, S. 69, Nr. 18: *Ego heldibrandus qualiscunque archidiaconus sancte Romane ecclesie.*
11 Bloch, L'ordine dei panelli.
12 Szabó-Bechstein, Libertas ecclesiae.
13 Paul von Bernried, Vita Gregors VII., cap. 4, S. 475.
14 Register I, 3.
15 Ebd.
16 Ebd., I, 48; I, 70; II, 71; III, 30; V, 5; VI, 6.
17 Cowdrey, Epistolae Vagantes, Nr. 67, S. 151: *Dominus dicit: ‹Ego sum ueritas et uita.› Non ait: ‹Ego sum consuetudo›, sed ‹ueritas›.*
18 Register II, 55a.
19 Liber pontificalis, Bd. I, S. 275, 288, 391.
20 Scholz, Symbolik, S. 141.
21 Benonis aliorumque cardinalium schismaticorum contra Gregorium VII et Urbanum II scripta.
22 R. Schieffer, Gregor VII. und die Könige Europas.
23 MGH Libelli de lite 1, S. 609, Z. 12 f.: *postquam de banno regis ad aures personuit vulgi, universus noster Romanus orbis contremuit.*
24 Register VIII, 5, von 1080; VIII, 12, von 1080, S. 522 Z. 30 und S. 532 Z. 1.

25 Manegold von Lautenbach, Liber contra Wolfelmum, cap. 23, S. 103, Z. 9.
26 Weinfurter, Die Eliten und ihre Vernetzungen.
27 Otto von Freising, Chronik, IV, 23 und V, 11.
28 Register II, 30, S. 237 Z. 34 – S. 238 Z. 1: *Plus enim terrarum lex Romanorum pontificum quam imperatorum obtinuit; in omnem terram exivit sonus eorum et quibus imperavit Augustus, imperavit Christus.*
29 R. Schieffer, Spirituales latrones.
30 Register I, 79, S. 113.
31 Ebd., II, 28, S. 160 f.
32 Erdmann/Fickermann, Briefsammlungen, Nr. 15, S. 34: *Quod fieri debere ulli episcoporum nisi iudicio fratrum in plena synodo non putabam. Periculosus homo vult iubere, quę vult, episcopis ut villicis suis; quę si non fecerunt omnia, Romam venient aut sine iudicio suspenduntur.*
33 Robinson, «Periculosus homo».
34 Register II, 10, S. 140–142.
35 Erdmann/Fickermann, Briefsammlungen, Nr. 17, S. 38–41.
36 Register II, 49.
37 Ebd., II, 45, S. 182–185.
38 Ebd., II, 66, S. 222.
39 Ebd., *Obędientia ergo est, sine qua, quamvis fidelis quisque videatur, infidelis esse convincitur.*
40 Ebd., II, 67.
41 Ebd., III, 10, S. 265: *ne … nobis sed Deo omnipotenti debitam non denegares reverentiam.*
42 Ebd., III, 8, S. 259–261.
43 Ebd., III, 4, S. 248–150.
44 R. Schieffer, Gregor VII. und die Könige Europas; Struve, Gregor VII. und Heinrich IV.
45 Register I, 19, S. 31 f.
46 Ebd., S. 31: *ut sacerdotium et imperium in unitate concordię coniungantur.*
47 Erdmann, Briefe Heinrichs IV., Nr. 5: *Cum enim regnum et sacerdotium, ut in Christo rite administrata subsistant, vicaria sui ope semper indigeant …*
48 Register I, 29a.
49 Ebd., II, 31, S. 167.
50 Ebd., I, 20.
51 Becker, Studien zum Investiturproblem.
52 Register II, 5, S. 132.
53 Ebd.: *quin modis omnibus regnum Francię de eius occupatione adiuvante Deo temptemus eripere.*
54 Register II,32 vom 8. Dezember 1074.
55 Cowdrey, Epistolae Vagantes, Nr. 57, S. 138 f.
56 Register II, 63, S. 218: *pio caritatis affectu, qua omnes reges et principes ut filios admonemus.*
57 Register II, 51.
58 Ebd., II, 70.
59 Ebd. Vgl. Müller-Mertens, Regnum Teutonicum.

60 Register III, 8: ... *hoc in animo gerens, quod regum et imperatorum virtus et universa mortalium conamina contra apostolica iura et omnipotentiam summi dei quasi favilla computentur et palea.*
61 Ebd., II, 52 a: *quinque de familia regis Teutonicorum, quorum consilio ecclesię venduntur.*
62 Ebd., III, 10.

7. Die Einsamkeit des Königs und die «neue Religion» der Bischöfe

1 Lampert von Hersfeld, Annalen zu 1076, S. 344: *Quae legatio regem vehementer permovit.*
2 Erdmann, Briefe Heinrichs IV, Anhang A, S. 65–68.
3 Ebd., S. 66: *Sublata enim, quantum in te fuit, omni potestate ab episcopis, quę eis divinitus per gratiam sancti spiritus, qui maxime in ordinationibus operatur, collata esse dinoscitur ...*
4 Schneider, Prophetisches Sacerdotium, S. 93 f.; W. Goez, Zur Erhebung und ersten Absetzung Papst Gregors VII., S. 121.
5 Während alle weiteren Briefe Heinrichs IV. in dieser Sache von seinem Notar Gottschalk geschrieben wurden, ist dieser Brief von einem anderen Notar verfaßt worden.
6 Erdmann, Briefe Heinrichs IV., Nr. 12, S. 15: *sicut servos (...) sub pedibus tuis calcasti.*
7 Ebd., Nr. 13, S. 19, Z. 4.
8 Ebd., Nr. 11, S. 14 f.: *Quorum sententiae quia iusta et probabilis coram deo hominibusque videbatur, ego quoque assentiens omne tibi papatus ius, quod habere visus es, abrenuntio atque a sede urbis, cuius mihi patriciatus deo tribuente et iurato Romanorum assensu debetur, ut descendas edico.*
9 Register III, 6.
10 Lampert von Hersfeld, Annalen, S. 346/7.
11 Bruno, Buch vom Sachsenkrieg, S. 316/7.
12 Fleckenstein, Heinrich IV. und der deutsche Episkopat.
13 Lampert von Hersfeld, Annalen, S. 342/3.
14 Weinfurter, Sancta Aureatensis Ecclesia.
15 Staab, Die Mainzer Kirche.
16 Hartmann, Autoritäten im Kirchenrecht.
17 Holder-Egger, Fragment eines Manifestes.
18 Lampert von Hersfeld, Annalen, S. 362: *ad evertendum rei publicae statum ... ut dignitatem regiam subruant.*
19 Laudage, Priesterbild und Reformpapsttum.
20 Lampert von Hersfeld, Annalen, S. 236 ff., Zitat S. 248/9.
21 Erdmann, Ausgewählte Briefe aus der Salierzeit, Nr. 10, S. 27.
22 Adam von Bremen, Gesta Hammaburgensis ecclesiae pontificum, lib. III, cap. 37 und 56, S. 181 und 200 ff.
23 Weinfurter, Geschichte der Eichstätter Bischöfe, cap. 37, S. 64.

8. Gute und Böse: Wertewandel, moralischer Zwang und neues Königsideal

1 Erdmann, Briefe Heinrichs IV., Nr. 13, S. 17–20.
2 Lampert von Hersfeld, Annalen, S. 372/3.
3 Ebd, S. 374/5.
4 Struve, Das Problem der Eideslösung; Prodi, Das Sakrament der Herrschaft.
5 MGH Constitutiones 1, Nr. 50, S. 96 f.
6 Die Briefe des Petrus Damiani, Bd. 2, Nr. 65, S. 228–247.
7 Bonizo, Liber ad amicum, S. 77.
8 Cowdrey, Epistolae Vagantes, Nr. 10, S. 24.
9 Wenrich von Trier, Epistola, S. 98–108.
10 Ebd., S. 102/3.
11 Ebd., S. 106/7.
12 Wido von Osnabrück, Liber de controversia, S. 262 ff.
13 Ebd., S. 264/5.
14 Ebd., S. 266/7.
15 Liber de unitate ecclesiae conservanda.
16 Ebd., lib. 1, cap. 1, S. 274/5: *huius discordiae fomes et nutrimentum.*
17 Ebd., S. 342/3.
18 Ebd., S. 344/5.
19 Ebd., S. 346/7.
20 Hartmann, Manegold und die Anfänge der Frühscholastik; Fuhrmann, «Volkssouveränität» und «Herrschaftsvertrag».
21 Fuchs, Die Anfänge Rottenbuchs; Laudage, Welf IV. und die Kirchenreform.
22 Gerhoch von Reichersberg, Epistola ad Innocentium papam missa, S. 233, Z. 7 f.
23 Manegold, Liber ad Gebehardum, S. 392–399.
24 Ebd., S. 394, Z. 25 f.
25 Vita Heinrici IV., S. 420: *Ubi fides, quam illi iurastis?* (…) *Saltem vos, o episcopi, videte, ne ‹pereatis de via iusta›; videte, ne transgressores promissae fidei fiatis; alioquin, quid consequatur vos, ipsi nostis.* Ebd., S. 440: *Sed nichil ago, asinum ad lyram voco.*
26 Leyser, Hermits and the New Monasticism; Constable, The Reformation of the Twelfth Century; Melville, «In privatis locis proprio jure vivere».
27 Lampert von Hersfeld, Annalen, S. 350/1.
28 Ebd., S. 382/3.
29 Siefarth, Friedenswahrung im Dissens.
30 Bruno, Buch vom Sachsenkrieg, S. 328/9.
31 Holder-Egger, Fragment eines Manifestes, S. 189: *Visum est ergo omnibus et iustum esse iudicabatur, quatenus regalis dignitas sacerdotali excellentię debitam reverentiam exhiberet.*
32 Bruno, Buch vom Sachsenkrieg, S. 330/1.
33 Holder-Egger, Fragment eines Manifestes, S. 189.

34 Ebd.: *nequaquam ęcclesiastico more reconciliatio illa processit, quippe quam nulla satisfactio precessit.*
35 Ebd.: *Sic recepto in communionem regi de regni sententia nihil remissum est.*
36 Chronicon Ebersheimense, cap. 26, S. 444.
37 Schlick, König, Fürsten und Reich, S. 41 ff.
38 Hlawitschka, Zur Herkunft und zu den Seitenverwandten.
39 Register I, 19.
40 Register II, 45.
41 Jakobs, Rudolf von Rheinfelden und die Kirchenreform.
42 Liber de unitate ecclesiae conservanda, II, cap. 38, S. 540/1.
43 Lorscher Codex, S. 419, Vers 17.
44 Liber de unitate ecclesiae conservanda, S. 542/3.
45 Ebd., S. 540/1.
46 Berthold von Reichenau, Chronik, S. 160/1.
47 Bernold von Konstanz, Chronik, zu 1080, S. 318/9.

9. Der Kampf der Könige und das Ende Papst Gregors VII.

1 Zotz, Der südwestdeutsche Adel; Zotz, Ottonen-, Salier- und Frühe Stauferzeit, S. 428 ff.
2 Schmid, Staufer und Zähringer; Zotz, Dux de Zaringen – dux Zaringiae.
3 Annales Augustani, S. 130.
4 Bruno, Buch vom Sachsenkrieg, cap. 104, S. 348/9.
5 Register IV, 24, S. 337: *temporali et ęternę morti traduntur.*
6 Ebd., V, 14a.
7 Ebd., V, 15.
8 Ebd., VI, 17a.
9 Ebd., VI, 17, S. 427: *Decreverunt ergo quamplures concilii in illius tyrannidem gladium apostolicum debere evaginari.*
10 Ebd., VI, 10.
11 Ebd., VII, 14 a, S. 484.
12 Ebd.
13 Ebd., S. 486.
14 Ebd.
15 Ebd., S. 487.
16 Benzo von Alba, Sieben Bücher an Kaiser Heinrich IV., lib. VI, cap. 2, S. 522–530 und cap. 4, S. 536.
17 Erdmann, Briefe Heinrichs IV., Anhang C, S. 69–73.
18 Ziese, Wibert von Ravenna.
19 Register VII, 10 a, S. 487: *Et in predicto Heinrico tam cito iudicium vestrum exercete …*
20 Bonizo von Sutri, Liber ad amicum, S. 616: *Omnibus vobis notum sit, quod, si usque ad festivitatem sancti Petri non resipuerit, mortuus erit aut depositus. Quodsi hoc non fuerit, mihi credi amplius non oportet.*
21 Ebd., S. 617.
22 MGH D Heinrichs IV., Nr. 325.

23 Hinz, Das Grabdenkmal Rudolfs von Schwaben; Vogel, Gregor VII. und Heinrich IV., S. 239 ff.
24 Bruno, Buch vom Sachsenkrieg, cap. 126, S. 396/7.
25 Schneidmüller, Konsensuale Herrschaft.
26 Bruno, Buch vom Sachsenkrieg, cap. 91, S. 334/5: *eum non singulorum, sed universorum fore regem.*
27 Jordan, Der Kaisergedanke in Ravenna; Struve, Kaisertum und Romgedanke.
28 Bonizo, Liber ad amicum, lib. IX, S. 613, Zeile 31 f.
29 Benzo von Alba, Sieben Bücher an Kaiser Heinrich IV., lib. VI, praefatio, S. 503–514.
30 Ebd., S. 512, Z. 20.
31 Briefsammlungen der Zeit Heinrichs IV., S. 75 f. Nr. 35; S. 76: *Dilexi iustitiam et odivi iniquitatem, propterea morior in exilio.*
32 Blumenthal, Gregor VII., S. 330 f.; Gude, Die «fideles sancti Petri», S. 308–311.
33 Erdmann, Die Anfänge der staatlichen Propaganda; Struve, Die Stellung des Königtums; Ziese, Historische Beweisführung; Tellenbach, Libertas; Jordan, Das Zeitalter des Investiturstreites; Ladner, Theologie und Politik.
34 Fuhrmann, «Volkssouveränität» und «Herrschaftsvertrag».
35 Erdmann, Briefe Heinrichs IV. Nr. 13, S. 19.
36 Anton, Beobachtungen zur heinrizianischen Publizistik.
37 Privilegium maius Leonis VIII. papae, cap. 4, S. 201: … *sed populus primum sibi creavit regem, quem voluerat. Sed cum factus fuerat rex, iam habuit potestatem in omnibus, et iam non potest amplius populus iugum eius de cervice sua repellere. Facto autem rege, de regno eum repellere non est in potestate populi.*

10. Das Investiturproblem und die Stationen seiner Entwicklung

1 Pontifikale Gundekarianum, S. 245.
2 R. Schieffer, Die Entstehung des päpstlichen Investiturverbots.
3 Keller, Die Investitur; Weinfurter, Ordnungskonfigurationen im Konflikt; Weinfurter, Investitur und Gnade.
4 Humbert von Silva Candida, Libri tres adversus simoniacos, lib. III, cap. 6, S. 205.
5 R. Schieffer, Die Entstehung des päpstlichen Investiturverbotes, S. 40.
6 Humbert von Silva Candida, Libri tres adversus simoniacos, lib. III, cap. 6. S. 205 f.
7 Einschränkend Englberger, Gregor VII. und die Investiturfrage; dagegen Zey, Zu Editionen.
8 Arnulf, Liber gestorum recentium, lib IV, cap. 7, S. 212.
9 Register III, 10.
10 Becker, Studien zum Investiturproblem; ergänzend Englberger, Gregor VII., S. 225 f.
11 Th. Schieffer, Die päpstlichen Legaten.

12 Register IV, 13, S. 316: *Cum enim audivimus principes illius terrę contra antiquam et pessimam consuetudinem pro reverentia Dei omnipotentis et apostolicę auctoritatis ulterius in ordinandis episcopis nec dominium investiturę tenere nec pecunię commodum quęrere velle atque ab hoc ad apostolicam misisse sedem, ut in prefato loco iuxta statuta sanctorum patrum legalis ordinaretur episcopus, devotioni eorum valde congaudendum et petitionibus annuendem dignum duximus.*

13 Schwarzmaier, Lucca und das Reich, S. 400–412; Ziese, Historische Beweisführung, S. 18–95.

14 Register IV, 22, S. 330 f.: *prompta nobis confessione manifestavit non denegans post factam cleri et populi electionem donum episcopatum ab Henrico rege se accepisse, defensionem autem proponens et multum nobis offerens se neque decretum nostrum de prohibitione huiuscemodi acceptionis, nec ipsum Heinricum regem a nobis excommunicatum fuisse aliqua certa manifestatione cognovisse.*

15 Ebd., S. 333: … *ut congregatis omnibus et in conventu residentibus manifesta et personanti denuntiatione interdicat, ut conservanda deinceps in promovendis episcopis canonica et apostolica auctoritate nullus metropolitanorum aut quivis episcoporum alicui, qui a laica persona donum episcopatus susceperit, ad consecrandum illum imponere manum audeat, nisi dignitatis sui honore officioque carere et ipse velit. Similiter etiam, ut nulla potestas aut aliqua persona de huiusmodi honoris donatione vel acceptione ulterius se intromittere debeat; quod si presumpserit, eadem sententia et animadversionis censura, quam beatus Adrianus papa in octava synodo* (VIII. Ökumenisches Konzil von Konstantinopel von 869/70) *de huiusmodi presumptoribus et sacrę auctoritatis corruptoribus statuit atque firmavit, se astrictum ac ligatum fore cognoscat.*

16 Mansi, Conciliorum collectio 20, Sp. 498B: *Decrevit sancta synodus, ut nullus episcopus, abbas, presbyter vel quaelibet persona de clero accipiat de manu regis vel comitis vel cuiuslibet laicae personae donum episcopatus vel abbatiae vel ecclesiae vel ecclesiasticarum rerum, sed episcopus a suo metropolitano, abbas, presbyter et ceterae inferiores personae a proprio episcopo.*

17 Berthold von Reichenau, Chronik, S. 206/7; Beulertz, Das Verbot, S. 6 f.

18 Register VI, 5 b, cap. 3: *Quoniam investituras ecclesiarum contra statuta sanctorum patrum a laicis personis in multis partibus cognovimus fieri et ex quo plurimas perturbationes in ecclesia oriri, ex quibus christiana religio conculcatur, decernimus, ut nullus clericorum investituram episcopatus vel abbatiae vel ecclesiae de manu imperatoris vel regis vel alicuius laicae personae, viri vel feminae, suscipiat. Quod si presumpserit, recognoscat investituram illam apostolica auctoritate irritam esse et se usque ad dignam satisfactionem excommunicationi subiacere.*

19 Chronik von Montecassino, S. 42.

20 Hugo von Flavigny, Chronicon, S. 450, Z. 30–32; Cowdrey, Epistolae Vagantes, S. 82, Nr. 31; vgl. Schumann, Die päpstlichen Legaten, S. 174 f.

21 Register VII, 14 a, c. 1–2.

22 Register IX, 3, S. 576: *Et eo die, quando illum primitus videro, fideliter per manus meas miles sancti Petri et illius efficiar*. Vgl. Holtzmann, Der Kaiser als Marschall, S. 33.
23 Gude, Die «fideles sancti Petri».
24 Becker, Papst Urban II. (1088–1099).
25 E. Goez, Welf V. und Mathilde von Canossa.
26 Brackmann, Germania Pontificia 2,1, S. 130, Nr. 24; Migne, Patrologia Latina, Bd. 151, Sp. 297; Robinson, Bernold von Konstanz und der gregorianische Reformkreis; Maurer, Bischof Gebhard III. von Konstanz.
27 Brackmann, Germania Pontificia 2,1, S. 130, Nr. 24; Migne, Patrologia Latina, Bd. 151, Sp. 297–299.
28 Can. XVII: *Ne episcopus vel sacerdos regi vel alicui laico in manibus ligiam fidelitatem faciat* (Mansi XX, Sp. 817 f.).
29 Becker, Studien zum Investiturproblem, S. 88 ff.
30 Ordericus Vitalis, Historiae ecclesiasticae libri tredecim, Bd. 3, S. 464.
31 Brasington, Ways of Mercy.
32 Migne, Patrologia Latina, Bd. 162, Sp. 70 ff., Nr. 60.
33 Sprandel, Ivo von Chartres, S. 143–151.
34 Suger, Vita Ludovici Grossi regis, lib. X, S. 54; Schilling, Zur Reise Paschalis' II.
35 Suger, S. 54: *Beato Petro sibique eius vicario opem ferre, ecclesiam manutenere et, sicut antecessorum regum Francorum Karoli Magni et aliorum mos inolevit, tyrannis et ecclesiae hostibus et potissimum Henrico imperatori audacter resistere*.
36 Becker, Studien zum Investiturproblem, S. 171; Grosse, Saint-Denis.
37 Cantor, Church, Kingship and Lay Investiture.

11. Der Verrat Heinrichs V.: Die ‹Einheit der Welt› zerbricht erneut

1 Jaffé, Monumenta Bambergensia, Nr. 17, S. 511: *Porro de investitura, quam ante decreti vestri sententiam ignorans et illicite suscepi …*
2 Servatius, Paschalis II.; Cantarella, Ecclesiologia e politica; Cantarella, La Costruzione della verità; Blumenthal, Papal Reform.
3 Die Urkunden und Briefe der Markgräfin Mathilde von Tuszien, Nr. 73 (1102).
4 W. Goez, Über die Mathildischen Schenkungen. Goez hält die Schenkung an Gregor VII., die in der Bestätigung von 1102 genannt wird, für eine Fiktion. Dagegen äußert sich Golinelli, Die Lage Italiens, S. 61 f. Er hält die Schenkung an Gregor VII. für echt, dagegen die Bestätigung von 1102 für eine Fälschung. Vgl. auch: Golinelli, Mathilde und der Gang nach Canossa, S. 273 ff.; E. Goez, Welf V. und Mathilde von Canossa; Laudage, Macht und Ohnmacht Mathildes von Tuszien.
5 Becker, Studien zum Investiturproblem, S. 160 ff.
6 Weinfurter, Reformidee und Königtum.
7 MGH Constitutiones I, Nr. 74, S. 125 f.

8 Erdmann, Briefe Heinrichs IV., Nr. 30, S. 39.
9 Ekkehard von Aura, Chronik, S. 178.
10 Jaffé/Löwenfeld, Regesta Pontificum Romanorum, Nr. 5889.
11 Ebd.
12 Beulertz, Das Verbot der Laieninvestitur, S. 16, Nr. 16.
13 Althoff, Heinrich V.
14 E. Goez, Der Thronerbe als Rivale.
15 Weinfurter, Reformidee und Königtum; Dendorfer, Adelige Gruppenbildung und Königsherrschaft.
16 Jaffé, Monumenta Bambergensia, S. 228, Nr. 116: *Nullus salvatus est in diluvio extra archam, quae figuram gerebat ecclesiae.*
17 Migne, PL 163, Sp. 122, Nr. 103 (*ecclesiae oculum*).
18 Millotat, Transpersonale Staatsvorstellungen.
19 Ekkehard von Aura, Chronik, S. 204: *iam secundo electus.*
20 Ebd., S. 206.
21 Erdmann, Briefe Heinrichs IV., Nr. 37, S. 47.
22 Ekkehard von Aura, Chronik, S. 284.
23 Ebd., S. 288: *archipyrata simul et heresiarcha nec non et apostata persecutorque plus animarum quam corporum.*
24 Millotat, Transpersonale Staatsvorstellungen.
25 Beulertz, Das Verbot.
26 Krimm-Beumann, Der Traktat «De investitura episcoporum».
27 Ekkehard von Aura, Chronik, S. 352: ... *tamen quia divinę ordinationis proposito, unde tot capita rei publicę convenerant, resistere nemo prevalet.*
28 MGH Constitutiones I, Nr. 107 und 108, S. 159 ff. Vgl. Classen, Das Wormser Konkordat, S. 411–460; Zey, Der Romzugsplan Heinrichs V. 1122/23; Schilling, Ist das Wormser Konkordat überhaupt nicht geschlossen worden?
29 Mainzer Urkundenbuch, Bd. 1, S. 401 f., Nr. 499. Vgl. Hofmeister, Das Wormser Konkordat, S. 25.

Schlußbemerkung

1 R. Schieffer, Rechtstexte des Reformpapsttums.
2 Weinfurter, Venedig 1177.
3 Max Weber, Wirtschaft und Gesellschaft, S. 308.
4 Dies ist auch ein Kennzeichen der Aufklärung, siehe Koselleck, Kritik und Krise.
5 Classen, Gerhoch von Reichersberg.
6 Anselm von Canterbury, Über die Wahrheit.
7 Das Licht der Vernunft. Die Anfänge der Aufklärung im Mittelalter; Fichtenau, Ketzer und Professoren.
8 Reinhard, Die Bejahung des gewöhnlichen Lebens, S. 275.

Quellen- und Literaturverzeichnis

Adam von Bremen, Gesta Hammaburgensis ecclesiae pontificum, hg. von Bernhard Schmeidler (MGH Scriptores rerum Germanicarum [2]), 3. Aufl. Hannover 1917.

Althoff, Gerd: Demonstration und Inszenierung. Spielregeln der Kommunikation in mittelalterlicher Öffentlichkeit, in: Gerd Althoff, Spielregeln der Politik im Mittelalter. Kommunikation in Frieden und Fehde, Darmstadt 1997, S. 229–257.

Althoff, Gerd: Heinrich IV., Darmstadt 2006.

Althoff, Gerd: Heinrich V. (1106–1125), in: Die deutschen Herrscher des Mittelalters. Historische Portraits von Heinrich I. bis Maximilian I. (919–1519), hg. von Bernd Schneidmüller und Stefan Weinfurter, München 2003, S. 181–200.

Althoff, Gerd: Der König weint. Rituelle Tränen in öffentlicher Kommunikation, in: «Aufführung» und «Schrift» in Mittelalter und Früher Neuzeit, hg. von Jan-Dirk Müller, Stuttgart/Weimar 1996, S. 239–252.

Althoff, Gerd: Die Macht der Rituale. Symbolik und Herrschaft im Mittelalter, Darmstadt 2003.

Althoff, Gerd: Spielregeln der Politik im Mittelalter. Kommunikation in Frieden und Fehde, Darmstadt 1997.

Annales Altahenses maiores, hg. von Edmund L. B. von Oefele (MGH Scriptores rerum Germanicarum), 2. Aufl. Hannover 1891.

Annales Augustani, hg. von Georg Heinrich Pertz, in: MGH Scriptores 3, Hannover 1839, ND 1987, S. 123–136.

Annales sancti Disibodi, hg. von Georg Waitz, in: MGH Scriptores 17, Hannover 1861, S. 4–30.

Anselm von Canterbury, Über die Wahrheit. Lateinisch-deutsch, hg. von Markus Enders (Philosophische Bibliothek 535), Hamburg 2001.

Anselmi Gesta episcoporum Leodicensium, hg. von Rudolf Koepke, in: MGH Scriptores 7, Hannover 1846, S. 191–234.

Anton, Hans Hubert: Beobachtungen zur heinrizianischen Publizistik: Die Defensio Heinrici IV. regis, in: Historiographia mediaevalis. Festschrift für Franz-Josef Schmale, hg. von Dieter Berg, Darmstadt 1988, S. 149–167.

Anton, Hans Hubert: Bonifaz von Canossa, Markgraf von Tuszien, und die Italienpolitik der frühen Salier, in: Historische Zeitschrift 214, 1972, S. 529–556.

Arnulf von Mailand, Liber gestorum recentium, hg. von Claudia Zey (MGH Scriptores rerum Germanicarum 67), Hannover 1994.

Bamberger Ministerialenrecht, in: Bibliotheca rerum Germanicarum, hg. von Philipp Jaffé, Bd. 5, Berlin 1869, S. 50–52.

Barstow, Anne L.: Married Priests and the Reforming Papacy: The Eleventh-Century Debates, New York/Toronto 1982.

Bartlett, Robert: Die Geburt Europas aus dem Geist der Gewalt. Eroberung, Kolonisierung und kultureller Wandel von 950 bis 1350, München 1996.

Bayer, Axel: Spaltung der Christenheit. Das sogenannte Morgenländische Schisma von 1054 (Beihefte zum Archiv für Kulturgeschichte 53), Köln 2002.

Becher, Matthias: Heinrich IV. (1056–1106). Mit Rudolf (1077–1080), Hermann (1081), Konrad (1087–1093, † 1101), in: Die deutschen Herrscher des Mittelalters, hg. von Bernd Schneidmüller/Stefan Weinfurter, München 2003, S. 154–180.

Beck, Hans-Georg: Geschichte der orthodoxen Kirche im byzantinischen Reich, Göttingen 1980.

Becker, Alfons: Studien zum Investiturproblem in Frankreich. Papsttum, Königtum und Episkopat im Zeitalter der gregorianischen Kirchenreform (1049–1119), Saarbrücken 1955.

Becker, Alfons: Papst Urban II. (1088–1099), 2 Teile (Schriften der MGH 19/I und II), Stuttgart 1964 und 1988.

Becker, Alfons: Urban II. und die deutsche Kirche, in: Investiturstreit und Reichsverfassung, hg. von Josef Fleckenstein (Vorträge und Forschungen 17), Sigmaringen 1973, S. 241–275.

Benonis aliorumque cardinalium schismaticorum contra Gregorium VII et Urbanum II scripta, hg. von K. Franke, in: MGH Libelli de lite 2, Hannover 1892, S. 366–422.

Benz, Karl Josef: Kirche und Gehorsam bei Papst Gregor VII. Neue Überlegungen zu einem alten Thema, in: Papsttum und Kirchenreform. Historische Beiträge. Festschrift für Georg Schwaiger zum 65. Geburtstag, hg. von Manfred Weitlauff/Karl Hausberger, St. Ottilien 1990, S. 97–150.

Benzo von Alba, Sieben Bücher an Kaiser Heinrich IV., hg. und übersetzt von Hans Seyffert (MGH Scriptores rerum Germanicarum 65), Hannover 1996.

Berschin, Walter: Bonizo von Sutri. Leben und Werk, Berlin/New York 1972.

Berschin, Walter: Die publizistische Reaktion auf den Tod Gregors VII. (nach fünf oberitalienischen Streitschriften), in: Studi Gregoriani 14, 1991, S. 121–135.

Bertholds und Bernolds Chroniken, hg. von Ian Stuart Robinson (Ausgewählte Quellen zur deutschen Geschichte des Mittelalters 14), Darmstadt 2002 (danach zitiert).

Die Chroniken Bertholds von Reichenau und Bernolds von Konstanz. 1054–1100, hg. von Ian S. Robinson (MGH Scriptores rerum Germanicarum N. S. 14), Hannover 2003.

Beulertz, Stefan: Das Verbot der Laieninvestitur im Investiturstreit (MGH Studien und Texte 2), Hannover 1991.

Beumann, Helmut: Tribur, Rom und Canossa, in: Investiturstreit und Reichsverfassung, hg. von Josef Fleckenstein (Vorträge und Forschungen 17), Sigmaringen 1973, S. 33–60.

Black-Veldtrup, Mechthild: Kaiserin Agnes (1043–1077). Quellenkritische Studien (Münstersche Historische Forschungen 7), Köln/Weimar/Wien 1995.

BLOCH, HERBERT: L'ordine dei panelli della porta della basilica di s.Paolo, in: Atti della Pontificia Accademia Romana di Archeologia, ser. 3: Rendiconti 43, 1971.

BLUME, DIETER: Abt Berns von der Reichenau *Vita (III) S. Uodalrici* – ein frühes Zeugnis des Reformwillens in der Reichskirche?, in: Scripturus Vitam. Lateinische Biographie von der Antike bis in die Gegenwart. Festgabe für Walter Berschin zum 65. Geburtstag, hg. von DOROTHEA WALZ, Heidelberg 2002, S. 833–840.

BLUMENTHAL, UTA-RENATE: Gregor VII. Papst zwischen Canossa und Kirchenreform, Darmstadt 2001.

BLUMENTHAL, UTA-RENATE: Leo IX., in: Theologische Realenzyklopädie 20, 1990, S. 742–744.

BLUMENTHAL, UTA-RENATE: Papal Reform and Canon Law in the 11th and 12th Centuries (Variorum Collected Studies Series CS 618), Aldershot u. a. 1998.

Bonizo von Sutri, Liber ad amicum, hg. von ERNST SACKUR, in: MGH Libelli de lite 1, Hannover 1891, S. 568–620.

Bonizo von Sutri, Liber de vita christiana, hg. von ERNST PERELS. Mit einem Nachwort zur Neuauflage von WALTER BERSCHIN (Texte zur Geschichte des römischen und kanonischen Rechts im Mittelalter 1), 2. Aufl. Hildesheim 1998.

BORGOLTE, MICHAEL: Europa entdeckt seine Vielfalt 1050–1250 (Handbuch der Geschichte Europas 3), Stuttgart 2002.

BOSHOF, EGON: Heinrich IV., Herrscher an einer Zeitenwende, Göttingen 1979.

BOSHOF, EGON: Die Salier, 4. Aufl. Stuttgart/Berlin/Köln 2000.

BRACKMANN, ALBERT: Germania Pontificia, Bd. 2,1: Provincia Maguntinensis, Teil 1, Berlin 1923.

BRASINGTON, BRUCE C.: Ways of Mercy. The Prologue of Ivo of Chartres. Edition and Analysis (Vita regularis 2), Münster 2004.

Die Briefe Heinrichs IV., hg. von CARL ERDMANN (MGH Deutsches Mittelalter 1), Leipzig 1937.

Die Briefe des Petrus Damiani, hg. von KURT REINDEL (MGH Briefe der deutschen Kaiserzeit 4), München 1983–1993.

Briefsammlungen der Zeit Heinrichs IV., hg. von CARL ERDMANN/NORBERT FICKERMANN (MGH Briefe der deutschen Kaiserzeit 5), Weimar 1950.

BROEKMANN, THEO: «Rigor iustitiae». Herrschaft, Recht und Terror im normannisch-staufischen Süden (1050–1250) (Symbolische Kommunikation in der Vormoderne), Darmstadt 2005.

Bruno, Buch vom Sachsenkrieg, hg. von FRANZ-JOSEF SCHMALE, in: Quellen zur Geschichte Kaiser Heinrichs IV. (Ausgewählte Quellen zur deutschen Geschichte des Mittelalters 12), Darmstadt 1974, S. 191–405 (danach zitiert).

Bruno (Merseburgensis), Buch vom Sachsenkrieg, bearb. von HANS-EBERHARD LOHMANN (MGH Deutsches Mittelalter 2), Leipzig 1937.

BÜNEMANN, RICHARD: Robert Guiskard 1015–1085. Ein Normanne erobert Süditalien, Köln/Weimar/Wien 1997.

CANTARELLA, GLAUCO MARIA: La Costruzione della verità. Pasquale II, un papa alle strette (Studi Storici 178–179), Roma 1987.

CANTARELLA, GLAUCO MARIA: Ecclesiologia e politica nel papato di Pasquale II, Roma 1982.

CANTOR, NORMAN F.: Church, Kingship and Lay Investiture in England, 1089–1135 (Princeton Studies in History 10), Princeton N.J. 1958.

CECCHI, ENRICHETTA: Miniature e disegni nei codici donizoniani, in: Studi Matildici. Atti e memorie del II Convegno di studi Matildici (Deputazione di storia patria per le antiche provincie modenesi, Biblioteca, N. S. 16), Modena 1971, S. 43–57.

Chronicon Ebersheimense, hg. von LUDWIG WEILAND, in: MGH Scriptores 23, Hannover 1874, ND 1986, S. 427–453.

Chronicon sancti Huberti Andaginensis, hg. von LUDWIG CONRAD BETHMANN/WILHELM WATTENBACH, in: MGH Scriptores 8, Hannover 1848, ND 1992, S. 565–630.

Die Chronik von Montecassino, hg. von HARTMUT HOFFMANN (MGH Scriptores 34), Hannover 1980.

CLASSEN, PETER: Gerhoch von Reichersberg. Eine Biographie. Mit einem Anhang über die Quellen, ihre handschriftliche Überlieferung und ihre Chronologie, Wiesbaden 1960.

CLASSEN, PETER: Das Wormser Konkordat in der deutschen Verfassungsgeschichte, in: Investiturstreit und Reichsverfassung, hg. von JOSEF FLECKENSTEIN (Vorträge und Forschungen 17), Sigmaringen 1973, S. 411–460.

CONGAR, YVES M.-J.: Der Platz des Papsttums in der Kirchenfrömmigkeit der Reformer des 11. Jahrhunderts, in: Sentire ecclesiam. Das Bewußtsein von der Kirche als gestaltende Kraft der Frömmigkeit, hg. von JEAN DANIÉLOU/HERBERT VORGRIMLER, Freiburg 1961, S. 196–217.

CONSTABLE, GILES: The Reformation of the Twelfth Century, Cambridge 1996.

Constitutiones et acta publica imperatorum et regum, Bd. 1, hg. von LUDWIG WEILAND (MGH Constitutiones 1), Hannover 1893.

COWDREY, HERBERT E. J.: Pope Gregory VII, 1073–1085, Oxford 1998.

COWDREY, HERBERT E. J.: Pope Gregory VII and the Bearing of Arms, in: Montjoie. Studies in Crusade History in Honour of Hans Eberhard Mayer, hg. von BENJAMIN Z. KEDAR/J. RILEY-SMITH/RUDOLF HIESTAND, Aldershot 1997, S. 21–35.

COWDREY, HERBERT E. J.: Pope Gregory VII's «Crusading» Plans of 1074, in: COWDREY, HERBERT E. J., Popes, Monks and Crusaders (History Series 27), London 1984, S. 27–40.

COWDREY: siehe The Epistolae Vagantes.

DAHLHAUS, JOACHIM: Aufkommen und Bedeutung der Rota in den Papsturkunden, in: Graphische Symbole in mittelalterlichen Urkunden, hg. von PETER RÜCK, Sigmaringen 1996, S. 407–423.

DAHLHAUS, JOACHIM: Aufkommen und Bedeutung der Rota in den Urkunden des Papstes Leo IX., in: Archivum Historiae Pontificiae 27, 1989, S. 7–84.

DEÉR, JOSEF: Papsttum und Normannen. Untersuchungen zu ihren lehensrechtlichen und kirchenpolitischen Beziehungen, Köln/Wien 1972.

DENDORFER, JÜRGEN: Adelige Gruppenbildung und Königsherrschaft. Die Grafen von Sulzbach und ihr Beziehungsgeflecht im 12. Jahrhundert (Studien zur bayerischen Verfassungs- und Sozialgeschichte 23), München 2004.

DILCHER, GERHARD: Stadtherrschaft oder kommunale Freiheit – das 11. Jahrhundert ein Kreuzweg?, in: Die Frühgeschichte der europäischen Stadt im 11. Jahrhundert, hg. von JÖRG JARNUT/PETER JOHANEK, Köln/Wien/Weimar 1998, S. 31–44.

DOLLINGER, PHILIPPE: Der Aufschwung der oberrheinischen Bischofsstädte in salischer Zeit (1025–1125), in: Beiträge zum hochmittelalterlichen Städtewesen, hg. von BERNHARD DIESTELKAMP, Köln/Wien 1982, S. 134–148.

Donizo von Canossa, Vita Mathildis (De principibus Canusinis), hg. von LUDWIG C. BETHMANN, in: MGH Scriptores 12, Hannover 1856, S. 351–409.

Donizo, Vita der Mathilde von Canossa. Codex Vaticanus latinus 4922, übersetzt von AXEL JANECK (Codices e Vaticanis selecti 62) (Belser-Faksimile-Editionen aus der Biblioteca Apostolica Vaticana), 2 Bde., Zürich 1984.

DRESSLER, FRIDOLIN: Petrus Damiani. Leben und Werk (Studia Anselmiana 34), Rom 1954.

Ebbo, Vita Ottonis episcopi Bambergensis, hg. von R. KÖPKE, in: MGH Scriptores 12, Hannover 1856, S. 822–883.

EHLERS, CASPAR: Königliche Pfalzen und Aufenthaltsorte im Rheinland bis 1250, in: Rheinische Vierteljahrsblätter 68, 2004, S. 36–63.

EHLERS, CASPAR: Metropolis Germaniae. Studien zur Bedeutung Speyers für das Königtum 751–1250 (Veröffentlichungen des Max-Planck-Instituts für Geschichte 125), Göttingen 1996.

EHLERS, JOACHIM: Gut und Böse in der hochmittelalterlichen Historiographie, in: JOACHIM EHLERS, Ausgewählte Aufsätze, hg. von MARTIN KINTZINGER/BERND SCHNEIDMÜLLER (Berliner Historische Studien 21), Berlin 1996, S. 33–77.

EICHMANN, EDUARD: Acht und Bann im Reichsrecht des Mittelalters, Paderborn 1909.

Ekkehard von Aura, Chronik, hg. von FRANZ-JOSEF SCHMALE, in: Frutolfs und Ekkehards Chroniken und die Anonyme Kaiserchronik (Ausgewählte Quellen zur deutschen Geschichte des Mittelalters 15), Darmstadt 1972.

ELZE, REINHARD: Gregor VII. und die römische Liturgie, in: La Riforma gregoriana e l'Europa. Congresso Internazionale Salerno, 20–25 maggio 1985, Bd. I: Relazioni (Studi Gregoriani 13), Roma 1989, S. 179–188.

ENGLBERGER, JOHANN: Gregor VII. und die Investiturfrage. Quellenkritische Studien zum angeblichen Investiturverbot um 1075 (Passauer Historische Forschungen 9), Köln/Weimar/Wien 1996.

The *Epistolae Vagantes* of Pope Gregory VII, hg. von HERBERT E. J. COWDREY, Oxford 1972.

EPPERLEIN, SIEGFRIED: Heinrich IV., in: Deutsche Könige und Kaiser des Mittelalters, Leipzig/Jena/Berlin 1989, S. 115–128.

ERDMANN, CARL: Die Anfänge der staatlichen Propaganda im Investiturstreit, in: Historische Zeitschrift 154, 1936, S. 491–512.

ERDMANN, CARL: Ausgewählte Briefe aus der Salierzeit (Texte zur Kulturgeschichte des Mittelalters 7), Rom/Leipzig 1933.

ERDMANN, CARL: Die Entstehung des Kreuzzugsgedankens, Stuttgart 1935.

ERDMANN: siehe Die Briefe Heinrichs IV.

ERDMANN/FICKERMANN: siehe Briefsammlungen.

ERKENS, FRANZ-REINER: Sozialstruktur und Verfassungsentwicklung in der Stadt Köln während des 11. und frühen 12. Jahrhunderts, in: Die Frühgeschichte der europäischen Stadt im 11. Jahrhundert, hg. von JÖRG JARNUT/PETER JOHANEK, Köln/Wien/Weimar 1998, S. 169–192.

Wido von Osnabrück, Liber de controversia inter Hildebrandum et Heinricum imperatorem, hg. von IRENE SCHMALE-OTT, Quellen zum Investiturstreit. Zweiter Teil (Ausgewählte Quellen zur Deutschen Geschichte des Mittelalters Bd. XIIb), Darmstadt 1984, S. 240–271.

FELTEN, FRANZ J.: Kaisertum und Papsttum im 12. Jahrhundert, in: Das Papsttum in der Welt des 12. Jahrhunderts, hg. von ERNST-DIETER HEHL/INGRID HEIKE RINGEL/HUBERTUS SEIBERT (Mittelalter-Forschungen 6), Stuttgart 2002, S. 101–125.

FENSKE, LUTZ: Adelsopposition und kirchliche Reformbewegung im östlichen Sachsen, Göttingen 1977.

FICHTENAU, HEINRICH: Ketzer und Professoren. Häresie und Vernunftglaube im Hochmittelalter, München 1992.

FICHTENAU, HEINRICH: Der Mönch Hildebrand, in: Ecclesia peregrinans. J. Lenzenweger zum 70. Geburtstag, hg. von KARL AMON u. a., Wien 1986, S. 59–68.

FLECKENSTEIN, JOSEF: Erzbischof Gebhard von Salzburg als Repräsentant der Reichskirche und Gegner des Königs im Investiturstreit, in: Salzburg in der europäischen Geschichte (Salzburger Dokumentationen 19), Salzburg 1977, S. 1–28.

FLECKENSTEIN, JOSEF: Heinrich IV. und der deutsche Episkopat in den Anfängen des Investiturstreites. Ein Beitrag zur Problematik von Worms, Tribur und Canossa, in: Adel und Kirche. Festschrift für Gerd Tellenbach, hg. von DEMS./KARL SCHMID, Freiburg/Basel/Wien 1968, S. 221–236.

FORNACIARI, GINO/MALLEGNI, FRANCESCO: Il regime di vita e il quadro fisicoclinico di Gregorio VII, in: Rassegna storica salernitana n. s. II, 2 dicembre 1985, S. 31 ff.

FRAUENKNECHT, ERWIN: Der Traktat «De ordinando pontifice» (MGH Studien und Texte 5), Hannover 1992.

FRIED, JOHANNES: Tugend und Heiligkeit. Beobachtungen und Überlegungen zu den Herrscherbildern Heinrichs III. in Echternacher Handschriften, in: Mittelalter. Annäherungen an eine fremde Zeit, hg. von WILFRIED HARTMANN (Schriftenreihe der Universität Regensburg NF 19), Regensburg 1993, S. 41–85.

Frutolfs und Ekkehards Chroniken und die Anonyme Kaiserchronik, hg. von FRANZ-JOSEF SCHMALE/IRENE SCHMALE-OTT (Ausgewählte Quellen zur deutschen Geschichte des Mittelalters 15), Darmstadt 1972.

FUCHS, FRANZ: Die Anfänge Rottenbuchs, in: Welf IV. – Schlüsselfigur einer Wendezeit. Regionale und europäische Perspektiven, hg. von DIETER R. BAUER/MATTHIAS BECHER (Zeitschrift für bayerische Landesgeschichte. Beiheft 24), München 2004, S. 261–277.

FUHRMANN, HORST: Zur Biographie des Manegold von Lautenbach, in: Ovidio Capitani: Quarant'anni per la storia medioevale, hg. von MARIA CONSIGLIA DE MATTEIS, Bd. 2, Bologna 2003, S. 37–62.

Fuhrmann, Horst: Ecclesia Romana – Ecclesia Universalis, in: Rom im hohen Mittelalter. Studien zu den Romvorstellungen und zur Rompolitik vom 10. bis zum 12. Jahrhundert, hg. von Bernhard Schimmelpfennig/Ludwig Schmugge, Sigmaringen 1992, S. 41–45.

Fuhrmann, Horst: Papst Gregor VII. und das Kirchenrecht. Zum Problem des Dictatus Papae, in: La Riforma gregoriana e l'Europa. Congresso Internazionale Salerno, 20–25 maggio 1985, Bd. I: Relazioni (Studi Gregoriani 13), Roma 1989, S. 123–149.

Fuhrmann, Horst: «Quod catholicus non habeatur, qui non concordat Romanae ecclesiae». Randnotizen zum Dictatus Papae, in: Festschrift für Helmut Beumann zum 65. Geburtstag, hg. von Kurt-Ulrich Jäschke/Reinhard Wenskus, Sigmaringen 1977, S. 263–287.

Fuhrmann, Horst: «Volkssouveränität» und «Herrschaftsvertrag» bei Manegold von Lautenbach, in: Festschrift für Hermann Krause, hg. von Sten Gagnér, Köln/Wien 1975, S. 21–42.

Fumagalli, Vito: Mathilde von Canossa (Wagenbachs Taschenbuch 305), Berlin 1998.

Gerhoch von Reichersberg, Epistola ad Innocentium papam missa quid distet inter clericos seculares et regulares, hg. von Ernst Sackur, in: MGH Libelli de lite 3, Hannover 1897, S. 203–239.

Giese, Wolfgang: Der Stamm der Sachsen und das Reich in ottonischer und salischer Zeit, Wiesbaden 1979.

Gilo, Vita sancti Hugonis abbatis, hg. von Herbert Edward John Cowdrey, Two studies in Cluniac History (Studi Gregoriani 11), Rom 1978.

Goez, Elke: Beatrix von Canossa und Tuszien. Eine Untersuchung zur Geschichte des 11. Jahrhunderts (Vorträge und Forschungen. Sonderband 41), Sigmaringen 1995.

Goez, Elke: Der Thronerbe als Rivale: König Konrad, Kaiser Heinrichs IV. älterer Sohn, in: Historisches Jahrbuch 116, 1996, S. 1–49.

Goez, Elke: Welf V. und Mathilde von Canossa, in: Welf IV. – Schlüsselfigur einer Wendezeit. Regionale und europäische Perspektiven, hg. von Dieter R. Bauer/Matthias Becher (Zeitschrift für bayerische Landesgeschichte. Beiheft 24), München 2004, S. 360–381.

Goez, Werner: Bischof Dionysius von Piacenza (1048/49–1082/85), in: Werner Goez, Lebensbilder aus dem Mittelalter. Die Zeit der Ottonen, Salier und Staufer, Darmstadt 1998, S. 187–201.

Goez, Werner: Canossa als *deditio*?, in: Studien zur Geschichte des Mittelalters. Jürgen Petersohn zum 65. Geburtstag, hg. von Matthias Thumser u. a., Stuttgart 2000, S. 92–99.

Goez, Werner: Zur Erhebung und ersten Absetzung Papst Gregors VII., in: Römische Quartalschrift 63, 1968, S. 117–144.

Goez, Werner: «... iuravit in anima regis»: Hochmittelalterliche Beschränkungen königlicher Eidesleistung, in: Deutsches Archiv 42, 1986, S. 517–554.

Goez, Werner: Kirchenreform und Investiturstreit 910–1122, Stuttgart/Berlin/Köln 2000.

Goez, Werner: Markgräfin Mathilde von Canossa, in: Werner Goez, Lebensbilder aus dem Mittelalter. Die Zeit der Ottonen, Salier und Staufer, Darmstadt 1998, S. 233–254.

GOEZ, WERNER: Über die Mathildischen Schenkungen an die Römische Kirche, in: Frühmittelalterliche Studien 31, 1997, S. 158–196.

GOEZ, WERNER: Papst Leo IX., in: DERS., Lebensbilder aus dem Mittelalter. Die Zeit der Ottonen, Salier und Staufer, Darmstadt 1998, S. 150–167.

GOEZ, WERNER: Reformpapsttum, Adel und monastische Erneuerung in der Toscana, in: Investiturstreit und Reichsverfassung, hg. von JOSEF FLECKENSTEIN (Vorträge und Forschungen 17), Sigmaringen 1973, S. 205–239.

GOEZ, WERNER: Riforma ecclesiastica – Riforma gregoriana, in: La Riforma gregoriana e l'Europa. Congresso Internazionale Salerno, 20–25 maggio 1985, Bd. I: Relazioni (Studi Gregoriani 13), Roma 1989, S. 167–178.

GOLINELLI, PAOLO: Die Lage Italiens nach dem Investiturstreit: Die Frage der mathildischen Erbschaft, in: Europa an der Wende vom 11. zum 12. Jahrhundert. Beiträge zu Ehren von Werner Goez, hg. von KLAUS HERBERS, Stuttgart 2001, S. 54–67.

GOLINELLI, PAOLO: Mathilde und der Gang nach Canossa. Im Herzen des Mittelalters. Aus dem Italienischen von ANTONIO AVELLA, Düsseldorf/Zürich 1998.

GROSSE, ROLF: Saint-Denis zwischen Adel und König. Die Zeit vor Suger (1053–1122) (Beihefte der Francia 57), Stuttgart 2002.

GROTEN, MANFRED: Die Arengen der Urkunden Kaiser Heinrichs IV. und König Philipps I. von Frankreich im Vergleich, in: Archiv für Diplomatik 41, 1995, S. 49–72.

GROTEN, MANFRED: Die Stunde der Burgherren, in: Rheinische Vierteljahrsblätter 66, 2002, S. 74–110.

GRUPE, GISELA: Umwelt und Bevölkerungsentwicklung im Mittelalter, in: Mensch und Umwelt im Mittelalter, hg. von BERND HERRMANN, Wiesbaden 1986, S. 24–34.

GUDE, MONIKA: Die «fideles sancti Petri» im Streit um die Nachfolge Papst Gregors VII., in: Frühmittelalterliche Studien 27, 1993, S. 290–316.

HACK, A. THOMAS: Das Empfangszeremoniell bei mittelalterlichen Papst-Kaiser-Treffen (Forschungen zur Kaiser- und Papstgeschichte des Mittelalters. Beihefte zu J. F. Böhmer, Regesta Imperii 18), Köln/Weimar/Wien 1999.

HARTMANN, WILFRIED: Autoritäten im Kirchenrecht und Autorität des Kirchenrechts, in: Die Salier und das Reich, Bd. 3, hg. von STEFAN WEINFURTER, Sigmaringen 1991, S. 425–446.

HARTMANN, WILFRIED: Das Bistum Passau im Investiturstreit, in: Ostbairische Grenzmarken 31, 1989, S. 46–60.

HARTMANN, WILFRIED: *Discipulus non est super magistrum* (Matth. 10,24). Zur Rolle der Laien und der niederen Kleriker im Investiturstreit, in: Papsttum, Kirche und Recht im Mittelalter. Festschrift für Horst Fuhrmann zum 65. Geburtstag, hg. von HUBERT MORDEK, Tübingen 1991, S. 187–200.

HARTMANN, WILFRIED: Der Frieden im früheren Mittelalter. Zwei Studien (Beiträge zur Friedensethik 12), Barsbüttel 1992.

HARTMANN, WILFRIED: Manegold von Lautenbach und die Anfänge der Frühscholastik, in: Deutsches Archiv 26, 1970, S. 47–149.

HARTMANN, WILFRIED: Schwaben im Investiturstreit, in: Schwaben vor tausend Jahren, hg. von BARBARA SCHOLKMANN/SÖNKE LORENZ, Filderstadt 2002, S. 36–61.

HEHL, ERNST-DIETER: Kirche und Krieg im 12. Jahrhundert. Studien zu kanonischem Recht und politischer Wirklichkeit (Monographien zur Geschichte des Mittelalters 19), Stuttgart 1980.

Die Heilige Lanze in Wien, hg. von FRANZ KIRCHWEGER (Schriften des Kunsthistorischen Museums 9), Wien/Milano 2005.

Heinrich Heine, Sämtliche Gedichte, hg. von BERND KORTLÄNDER, Stuttgart 1997.

HIESTAND, RUDOLF: Kingship and Crusade in Twelfth-Century Germany, in: England and Germany in the High Middle Ages, hg. von ALFRED HAVERKAMP/HANNA VOLLRATH, Oxford 1996, S. 235–265.

HINZ, BERTHOLD: Das Grabdenkmal Rudolfs von Schwaben. Monument der Propaganda und Paradigma der Gattung, Frankfurt am Main 1996.

HIRSCHMANN, FRANK G.: Der Ausbau der Kathedralstädte im frühen 11. Jahrhundert, in: Aufbruch ins zweite Jahrtausend. Innovation und Kontinuität in der Mitte des Mittelalters, hg. von ACHIM HUBEL und BERND SCHNEIDMÜLLER (Mittelalter-Forschungen 16), Ostfildern 2004, S. 73–116.

HLAWITSCHKA, EDUARD: Zur Herkunft und zu den Seitenverwandten des Gegenkönigs Rudolf von Rheinfelden. Genealogische und politisch-historische Untersuchungen, in: Die Salier und das Reich, Bd. 1, hg. von STEFAN WEINFURTER, Sigmaringen 1991, S. 175–220.

HOFFMANN, HARTMUT: Von Cluny zum Investiturstreit, in: Archiv für Kulturgeschichte 45, 1963, S. 165–209.

HOFFMANN, HARTMUT: Die beiden Schwerter im hohen Mittelalter, in: Deutsches Archiv 20, 1964, S. 78–114.

HOFMEISTER, ADOLF: Das Wormser Konkordat. Zum Streit um seine Bedeutung. Mit einem Vorwort zur Neuausgabe von R. SCHMIDT, Darmstadt 1962.

HOLDER-EGGER, OSWALD: Fragment eines Manifestes aus der Zeit Heinrichs IV., in: Neues Archiv 31, 1906, S. 183–193.

HOLTZMANN, ROBERT: Der Kaiser als Marschall des Papstes. Eine Untersuchung zur Geschichte der Beziehungen zwischen Kaiser und Papst im Mittelalter, Berlin/Leipzig 1928.

Hugo von Flavigny, Chronicon, hg. von G. H. PERTZ, in: MGH Scriptores 8, Hannover 1848, S. 208–503.

Humberti Cardinalis libri III adversus simoniacos, hg. von F. THANER, in: MGH Libelli de lite 1, Hannover 1891, S. 95–253.

Das Individuum und die Seinen. Individualität in der okzidentalen und in der russischen Kultur in Mittelalter und früher Neuzeit, hg. von OTTO GERHARD OEXLE/YURI L. BESSMERTNY (Veröffentlichungen des Max-Planck-Instituts für Geschichte 163), Göttingen 2001.

JAFFÉ: siehe Monumenta Bambergensia.

JAFFÉ PH./LÖWENFELD S., Regesta Pontificum Romanorum, Leipzig 1885/1888.

JAHN, WOLFGANG: Untersuchungen zur normannischen Herrschaft in Süditalien (1040–1100) (Europäische Hochschulschriften III 401), Frankfurt am Main 1989.

Jakobs, Hermann: Kirchenreform und Hochmittelalter 1046–1215 (Oldenbourg Grundriß der Geschichte 7), München 1984.

Jakobs, Hermann: Rudolf von Rheinfelden und die Kirchenreform, in: Investiturstreit und Reichsverfassung, hg. von Josef Fleckenstein (Vorträge und Forschungen 17), Sigmaringen 1973, S. 87–115.

Jasper, Detlev: Burchards Dekret in der Sicht der Gregorianer, in: Bischof Burchard von Worms 1000–1025, hg. von Wilfried Hartmann, Mainz 2000, S. 167–198.

Jasper, Detlev: Das Papstwahldekret von 1059, Sigmaringen 1986.

Johrendt, Jochen: Die Reisen der frühen Reformpäpste. Ihre Ursachen und Funktionen, in: Römische Quartalschrift für christliche Altertumskunde und Kirchengeschichte 96, 2001, S. 57–94.

Jordan, Karl: Der Kaisergedanke in Ravenna zur Zeit Heinrichs IV. Ein Beitrag zur Vorgeschichte der staufischen Reichsidee, in: Deutsches Archiv 2, 1938, S. 85–128.

Jordan, Karl: Das Zeitalter des Investiturstreites als politische und geistige Wende des abendländischen Hochmittelalters, in: Geschichte in Wissenschaft und Unterricht 23, 1972, S. 513–522, ND in: ders., Ausgewählte Aufsätze zur Geschichte des Mittelalters, Stuttgart 1980, S. 11–20.

Kamp, Hermann: Friedensstifter und Vermittler im Mittelalter, Darmstadt 2001.

Keller, Hagen: Die Investitur. Ein Beitrag zum Problem der «Staatssymbolik» im Hochmittelalter, in: Frühmittelalterliche Studien 27, 1993, S. 51–86.

Keller, Hagen: 1100. Am Scheideweg – die lateinische Christenheit im Richtungsstreit, in: Das Jahrtausend im Spiegel der Jahrhundertwenden, hg. von Lothar Gall, Berlin 1999, S. 65–105.

Keller, Hagen: Schwäbische Herzöge als Thronbewerber: Hermann II. (1002), Rudolf von Rheinfelden (1077), Friedrich von Staufen (1125). Zur Entwicklung von Reichsidee und Fürstenverantwortung, Wahlverständnis und Wahlverfahren im 11. und 12. Jahrhundert, in: Zeitschrift für die Geschichte des Oberrheins 131, 1983, S. 123–162.

Kempf, Friedrich: Die Eingliederung der überdiözesanen Hierarchie in das Papalsystem des kanonischen Rechts von der gregorianischen Reform bis zu Innozenz III., in: Archivum Historiae Pontificiae 18, 1980, S. 57–96.

Kempf, Friedrich: Primatiale und episkopal-synodale Struktur der Kirche vor der gregorianischen Reform, in: Archivum Historiae Pontificiae 16, 1978, S. 27–66.

Klauser, Theodor: Das Ciborium in der älteren christlichen Buchmalerei (Nachrichten der Akademie der Wissenschaften in Göttingen, Phil.-Hist. Kl. 7), Göttingen 1961.

Kluge-Pinsker, Antje: Schach und Trictrac. Zeugnisse mittelalterlicher Spielfreude aus salischer Zeit, Sigmaringen 1991.

Kohnle, Armin: Abt Hugo von Cluny (1049–1109) (Beihefte der Francia 32), Sigmaringen 1993.

Körner, Theodor: Iuramentum und frühe Friedensbewegung (10.–12. Jahrhundert) (Münchener Universitätsschriften. Juristische Fakultät. Abhandlungen zur rechtswissenschaftlichen Grundlagenforschung 26), Berlin 1977.

KORTÜM, HANS-HENNING: Zur päpstlichen Urkundensprache im frühen Mittelalter. Die päpstlichen Privilegien 896–1046, Sigmaringen 1995.

KOSELLECK, REINHART: Kritik und Krise. Ein Beitrag zur Pathogenese der bürgerlichen Welt, Freiburg/München 1959.

KRABUSCH, HANS: Untersuchungen zur Geschichte des Königsgutes unter den Saliern (1024–1125), Diss. masch. Heidelberg 1949.

KRIMM-BEUMANN, JUTTA: Der Traktat «De investitura episcoporum» von 1109, in: Deutsches Archiv 33, 1977, S. 37–83.

KUBACH, HANS ERICH/HAAS, WALTER: Der Dom zu Speyer. Textband, München 1972.

LADNER, GERHART: I mosaici e gli affreschi ecclesiastico-politici nell'antico palazzo Lateranense, in: Rivista di Archeologia Cristiana 12, 1935, S. 265–292.

LADNER, GERHART: Theologie und Politik vor dem Investiturstreit (Veröffentlichungen des österreichischen Instituts für Geschichtsforschung 2), Wien 1936, ND Darmstadt 1968.

Lampert von Hersfeld, Annalen, hg. von OSWALD HOLDER-EGGER (MGH SS rerum Germanicarum [38]), Hannover/Leipzig 1894.

Lampert von Hersfeld, Annalen, hg. von ADOLF SCHMIDT (Ausgewählte Quellen zur deutschen Geschichte des Mittelalters 13), Darmstadt 1973 (danach zitiert).

LANDAU, PETER: Die Entstehung der systematischen Dekretalensammlungen und die europäische Kanonistik des 12. Jahrhunderts, in: Zeitschrift für Rechtsgeschichte, kanon. Abt. 65, 1979, S. 120–148.

LANDAU, PETER: Ivo von Chartres (ca. 1040–1115), in: Theologische Realenzyklopädie, Bd. 16, Berlin/NewYork 1987, S. 422–427.

LANDAU, PETER: Schwerpunkte und Entwicklung des klassischen kanonischen Rechts bis zum Ende des 13. Jahrhunderts, in: Stagnation oder Fortbildung? Aspekte des allgemeinen Kirchenrechts im 14. und 15. Jahrhundert, hg. von MARTIN BERTRAM (Bibliothek des Deutschen Historischen Instituts in Rom 108), Tübingen 2005, S. 15–31.

LAUDAGE, JOHANNES: Gregorianische Reform und Investiturstreit (Erträge der Forschung 282), Darmstadt 1993.

LAUDAGE, JOHANNES: Macht und Ohnmacht Mathildes von Tuszien, in: Die Macht der Frauen, hg. von HEINZ FINGER (Studia humaniora 36), Düsseldorf 2004, S. 97–143.

LAUDAGE, JOHANNES: Priesterbild und Reformpapsttum im 11. Jahrhundert (Beihefte zum Archiv für Kulturgeschichte 22), Köln/Wien 1984.

LAUDAGE, JOHANNES: Rom und das Papsttum im frühen 12. Jahrhundert, in: Europa an der Wende vom 11. zum 12. Jahrhundert. Beiträge zu Ehren von Werner Goez, hg. von KLAUS HERBERS, Stuttgart 2001, S. 23–53.

LAUDAGE, JOHANNES: Welf IV. und die Kirchenreform des 11. Jahrhunderts, in: Welf IV. – Schlüsselfigur einer Wendezeit. Regionale und europäische Perspektiven, hg. von DIETER R. BAUER/MATTHIAS BECHER (Zeitschrift für bayerische Landesgeschichte. Beiheft 24), München 2004, S. 280–313.

LEGL, FRANK: Studien zur Geschichte der Grafen von Dagsburg-Egisheim (Veröffentlichungen der Kommission für Saarländische Landesgeschichte und Volksforschung 31), Saarbrücken 1998.

Lerner, Franz: Kardinal Hugo Candidus, München/Berlin 1931.
Lewald, Ursula: An der Schwelle der Scholastik. Bonizo von Sutri und das Kirchenrecht seiner Tage, Weimar 1938.
Leyser, Henrietta: Hermits and the New Monasticism. A Study of Religious Communities in Western Europe 1000–1150, London 1984.
Liber de unitate ecclesiae conservanda, hg. von Irene Schmale-Ott, in: Quellen zum Investiturstreit. Zweiter Teil (Ausgewählte Quellen zur Deutschen Geschichte des Mittelalters XIIb), Darmstadt 1984, S. 272–579.
Le Liber Pontificalis. Texte, introduction et commentaire, hg. von L. Duchesne, 3 Bde., Paris [2]1955–1957.
Das Licht der Vernunft. Die Anfänge der Aufklärung im Mittelalter, hg. von Kurt Flasch/Udo Reinhold Jeck, München 1997.
Lorscher Codex (Codex Laureshamensis), Bd. 1: Einleitung, Regesten, Chronik, bearb. und neu hg. von Karl Glöckner, Darmstadt 1929.
Maccarrone, Michele: I fondamenti «petrini» del primato romano in Gregorio VII, in: La Riforma gregoriana e l'Europa. Congresso Internazionale Salerno, 20–25 maggio 1985, Bd. I: Relazioni (Studi Gregoriani 13), Roma 1989, S. 55–122.
Maccarrone, Michele: La teologia del primato romano del secolo XI, in: Le istituzioni ecclesiastiche della «societas christiana» dei secoli XI–XII. Papato, cardinalato, ed episcopato, Mailand 1974, S. 21–122.
Mainzer Urkundenbuch, Bd. 1, hg. von Manfred Stimming, Darmstadt 1932.
Manegold, Liber ad Gebehardum, hg. von Kuno Francke, in: MGH Libelli de lite 1, Hannover 1891, S. 308–430.
Manegold von Lautenbach, Liber contra Wolfelmum, hg. von Wilfried Hartmann (MGH Quellen zur Geistesgeschichte 8), Weimar 1972.
Mansi, Giovanni Domenico: Sacrorum conciliorum nova et amplissima collectio, 39 Bde., erg. Neuaufl. Paris/Arnhem/Leipzig 1901–1927.
Martin, Guido: Der salische Herrscher als Patricius Romanorum. Zur Einflußnahme Heinrichs III. und Heinrichs IV. auf die Besetzung der Cathedra Petri, in: Frühmittelalterliche Studien 28, 1994, S. 257–295.
Märtl, Claudia: Die falschen Investiturprivilegien, Hannover 1986.
Matilde di Canossa nelle culture europee del secondo millennio. Dalla storia al mito, hg. von Paolo Golinelli, Bologna 1999.
Maurer, Helmut: Bischof Gebhard III. von Konstanz und Welf IV. als Häupter der süddeutschen Reformpartei, in: Welf IV. – Schlüsselfigur einer Wendezeit. Regionale und europäische Perspektiven, hg. von Dieter R. Bauer/Matthias Becher (Zeitschrift für bayerische Landesgeschichte. Beiheft 24), München 2004, S. 314–338.
May, Georg: Ego N. N. Catholicae Ecclesiae Episcopus. Entstehung, Entwicklung und Bedeutung einer Unterschriftsformel im Hinblick auf den Universalepiskopat des Papstes, Berlin 1995.
Melville, Gert: «In privatis locis proprio jure vivere». Zu Diskursen des frühen 12. Jahrhunderts um religiöse Eigenbestimmung oder institutionelle Einbindung, in: Kulturarbeit und Kirche. Festschrift Msgr. Dr. Paul Mai zum 70. Geburtstag (Beiträge zur Geschichte des Bistums Regensburg 39), Regensburg 2005, S. 25–38.

MEYER VON KNONAU, GEROLD: Jahrbücher des deutschen Reiches unter Heinrich IV. und Heinrich V., Bände 1–7, Berlin 1890–1909.

MGH (D) = Monumenta Germaniae historica (Diploma = Urkunde).

MICHEL, ANTON: Humbert und Kerullarios. Quellen und Studien zum Schisma des 11. Jahrhunderts, 2 Bde. (Quellen und Forschungen aus dem Gebiet der Geschichte 21 und 23), Paderborn 1924 und 1930.

MILLOTAT, PAUL: Transpersonale Staatsvorstellungen in den Beziehungen zwischen Kirchen und Königtum der ausgehenden Salierzeit (Historische Forschungen 26), Rheinfelden/Freiburg im Breisgau/Berlin 1989.

Monumenta Bambergensia, hg. von PHILIPP JAFFÉ (Bibliotheca rerum Germanicarum 5), Berlin 1869.

MOORE, ROBERT I.: Die erste europäische Revolution. Gesellschaft und Kultur im Hochmittelalter, München 2001.

MOORE, ROBERT I.: The First European Revolution, Oxford 2000.

MORDEK, HUBERT: Kanonistik und gregorianische Reform. Marginalien zu einem nicht-marginalen Thema, in: Reich und Kirche vor dem Investiturstreit. Vorträge aus Anlaß des 80. Geburtstags von Gerd Tellenbach, hg. von KARL SCHMID, Sigmaringen 1985, S. 65–82.

MORRIS, COLIN: The Papal Monarchy. The Western Church from 1050 to 1250, Oxford 1989.

MÜLLER-MERTENS, ECKHARD: Regnum Teutonicum. Aufkommen und Verbreitung der deutschen Reichs- und Königsauffassung im früheren Mittelalter (Forschungen zur mittelalterlichen Geschichte 15), Wien/Köln/Graz 1970.

NITSCHKE, AUGUST: Die Ziele Heinrichs IV. Beobachtungen zum Wandel einer Staatsform, in: Wissenschaft, Wirtschaft und Technik. Festschrift Wilhelm Treue, hg. von KARL-HEINZ MANEGOLD, München 1969, S. 38–63.

OEXLE, OTTO GERHARD: Canossa, in: Deutsche Erinnerungsorte, hg. von ÉTIENNE FRANCOIS/HAGEN SCHULZE, Bd. 1, 3. Aufl. München 2002, S. 56–67.

OEXLE, OTTO GERHARD: Deutungsschemata der sozialen Wirklichkeit im frühen und hohen Mittelalter, in: Mentalitäten im Mittelalter, hg. von FRANTIŠEK GRAUS (Vorträge und Forschungen 35), Sigmaringen 1987, S. 65–117.

OEXLE, OTTO GERHARD: Friede durch Verschwörung, in: Träger und Instrumentarien des Friedens im Hohen und Späten Mittelalter, hg. von JOHANNES FRIED (Vorträge und Forschungen 43), Sigmaringen 1996, S. 115–150.

OEXLE, OTTO GERHARD: Die funktionale Dreigliederung der «Gesellschaft» bei Adalbero von Laon, in: Frühmittelalterliche Studien 12, 1978, S. 1–54.

OEXLE, OTTO GERHARD: Die funktionale Dreiteilung als Deutungsschema der sozialen Wirklichkeit in der ständischen Gesellschaft des Mittelalters, in: Ständische Gesellschaft und soziale Mobilität, hg. von WINFRIED SCHULZE (Schriften des Historischen Kollegs. Kolloquien 12), München 1988, S. 19–51.

OEXLE, OTTO GERHARD: Le travail au XIe siècle: réalités et mentalités, in: Le travail au Moyen Age. Une approche interdisciplinaire, hg. von JACQUELINE HAMESSE/COLETTE MURAILLE-SAMARAN (Université catholique de Louvain. Publications de l'Institut d'Études Médiévales. Textes, Études, Congrès 10), Louvain-la-Neuve 1990, S. 49–60.

Ordericus Vitalis, Historiae ecclesiasticae libri tredecim, hg. von MARJORIE CHIBNALL, The ecclesiastical history of Orderic Vitalis, 6 Bde., Oxford 1969–1980.

Othloh von St. Emmeram, Liber visionum, hg. von PAUL GERHARD SCHMIDT (MGH Quellen zur Geistesgeschichte des Mittelalters 13), Weimar 1989.

Otto von Freising, Chronik, hg. von WALTHER LAMMERS (Ausgewählte Quellen zur deutschen Geschichte des Mittelalters 16), Darmstadt 1974.

Otto von Freising, Gesta Friderici imperatoris, hg. von FRANZ-JOSEF SCHMALE (Ausgewählte Quellen zur deutschen Geschichte des Mittelalters 17), Darmstadt 1974.

OVERMANN, ALFRED: Gräfin Mathilde von Tuscien. Ihre Besitzungen. Geschichte ihres Gutes von 1115–1230 und ihre Regesten, Innsbruck 1895.

Paul von Bernried, Vita Gregors VII., hg. von I. M. WATTERICH, Pontificum Romanorum Vitae, Bd. 1, Leipzig 1862, S. 474–546.

The Peace of God. Social Violence and Religious Response in France around the Year 1000, hg. von THOMAS HEAD/RICHARD LANDES, Ithaca/London 1992.

Petrus Damiani, Disceptatio synodalis, hg. von L. v. HEINEMANN, in: MGH Libelli de lite, Bd. 1, Hannover 1891, S. 76–94

Pontifikale Gundekarianum, hg. von LUDWIG KONRAD BETHMANN, in: MGH Scriptores 7, Hannover ND 1995, S. 239–253.

Il primato del Vescovo di Roma nel primo millennio. Ricerche e testimonianze. Atti del Symposium storico-teologico, Roma, 9–13 Ottobre 1989, a cura di MICHELE MACCARRONE, Città del Vaticano 1991.

Privilegium maius Leonis VIII. papae, hg. von CLAUDIA MÄRTL (MGH Fontes iuris 13), Hannover 1986.

PRODI, PAOLO: Eine Geschichte der Gerechtigkeit. Vom Recht Gottes zum modernen Rechtsstaat. Aus dem Italienischen von ANNETTE SEMANN, München 2003.

PRODI, PAOLO: Das Sakrament der Herrschaft. Der politische Eid in der Verfassungsgeschichte des Okzidents. Aus dem Italienischen von JUDITH ELZE (Schriften des Italienisch-Deutschen Historischen Instituts in Trient 11), Berlin 1997.

Quellen zum Investiturstreit. Erster Teil: Ausgewählte Briefe Papst Gregors VII., hg. von FRANZ-JOSEF SCHMALE (Ausgewählte Quellen zur deutschen Geschichte des Mittelalters 12 a), Darmstadt 1978.

Quellen zum Investiturstreit. Zweiter Teil: Schriften über den Streit zwischen Regnum und Sacerdotium, hg. von IRENE SCHMALE-OTT (Ausgewählte Quellen zur deutschen Geschichte des Mittelalters 12 b), Darmstadt 1984.

Quellen zur Geschichte Kaiser Heinrichs IV., hg. von FRANZ-JOSEF SCHMALE/IRENE SCHMALE-OTT (Ausgewählte Quellen zur deutschen Geschichte des Mittelalters 12), Darmstadt 1974.

Rangerius von Lucca, Vita Anselmi I, hg. von ERNST SACKUR/GERHARD SCHWARTZ/BERNHARD SCHMEIDLER, in: MGH Scriptores 30/II, Hannover 1926–1934, S. 1152–1307.

Regesta Pontificum Romanorum, hg. von P. JAFFÉ/S. LÖWENFELD, 2 Bde., Leipzig 1885–1888.

Das Register Gregors VII., hg. von ERICH CASPAR (MGH Epistolae selectae II, 1–2), Berlin 1920/1923.

Registrum oder Merkwürdige Urkunden für die deutsche Geschichte, hg. von Hans Friedrich Georg Julius Sudendorf, Bd. 1, Jena 1849.

Reinhard, Wolfgang: Die Bejahung des gewöhnlichen Lebens, in: Die kulturellen Werte Europas, hg. von Hans Joas/Klaus Wiegandt, 2. Aufl. Frankfurt am Main 2005, S. 265–303.

Reuter, Timothy: Unruhestiftung, Fehde, Rebellion, Widerstand: Gewalt und Frieden in der Politik der Salierzeit, in: Die Salier und das Reich, Bd. 3: Gesellschaftlicher und ideengeschichtlicher Wandel im Reich der Salier, hg. von Stefan Weinfurter, Sigmaringen 1991, S. 297–325.

La Riforma gregoriana e l'Europa. Congresso Internazionale Salerno, 20–25 maggio 1985, Bd. I: Relazioni (Studi Gregoriani 13), Roma 1989.

Robinson, Ian Stuart: Authority and Resistance in the Investiture Contest, Manchester/New York 1978.

Robinson, Ian Stuart: Bernold von Konstanz und der gregorianische Reformkreis um Bischof Gebhard III., in: Die Konstanzer Münsterweihe von 1089 in ihrem historischen Umfeld, hg. von Helmut Maurer, Freiburg 1989, S. 155–188.

Robinson, Ian Stuart: Gregory VII and the Soldiers of Christ, in: History 58, 1973, S. 169–192.

Robinson, Ian Stuart: «Periculosus homo». Pope Gregory VII and Episcopal Authority, in: Viator 9, 1978, S. 103–131.

Rösener, Werner: Bauern in der Salierzeit, in: Die Salier und das Reich, Bd. 3, hg. von Stefan Weinfurter, 2. Aufl. Sigmaringen 1992, S. 51–73.

Santifaller, Leo: Über die Neugestaltung der äußeren Form der Papstprivilegien unter Leo IX., in: Festschrift Hermann Wiesflecker zum 60. Geburtstag, hg. von Alexander Novotny/Othmar Pickl, Graz 1973, S. 29–38.

Schatz, Klaus: Der päpstliche Primat. Seine Geschichte von den Ursprüngen bis zur Gegenwart, Würzburg 1990.

Schieffer, Rudolf: Die Einheit der lateinischen Welt als politisches und kirchliches Problem (8.–13. Jahrhundert), in: Denkweisen und Lebenswelten des Mittelalters, hg. von Eva Schlotheuber unter Mitarbeit von Maximilian Schuh (Münchner Kontaktstudium Geschichte 7), München 2004, S. 17–26.

Schieffer, Rudolf: Die Entstehung des päpstlichen Investiturverbots für den deutschen König (Schriften der MGH 28), Stuttgart 1981.

Schieffer, Rudolf: Erzbischöfe und Bischofskirche von Köln, in: Die Salier und das Reich, Bd. 2, hg. von Stefan Weinfurter, Sigmaringen 1991, S. 1–29.

Schieffer, Rudolf: Geistliches Amt und schnöder Mammon. Zur Bewertung der Simonie im hohen Mittelalter, in: Mediaevalia Augiensia. Forschungen zur Geschichte des Mittelalters, hg. von Jürgen Petersohn, Stuttgart 2001, S. 359–374.

Schieffer, Rudolf: Gregor VII. – Ein Versuch über die historische Größe, in: Historisches Jahrbuch 97/98, 1978, S. 87–107.

Schieffer, Rudolf: Gregor VII. und die Könige Europas, in: La Riforma gregoriana e l'Europa. Congresso Internazionale Salerno, 20–25 maggio 1985, Bd. I: Relazioni (Studi Gregoriani 13), Roma 1989, S. 199–211.

SCHIEFFER, RUDOLF: Von Mailand nach Canossa. Ein Beitrag zur Geschichte der christlichen Herrscherbuße von Theodosius d. Gr. bis zu Heinrich IV., in: Deutsches Archiv 28, 1972, S. 333–370.

SCHIEFFER, RUDOLF: Motu proprio. Über die papstgeschichtliche Wende im 11. Jahrhundert, in: Historisches Jahrbuch 122, 2002, S. 27–41.

SCHIEFFER, RUDOLF: Papsttum und mittelalterliche Welt, in: Hundert Jahre Papsturkundenforschung. Bilanz – Methoden – Perspektiven, hg. von RUDOLF HIESTAND (Abhandlungen der Akademie der Wissenschaften zu Göttingen. Philologisch-historische Klasse, 3. Folge, 261), Göttingen 2003, S. 373–390.

SCHIEFFER, RUDOLF: «Priesterbild», Reformpapsttum und Investiturstreit, in: Archiv für Kulturgeschichte 68, 1986, S. 479–494.

SCHIEFFER, RUDOLF: Rechtstexte des Reformpapsttums und ihre zeitgenössische Resonanz, in: Überlieferung und Geltung normativer Texte des frühen und hohen Mittelalters. Vier Vorträge, gehalten auf dem 35. Deutschen Historikertag 1984 in Berlin, hg. von HUBERT MORDEK, Sigmaringen 1986, S. 51–69.

SCHIEFFER, RUDOLF: Spirituales latrones. Zu den Hintergründen der Simonieprozesse in Deutschland zwischen 1069 und 1075, in: Historisches Jahrbuch 92, 1972, S. 19–60.

SCHIEFFER, RUDOLF, War Gregor VII. Mönch?, in: Historisches Jahrbuch 125, 2005, S. 351–362.

SCHIEFFER, THEODOR: Die päpstlichen Legaten in Frankreich vom Vertrage von Meersen 870 bis zum Schisma von 1130 (Historische Studien 263), Berlin 1935.

SCHILLING, BEATE: Zur Reise Paschalis' II. nach Norditalien und Frankreich 1106/1107 (mit Initeraranhang und Karte), in: Francia 28, 1, 2001, S. 115–158.

SCHILLING, BEATE: Ist das Wormser Konkordat überhaupt nicht geschlossen worden? Ein Beitrag zur hochmittelalterlichen Vertragstechnik, in: Deutsches Archiv 58, 2002, S. 123–191.

SCHLICK, Jutta: König, Fürsten und Reich (1056–1159). Herrschaftsverständnis im Wandel (Mittelalter-Forschungen 7), Stuttgart 2001.

SCHMALE, FRANZ-JOSEF: Die Absetzung Gregors VI. in Sutri und die synodale Tradition, in: Archivum Historiae Conciliorum 11, 1979, S. 55–103.

SCHMID, KARL: Die Sorge der Salier um ihre Memoria. Zeugnisse, Erwägungen und Fragen, in: Memoria. Der geschichtliche Zeugniswert des liturgischen Gedenkens im Mittelalter, hg. von KARL SCHMID/JOACHIM WOLLASCH, München 1984, S. 666–726.

SCHMID, KARL: Staufer und Zähringer – Über Verwandtschaft und Rivalität zweier Geschlechter, in: Die Staufer in Schwaben und Europa (Schriften zur staufischen Geschichte und Kunst 5), Göppingen 1980, S. 64–80.

SCHMIEDER, FELICITAS: Peripherie und Zentrum Europas. Der nordalpine Raum in der Politik Papst Leos IX. (1049–1054), in: Kurie und Region. Festschrift für Brigide Schwarz zum 65. Geburtstag, hg. von BRIGITTE FLUG/MICHAEL MATHEUS/ANDREAS REHBERG (Geschichtliche Landeskunde Mainz 59), Stuttgart 2005, S. 359–369.

SCHMIDT, TILMANN: Alexander II. (1061–1073) und die römische Reformgruppe seiner Zeit (Päpste und Papsttum 11), Stuttgart 1977.

SCHNEIDER, CHRISTIAN: Prophetisches Sacerdotium und heilsgeschichtliches Regnum im Dialog 1073–1077 (Münstersche Mittelalter-Schriften 9), München 1972.

SCHNEIDMÜLLER, BERND: Konsensuale Herrschaft. Ein Essay über Formen und Konzepte politischer Ordnung im Mittelalter, in: Reich, Regionen und Europa in Mittelalter und Neuzeit. Festschrift für Peter Moraw, hg. von PAUL-JOACHIM HEINIG u. a., Berlin 2000, S. 53–87.

SCHNEIDMÜLLER, BERND: Die mittelalterlichen Konstruktionen Europas. Konvergenz und Differenzierung, in: «Europäische Geschichte» als historiographisches Problem, hg. von HEINZ DUCHHARDT/ANDREAS KUNZ (Veröffentlichungen des Instituts für Europäische Geschichte Mainz, Beiheft 42), Mainz 1997, S. 5–24.

SCHNEIDMÜLLER, BERND: Nomen patriae. Die Entstehung Frankreichs in der politisch-geographischen Terminologie (10.–13. Jahrhundert) (Nationes 7), Sigmaringen 1987.

SCHNEIDMÜLLER, BERND: Welf IV. 1101–2001. Kreationen fürstlicher Zukunft, in: Welf IV. – Schlüsselfigur einer Wendezeit. Regionale und europäische Perspektiven, hg. von DIETER R. BAUER/MATTHIAS BECHER (Zeitschrift für bayerische Landesgeschichte. Beiheft 24), München 2004, S. 1–29.

SCHNITH, KARL RUDOLF: Kaiser Heinrich IV. (1056–1106), in: Mittelalterliche Herrscher in Lebensbildern, hg. von DEMS., Graz/Wien/Köln 1990, S. 206–230.

SCHOLZ, SEBASTIAN: Symbolik und Zeremoniell bei den Päpsten in der zweiten Hälfte des 12. Jahrhunderts, in: Stauferreich im Wandel. Ordnungsvorstellungen und Politik in der Zeit Friedrich Barbarossas, hg. von STEFAN WEINFURTER (Mittelalter-Forschungen 9), Stuttgart 2002, S. 131–148.

SCHUBERT, ERNST: Königsabsetzung im deutschen Mittelalter. Eine Studie zum Werden der Reichsverfassung (Abhandlungen der Akademie der Wissenschaften zu Göttingen. Phil.-Hist. Kl., 3. Folge, Bd. 267), Göttingen 2005.

SCHULZ, KNUT: «Denn sie lieben die Freiheit so sehr …» Kommunale Aufstände und Entstehung des europäischen Bürgertums im Hochmittelalter, 2. verbesserte Aufl. Darmstadt 1995.

SCHULZE, HANS K.: Adelsherrschaft und Landesherrschaft, Köln/Graz 1963.

SCHUMANN, OTTO: Die päpstlichen Legaten in Deutschland zur Zeit Heinrichs IV. und Heinrichs V. (1056–1125), Marburg 1912.

SCHWARTZ, GERHARD: Die Besetzung der Bistümer Reichsitaliens unter den sächsischen und salischen Kaisern mit den Listen der Bischöfe 951–1122, Leipzig/Berlin 1913.

SCHWARZMAIER, HANSMARTIN: Lucca und das Reich bis zum Ende des 11. Jahrhunderts. Studien zur Sozialstruktur einer Herzogstadt in der Toskana, Tübingen 1973.

SCHWAIGER, GEORG: Kirchenreform und Reformpapsttum, in: Münchener Theologische Zeitschrift 38, 1987, S. 31–51.

Il secolo XI: una svolta?, hg. von CINZIO VIOLANTE/JOHANNES FRIED (Annali dell'Istituto storico italo-germanico. Quaderno 35), Bologna 1993.

SEMMLER, JOSEF: Facti sunt milites domni Ildebrandi omnibus … in stuporem, in:

Das Ritterbild in Mittelalter und Renaissance, hg. vom Forschungsinstitut für Mittelalter und Renaissance, Düsseldorf 1985, S. 11–35.

SERVATIUS, CARLO: Paschalis II. (1099–1118). Studien zu seiner Person und seiner Politik (Päpste und Papsttum 14), Stuttgart 1979.

SIEFARTH, FRANK MARTIN: Friedenswahrung im Dissens: Fürstenverantwortung für das Reich in spätsalischer Zeit, in: Macht und Ordnungsvorstellungen im hohen Mittelalter, hg. von STEFAN WEINFURTER/FRANK MARTIN SIEFARTH, Neuried 1998, S. 107–124.

SPIESS, KARL-HEINZ: Rangdenken und Rangstreit im Mittelalter, in: Zeremoniell und Raum, hg. von WERNER PARAVICINI, Sigmaringen 1997, S. 39–61.

SPRANDEL, ROLF: Ivo von Chartres und seine Stellung in der Kirchengeschichte, Stuttgart 1962.

STAAB, FRANZ: Die Mainzer Kirche. Konzeption und Verwirklichung in der Bonifatius- und Theonesttradition, in: Die Salier und das Reich, Bd. 2: Die Reichskirche in der Salierzeit, hg. von STEFAN WEINFURTER, 2. Aufl. Sigmaringen 1992, S. 31–77.

STÖRMER, WILHELM: Beobachtungen zur Politik Heinrichs IV. im Investiturstreit. Seine Anhänger und Gegner in Bayern, in: Von Sachsen bis Jerusalem. Menschen und Institutionen im Wandel der Zeit. Festschrift für Wolfgang Giese zum 65. Geburtstag, hg. von HUBERTUS SEIBERT/GERTRUD THOMA, München 2004, S. 143–161.

STRUVE, TILMAN: Das Bild des Gegenkönigs Rudolf von Schwaben in der zeitgenössischen Historiographie, in: Ex ipsis rerum documentis. Beiträge zur Mediävistik. Festschrift für Harald Zimmermann zum 65. Geburtstag, hg. von KLAUS HERBERS/HANS HENNING KORTÜM/CARLO SERVATIUS, Sigmaringen 1991, S. 459–475.

STRUVE, TILMAN: Die Entwicklung der organologischen Staatsauffassung im Mittelalter (Monographien zur Geschichte des Mittelalters 16), Stuttgart 1978.

STRUVE, TILMAN: Gregor VII. und Heinrich IV. Stationen einer Auseinandersetzung, in: Studi Gregoriani 14, Roma 1991, S. 29–60.

STRUVE, TILMAN: War Heinrich IV. ein Wüstling? Szenen einer Ehe am salischen Hofe, in: Scientia veritatis. Festschrift für Hubert Mordek zum 65. Geburtstag, hg. von OLIVER MÜNSCH/THOMAS ZOTZ, Ostfildern 2004, S. 273–288.

STRUVE, TILMAN: Kaisertum und Romgedanke in salischer Zeit, in: Deutsches Archiv 44, 1988, S. 424–454.

STRUVE, TILMAN: Das mittelalterliche Kaisertum als Gestaltungselement des werdenden Europa. Grenzen und Perspektiven, in: Majestas 12, 2004, S. 5–42.

STRUVE, TILMAN: Das Problem der Eideslösung in den Streitschriften des Investiturstreits, in: Zeitschrift für Rechtsgeschichte, kanonistische Abteilung 75, 1989, S. 107–132.

STRUVE, TILMAN: Die Stellung des Königtums in der politischen Theorie der Salierzeit, in: Die Salier und das Reich, Bd. 3, hg. von STEFAN WEINFURTER, Sigmaringen 1991, S. 217–244.

STRUVE, TILMAN: Die Wende des 11. Jahrhunderts. Symptome eines Epochenwandels im Spiegel der Geschichtsschreibung, in: Historisches Jahrbuch 112, 1992, S. 324–365.

Suchan, Monika: Königsherrschaft im Streit. Konfliktaustragung in der Regierungszeit Heinrichs IV. zwischen Gewalt, Gespräch und Schriftlichkeit (Monographien zur Geschichte des Mittelalters 42), Stuttgart 1997.

Suchan, Monika: Macht verschafft sich Moral? Gewalt in der Politik der Reformpäpste (Beiträge zur Friedensethik 34), Stuttgart 2002.

Sudendorf, siehe: Registrum.

Suger, Vita Ludovici Grossi regis, ed. Henri Waquet [Les classiques de l'histoire de france au Moyen Age 11], Paris 1929.

Swietek, Francis Roy: Wolfger of Prüfening's «De scriptoribus ecclesiasticis». A critical edition and historical evaluation, Phil. Diss. University of Illinois 1978.

Szabó-Bechstein, Brigitte: Libertas ecclesiae. Ein Schlüsselbegriff des Investiturstreits und seine Vorgeschichte. 4.–11. Jahrhundert, Rom 1985.

Die Tegernseer Briefsammlung, hg. von Karl Strecker (MGH Epistolae selectae 3), Berlin 1925.

Tellenbach, Gerd: Der Charakter Kaiser Heinrichs IV. Zugleich ein Versuch über die Erkennbarkeit menschlicher Individualität im hohen Mittelalter, in: Person und Gemeinschaft im Mittelalter. Festschrift für Karl Schmid, hg. von Gerd Althoff u. a., Sigmaringen 1988, S. 345–367.

Tellenbach, Gerd: Die westliche Kirche vom 10. bis zum frühen 12. Jahrhundert (Die Kirche in ihrer Geschichte 2, F1), Göttingen 1988.

Tellenbach, Gerd: Libertas. Kirche und Weltordnung im Zeitalter des Investiturstreites (Forschungen zur Kirchen- und Geistesgeschichte 7), Stuttgart 1936.

Therivel, Wilhelm A.: No Canossas (Canossa, 1077; Venice, 1177; Runnymede, 1215) no contemporary division of power, in: Studi Medievali, Serie Terza 40, 1999, S. 279–289.

Thomas, Heinz: Erzbischof Siegfried I. von Mainz und die Tradition seiner Kirche. Ein Beitrag zur Wahl Rudolfs von Rheinfelden, in: Deutsches Archiv 26, 1970, S. 368–399.

Ullmann, Walter: Gelasius I. (492–496). Das Papsttum an der Wende der Spätantike zum Mittelalter, Stuttgart 1981.

Die Urkunden und Briefe der Markgräfin Mathilde von Tuszien, hg. von Elke Goez/Werner Goez (MGH Laienfürsten- und Dynastenurkunden der Kaiserzeit 2), Hannover 1998.

Vita Bennonis II. episcopi Osnabrugensis, hg. von Hatto Kallfelz, Lebensbeschreibungen einiger Bischöfe des 10.–12. Jahrhunderts (Ausgewählte Quellen zur deutschen Geschichte des Mittelalters 22), Darmstadt 1973, S. 363–441.

Vita Heinrici IV. imperatoris, hg. von Irene Schmale-Ott, in: Quellen zur Geschichte Kaiser Heinrichs IV. (Ausgewählte Quellen zur deutschen Geschichte des Mittelalters 12), Darmstadt 1974, S. 407–467.

Vita Leonis IX, hg. von Michel Parisse, La Vie du pape Léon IX (Brunon, évêque de Toul), Paris 1997.

Vita Mathildis celeberrimae principis Italiae carmine scripta a Donizone presbytero qui in arce Canusina vixit, hg. von Luigi Simeoni, in: Rerum Italicarum Scriptores V, 2, hg. von L. A. Muratori, 2. Aufl. Rom 1931–1940, S. 1–110.

Vita metrica s. Anselmi Lucensis episcopi auctore Rangerio Lucensi, hg. von Ernst Sackur/Gerhard Schwartz/Bernhard Schmeidler, in: MGH Scriptores 30/2, Hannover 1934, ND 1976, S. 1152–1307.

Vodola, Elisabeth: Excommunication in the Middle Ages, Berkeley/Los Angeles/London 1986.

Vogel, Jörgen: Gregor VII. und Heinrich IV. nach Canossa. Zeugnisse ihres Selbstverständnisses (Arbeiten zur Frühmittelalterforschung 9), Berlin/New York 1983.

Vollrath, Hanna: Konfliktwahrnehmung und Konfliktdarstellung in erzählenden Quellen des 11. Jahrhunderts, in: Die Salier und das Reich, Bd. 3, hg. von Stefan Weinfurter, Sigmaringen 1991, S. 279–296.

Weber, Max: Wirtschaft und Gesellschaft. Grundriß der verstehenden Soziologie, Studienausgabe, 5. Aufl. Tübingen 1972.

Weidemann, Konrad: Burg, Pfalz und Stadt als Zentren der Königsherrschaft am Nordharz, in: Führer zu vor- und frühgeschichtlichen Denkmälern 35, Mainz 1978, S. 11–50.

Weinfurter, Stefan: Der Aufstieg der frühen Wittelsbacher, in: Stefan Weinfurter, Gelebte Ordnung – Gedachte Ordnung. Ausgewählte Beiträge zu König, Kirche und Reich, hg. von Helmuth Kluger/Hubertus Seibert/Werner Bomm, Ostfildern 2005, S. 135–157.

Weinfurter, Stefan: Die Eliten und ihre Vernetzungen im hochmittelalterlichen Abendland, in: Vorträge und Abhandlungen aus geisteswissenschaftlichen Bereichen, hg. von Eduard Hlawitschka (Schriften der Sudetendeutschen Akademie der Wissenschaften und Künste), München 2006.

Weinfurter, Stefan: Funktionalisierung und Distanz. Gesellschaftlicher Wandel in der Salierzeit, in: Soziale Distanz. Heinz Otto Luthe zum 60. Geburtstag, hg. von Siegfried Lamnek, Eichstätt 1998, S. 17–37.

Weinfurter, Stefan: Funktionalisierung und Gemeinschaftsmodell. Die Kanoniker in der Kirchenreform des 11. und 12. Jahrhunderts, in: Die Stiftskirche in Südwestdeutschland: Aufgaben und Perspektiven der Forschung, hg. von Sönke Lorenz und Oliver Auge (Schriften zur südwestdeutschen Landeskunde 35), Leinfelden-Echterdingen 2003, S. 107–121.

Weinfurter, Stefan: Die Geschichte der Eichstätter Bischöfe des Anonymus Haserensis. Edition – Übersetzung – Kommentar (Eichstätter Studien NF 24), Regensburg 1987.

Weinfurter, Stefan: Herrschaftslegitimation und Königsautorität im Wandel: Die Salier und ihr Dom zu Speyer, in: Die Salier und das Reich. Bd. 1: Salier, Adel und Reichsverfassung, hg. von Stefan Weinfurter unter Mitarbeit von Helmuth Kluger, 2. Aufl. Sigmaringen 1992, S. 55–96.

Weinfurter, Stefan: Investitur und Gnade. Überlegungen zur gratialen Herrschaftsordnung im Mittelalter, in: Investitur- und Krönungsrituale. Herrschaftseinsetzungen im kulturellen Vergleich, hg. von Marion Steinicke/Stefan Weinfurter, Köln/Weimar/Wien 2005, S. 105–123.

Weinfurter, Stefan: Das Jahrhundert der Salier (1024–1125), Ostfildern 2004.

Weinfurter, Stefan: Ordnungskonfigurationen im Konflikt. Das Beispiel Kaiser Heinrichs III., in: Mediaevalia Augiensia. Forschungen zur Geschichte des Mittelalters, hg. von Jürgen Petersohn (Vorträge und Forschungen 54), Stuttgart 2001, S. 79–100; wieder abgedruckt in: Stefan Weinfurter, Gelebte Ordnung – Gedachte Ordnung. Ausgewählte Beiträge zu König, Kirche und Reich, hg. von Helmuth Kluger/Hubertus Seibert/Werner Bomm, Ostfildern 2005, S. 265–287.

Weinfurter, Stefan: Reformidee und Königtum im spätsalischen Reich. Überlegungen zu einer Neubewertung Kaiser Heinrichs V., in: Reformidee und Reformpolitik im spätsalisch-frühstaufischen Reich, hg. von Stefan Weinfurter unter Mitarbeit von Hubertus Seibert (Quellen und Abhandlungen zur mittelrheinischen Kirchengeschichte 68), Mainz 1992, S. 1–45; wieder abgedruckt in: Stefan Weinfurter, Gelebte Ordnung – Gedachte Ordnung. Ausgewählte Beiträge zu König, Kirche und Reich, hg. von Helmuth Kluger/Hubertus Seibert/Werner Bomm, Ostfildern 2005, S. 289–333.

Weinfurter, Stefan: Speyer und die Könige in salischer Zeit, in: Geistliche Zentralorte zwischen Liturgie, Architektur, Gottes- und Herrscherlob: Limburg und Speyer, hg. von Caspar Ehlers und Helmut Flachenecker (Deutsche Königspfalzen 6), Göttingen 2005, S. 157–173.

Weinfurter, Stefan: Salisches Herrschaftsverständnis im Wandel. Heinrich V. und sein Privileg für die Bürger von Speyer, in: Frühmittelalterliche Studien 36, 2002, S. 317–335.

Weinfurter, Stefan: Sancta Aureatensis Ecclesia. Zur Geschichte Eichstätts in ottonisch-salischer Zeit, in: Zeitschrift für bayerische Landesgeschichte 49, 1986, S. 3–40; wieder abgedruckt in: Stefan Weinfurter, Gelebte Ordnung – Gedachte Ordnung. Ausgewählte Beiträge zu König, Kirche und Reich, hg. von Helmuth Kluger/Hubertus Seibert/Werner Bomm, Ostfildern 2005, S. 95–133.

Weinfurter, Stefan: Venedig 1177: Wende der Barbarossa-Zeit?, in: Stauferreich im Wandel: Ordnungsvorstellungen und Politik in der Zeit Friedrich Barbarossas, hg. von Stefan Weinfurter, Stuttgart 2002, S. 9–25.

Wenrich von Trier, Epistola sub Theoderici episcopi Virdunensis nomine composita, hg. von Irene Schmale-Ott, in: Quellen zum Investiturstreit. Zweiter Teil (Ausgewählte Quellen zur Deutschen Geschichte des Mittelalters XIIb), Darmstadt 1984, S. 68–119.

Werminghoff, Albert: Die Beschlüsse des Aachener Concils im Jahre 816, Anhang IV: Bruchstücke aus den Verhandlungen der Lateransynode im Jahre 1059, in: Neues Archiv 27, 1902, S. 669–675.

Wipo, Gesta Chuonradi imperatoris, in: Die Werke Wipos, hg. von Harry Bresslau (MGH Scriptores rerum Germanicarum), 3. Aufl. Hannover/Leipzig 1915, S. 1–62.

Wipo, Proverbia, in: Die Werke Wipos, hg. von Harry Bresslau (MGH Scriptores rerum Germanicarum), 3. Aufl. Hannover/Leipzig 1915, S. 66–74.

Wipo, Tetralogus, in: Die Werke Wipos, hg. von Harry Bresslau (MGH Scriptores rerum Germanicarum), 3. Aufl. Hannover/Leipzig 1915, S. 75–86.

Wolter, Heinz: Die Synoden im Reichsgebiet und in Reichsitalien von 916 bis 1056, Paderborn/München/Wien/Zürich 1988.

ZEY, CLAUDIA: Zu Editionen und Interpretationen von Mailänder Geschichtswerken des Hoch- und Spätmittelalters, in: Deutsches Archiv 56, 2000, S. 179–199.

ZEY, CLAUDIA: Der sogenannte Investiturstreit, in: Macht und Ordnungsvorstellungen im hohen Mittelalter, hg. von STEFAN WEINFURTER/FRANK M. SIEFARTH (Münchner Kontaktstudium Geschichte 1), Neuried 1998, S. 89–105.

ZEY, CLAUDIA: Der Romzugsplan Heinrichs V. 1122/23. Neue Überlegungen zum Abschluß des Wormser Konkordats, in: Deutsches Archiv 56, 2000, S. 447–504.

ZIELINSKI, HERBERT: Der Reichsepiskopat in spätottonischer und salischer Zeit (1002–1125), Stuttgart 1984.

ZIESE, JÜRGEN: Historische Beweisführung in Streitschriften des Investiturstreites, München 1972.

ZIESE, JÜRGEN: Wibert von Ravenna. Der Gegenpapst Clemens III. (1084–1100) (Päpste und Papsttum 20), Stuttgart 1982.

ZIMMERMANN, HARALD: Der Canossagang von 1077: Wirkungen und Wirklichkeit (Akademie der Wissenschaften und der Literatur. Abhandlungen der geistes- und sozialwissenschaftlichen Klasse, Jg. 1975, Nr. 5), Wiesbaden 1975.

ZIMMERMANN, HARALD: Heinrich IV., in: Kaisergestalten des Mittelalters, hg. von HELMUT BEUMANN, München 1984, S. 116–134.

ZIMMERMANN, HARALD: Wurde Gregor VII. 1076 in Worms abgesetzt?, in: Mitteilungen des Österreichischen Instituts für Geschichtsforschung 78, 1970, S. 121–131.

ZIMMERMANN, HARALD: Die «gregorianische Reform» in deutschen Landen, in: La Riforma gregoriana e l'Europa. Congresso Internazionale Salerno, 20–25 maggio 1985, Bd. I: Relazioni (Studi Gregoriani 13), Roma 1989, S. 263–279.

ZOTZ, THOMAS: Dux de Zaringen – dux Zaringiae. Zum zeitgenössischen Verständnis eines neuen Herzogtums im 12. Jahrhundert, in: Zeitschrift für die Geschichte des Oberrheins 139, 1991, S. 1–44.

ZOTZ, THOMAS: Die Formierung der Ministerialität, in: Die Salier und das Reich, Bd. 3, hg. von STEFAN WEINFURTER, 2. Aufl. Sigmaringen 1992, S. 3–50.

ZOTZ, THOMAS: Ottonen-, Salier- und Frühe Stauferzeit, in: Handbuch der baden-württembergischen Geschichte, Bd. 1,1, hg. von MEINRAD SCHAAB/HANSMARTIN SCHWARZMAIER, Stuttgart 2001, S. 381–528.

ZOTZ, THOMAS: Der südwestdeutsche Adel und seine Opposition gegen Heinrich IV., in: Welf IV. – Schlüsselfigur einer Wendezeit. Regionale und europäische Perspektiven, hg. von DIETER R. BAUER/MATTHIAS BECHER (Zeitschrift für bayerische Landesgeschichte. Beiheft 24), München 2004, S. 339–359.

Register

von Matthias Kirchner

Das Register enthält Personennamen und geographische Bezeichnungen.

Abkürzungen: Bf. = Bischof; bibl. = biblisch; Bt. = Bistum; Ebf. = Erzbischof; Ebt. = Erzbistum; Gem. = Gemahlin; Gf. = Graf; Gfn. = Gräfin; Gft. = Grafschaft; Hl. = Heilige(r); Hz. = Herzog; Kardbf. = Kardinalbischof; Kardpr. = Kardinalpresbyter; Kg. = König; Kgn. = Königin; Kgr. = Königreich; Kl. = Kloster; Ks. = Kaiser; M. = Mutter; Mgf. = Markgraf; Mgfn. = Markgräfin; Mgft. = Markgrafschaft; Pfgf. = Pfalzgraf; röm. = römisch; sächs. = sächsisch; S. = Sohn; s. = siehe; T. = Tochter; v. = von

Bildnachweis

Abb. 1, 3, 12	cartomedia, Angelika Solibieda, Karlsruhe
Abb. 2	Photo: H. Schwarzmaier
Abb. 4, 6, 13, 14	akg-images, Berlin
Abb. 5	© Patrimonio nacional, Madrid
Abb. 7, 8	Historisches Museum der Pfalz, Speyer
Abb. 9	Aus: Deutsche Geschichte, Bd. 2, Berlin-Ost 1983, S. 20
Abb. 10	Fulda, 1049 Juni (JL4170)
Abb. 11	Aus: Stefan Weinfurter, Herrschaft und Reich der Salier. Thorbecke, Sigmaringen 1992, S. 29
Abb. 15	Aus: Renzo U. Montini, Le tombe dei papi, Angelo Belardetti Editore, Rom 1957, S. 185 (© Istituto di Studi Romani, Photo: Ernesto)
Abb. 16	Staatsbibliothek Berlin, Preußischer Kulturbesitz

Es ist dem Verlag C. H. Beck nicht in allen Fällen gelungen, die Inhaber der Bildrechte ausfindig zu machen; der Verlag ist jedoch selbstverständlich bereit, berechtigte Ansprüche abzugelten.

Mittelalterliche Geschichte bei C. H. Beck
Eine Auswahl

Jacques Le Goff
Ritter, Einhorn, Troubadoure
Helden und Wunder des Mittelalter
Aus dem Französischen von Annette Lallemand
2005. 240 Seiten mit 147 farbigen Abbildungen. Gebunden

Michael Mitterauer
Warum Europa?
Mittelalterliche Grundlagen eines Sonderwegs
3. Auflage. 2004. 352 Seiten mit 2 Karten. Leinen

Frank Rexroth
Deutsche Geschichte im Mittelalter
2005. 128 Seiten mit 2 Karten. Paperback
(Beck'sche Reihe Band 2307 – C. H. Beck Wissen)

Bernd Schneidmüller/Stefan Weinfurter (Hrsg.)
Die deutschen Herrscher des Mittelalters
Historische Portraits von Heinrich I. bis Maximilian I.
2003. 624 Seiten mit 5 Abbildungen, 3 Karten
und 7 Stammtafeln. Leinen

Bernd Schneidmüller
Die Kaiser des Mittelalters
Von Karl dem Großen bis Maximilian I.
2006. 128 Seiten mit 2 Karten. Paperback
(Beck'sche Reihe Band 2398 – C. H. Beck Wissen)

Peter Thorau
Die Kreuzzüge
2., durchgesehene Auflage. 2005.
128 Seiten mit 7 Abbildungen und 3 Karten. Paperback
(Beck'sche Reihe Band 2338 – C. H. Beck Wissen)